U0398285

普通高等教育经管类专业“十二五”规划教材

商务策划学

(第 3 版)

万　钧　编著

清华大学出版社
北　京

内 容 简 介

本书全面、深入、细致地分析了商务策划学的基本原理，以及商务策划的运用方法，并通过古今中外各类社会、市场案例，对其历史渊源、实用智慧、运用技巧和操作程序等进行了较为详细的解析，突出“三实”——实在思考、实用信息、实战方法，注重对创新意识、成功心态等商业社会生存素质的培养和训练。本书涵盖了商务策划概述、人脑与思维、创新思维的特征与形式、创意原理与基本规律、策划思维分析与运用、商务策划的方法、商务策划书的写作、商务策划执行与沟通、商务策划人才与培训等内容。

本书自2008年第1版出版以来，受到全国各地百余所高校师生的肯定和欢迎，先后多次加印。经过多年的教学实践，笔者结合市场的新形态、新生事物，对其进行了适当的修订、完善和更新，旨在为高等院校师生提供一部贴近市场真实的通适教材。

本书可作为高等院校商务策划管理、工商管理、市场营销、电子商务、企业管理、财经贸易等专业的核心课程教材，也可作为社会人士参加商务策划师资质认证的培训教材。

图书在版编目(CIP)数据

商务策划学 / 万钧　编著. —3版. —北京：清华大学出版社，2015（2022.12重印）
(普通高等教育经管类专业“十二五”规划教材)
ISBN 978-7-302-39587-4

Ⅰ. ①商…　Ⅱ. ①万…　Ⅲ. ①商务—计划—高等学校—教材　Ⅳ. ①F710

中国版本图书馆CIP数据核字(2015)第049848号

责任编辑：王燊娉　胡花蕾
封面设计：周晓亮
版式设计：方加青
责任校对：邱晓玉
责任印制：宋　林

出版发行：清华大学出版社
网　址：http://www.tup.com.cn，http://www.wqbook.com
地　址：北京清华大学学研大厦A座　　邮　编：100084
社 总 机：010-83470000　　邮　购：010-62786544
投稿与读者服务：010-62776969，c-service@tup.tsinghua.edu.cn
质 量 反 馈：010-62772015，zhiliang@tup.tsinghua.edu.cn
课 件 下 载：http://www.tup.com.cn，010-62790226
印 装 者：三河市龙大印装有限公司
经　销：全国新华书店
开　本：185mm×260mm　　印　张：16.5　　字　数：381千字
版　次：2008年3月第1版　　2015年5月第3版　　印　次：2022年12月第11次印刷
定　价：49.00元

产品编号：062727-02

前言

商务策划师位列劳动与社会保障部2005年国家十大新职业之首，商务策划管理是教育部2006年本科新设专业，商务策划更被国家人事部和商务部列为高级专业人才社会化认证管理序列。商务策划学强调竞争创新意识与技能的提升，突出面向市场，以就业为导向的应用型高等院校学生对此需求旺盛。

自2003年以来，国家人事部全国人才流动中心、中国企业联合会、国家发改委等部门在多所高校、多个行业和大中城市，开设了该课程的培训和认证，口碑良好，反响强烈，场面火暴。很多院校希望开设相关专业或选修课程，但往往受制于教材与教师的匮乏。而传统策划实战专家的演讲式授课常常高大虚玄、天马行空，缺乏系统和条理，不适应缺乏社会实战的大学生。和其他传统课程相比，商务策划作为国内一门前景精彩、需求旺盛的学科，专业教程教材却寥寥无几。

本书深入、细致地分析了商务策划的基本原理、方法及相关案例，同时对策划产生的历史根源及发展趋势，思维运用的技巧，商务策划的运作、实操程序等均有较为详细的介绍演示，突出对现代商务策划知识、创新意识、成功心态的培养，和对应用型人才的社会、市场生存力的训练。

本书经过2005—2014年各类高校8万多名各专业大学生，以及多家社会培训机构对近万名社会各界学员的培训实践的验证，能够满足市场实践需求，适应当代大学生特点；贴近现实，效果显著。

在内容体制上，本书改变了以前近百种策划、“谋略”类书籍把“策划”随意化、神秘化、玄奇化、个案化的写法，打破传统“策划学”不规范、不严谨的散乱架构，从“商务策划是人的一种创新思维过程”的角度出发，寻求根底定义，构建起严格科学意义上的商务策划思维结构系统；尽可能全面涵盖关于创新思维和方法论的主流观点，以求提供学生最广泛和厚实的理论基础。同时，配以典型和新近的市场实战操作案例，学生可在学习理解的基础上，分析、选择自己愿意接受的观念与适合的方法，进而进行实践创新。

新时代要求我们必须快速适应市场，成功实现商务价值，掌握商务策划所包蕴的社会生存和自我经营技能，对在校大学生大有裨益。作为专业基础课教材，《商务策划学》特别重视对策划的正本清源，努力还其科学、艺术、技术三位一体的本来面目，以减少对“策划”概念的社会认知谬误，尽量减少以讹传讹。

为尊重广大师生和读者的意愿，《商务策划学(第3版)》基本维持了前两版的体系结构和主要案例解析，对重要的知识点、关节点进行了更精准化的修订完善，力求理论和实践的结合上有所创新，注重基础性和实用性。

保留经典案例但替换了一些相对陈旧的市场案例，增加了“宝洁”“苹果”“中国好声音”“特斯拉电动车”等经典案例，大小改动300多处。

编写本书的目的，旨在普及商务策划知识，提高创新思维应用能力，提升大学生商业社会生存能力，促进以就业为导向的大学生自主创新，提高创新素养，为应用型高等院校提供一部贴近市场前沿的通适教材。

本书可作为高等院校商务策划管理、工商管理、市场营销、电子商务、企业管理、财经贸易等专业的核心课程教材，也可作为社会人士参加商务策划师资质认证的培训教材。

商务策划是一门实践性、探索性、发展中的新学科，编者水平有限，书中难免有错漏之处，恳请读者批评指正。

万　钧

2015年1月

目录

第一章
商务策划概述

学习目标

系统掌握商务策划学体系的各项基本要素，认知其发生、发展以及现实运用。

学习要求

了解：商务，策划，商务策划。

掌握：策划的概念与定义；商与商务；市场需求；中国策划的发展历程；商务策划的基本要素，基本原理；奇正与整合；商务策划的5大领域；商务策划的功能与作用；大学生的社会适应力。

本章重点介绍策划的概念、产生与发展沿革，商务策划的属性特征、基本原理与规律，商务策划的运用与领域，以及对现代大学生市场生存力的有效提升作用。

世界成于差别，难于差别。

差别，显示个体的价值。

世界上最大的差别，在人与人之间，人与人之间最大的差别在于思维。

当思维指向明确的目的，并呈现出相对于他人思维或本人以往思维的创新状态时，其过程就称为“策划”。

从猿到人，人类从共同捕猎到社会分工，因分工进而刺激和扩展本体需求，需求持续增长，又因资源的日益减少而产生日益激烈的竞争。从简单的食物易货到复杂的利益交换活动，从自然人到社会人的需求发展，从腥风血雨的战场到尔虞我诈的官场，从博命的赌场到沧桑的情场，从你争我夺的赛场到风云变幻的商场，策划，这种人类谋求生存利益与优势的创新思维方式，都在其中起到了至关重要的核心作用。

策划是一种目标明确而过程复杂的人类高级思维活动，更多地体现着人类的社会属性，其形式和过程具有科学和艺术的双重性。策划也是人类实用性和针对性很强的社会实践。

人类的生存、生活与发展，策划无处不在。

当人类发展到以过剩、短缺、竞争和倍速变化为典型特征的21世纪，策划正在成为个人职业生涯、企业经营发展，乃至社会发展进步的重要引擎。从弱小到强大，从简单到复杂，从战争到和平，从征服到反抗，从分裂到统一，从竞争到合作，从短缺到过剩，从奇特广告到眼球经济到亿万富翁的快速涌现，到海尔、联想、养生堂、华为、万科、沃尔玛、百度、苹果、海底捞、腾讯、阿里巴巴等企业的超成长，到2008北京奥运会、APEC、WTO、世博会、南水北调、上合组织、“金砖五国”等的成功运作，到“长三角”“泛珠三角”“环渤海”、中西部一个个新兴城市群的崛起，都是商务策划的杰出典范。

以成果震撼世人，以深邃启迪世人，蜚声中外，享誉四海，“策划”已经成为现代中国人的最常用词之一。

策划从中国远古而来，一直在影响着历史与世界。今天，策划更与西方的战略管理、日本的企划应用和其他文理学科知识逐步深度融合，正在成为一门年轻而极富魅力的整合型新兴学科，成为热门职业，商务策划师更成为高级的专业人才，在知识经济时代的21世纪，在迈向“创新型国家”的中国，必将创造更加辉煌的奇迹。

中国共产党的“十七大”报告提出了“继续解放思想，推动科学发展”“必须向主要依靠管理创新转变，必须进一步营造鼓励创新的环境，注重培养一线创新人才，使全社会创新智慧竞相迸发，引导和支持创新要素向企业集聚”的新时期经济发展方针。

党的“十八大”更是提出了要实施创新驱动发展战略，“十八大”报告指出：“创新是提高社会生产力和综合国力的战略支撑，必须摆在国家发展全局的核心位置。要坚持走中国特色自主创新道路，以全球视野谋划和推动创新，提高原始创新、集成创新和引进消化吸收再创新能力，更加注重协同创新。”

国家的创新导向政策，使企业经营创新、市场经营创新的优秀专业人才——商务策划师，迎来了空前的时代机遇。

第一节　概念，属性，要素

一、策划的概念

在《汉语大字典》《中华大字典》和《辞海》等中文字(辞)典中，都可以找到关于“策划”(或：策画)的词义解释。这些工具书中的相关解释汇总起来有几十个义项，但最根本、最通俗的解释可以用四个字来描述——“出谋划策”。可见，策划是一种脑力活动或智力活动，也就是一种思维活动的过程。

那么，外国人是如何描述“出谋划策”的呢？

在英语中，有这样一些单词，如：devise，plan，planning，strategy，scheme，plot，mastermind等，它们都具有战略、策略、计谋、谋划、计划等含义，但都不能完全等同于中文的“策划”一词。英语当中的consult或consultation两个常用单词，更多地含有磋商、评议的意思，是与中文的“咨询”一词相对应的。因此，“策划”一词是具有中国语境特色的，英语等西方语言中，找不到与之完全对应的、能直译的词汇。

事实上，“策划”就源自中国，是中国文化特有的一门古老艺术和智慧学，是谋求多向思维的独特角度与精密过程完善细节的高度统一，在古代，“策划”的词意被更多地称为“谋略”——谋当前，略长远。

策划满足人的高级需求，自然成就高端产业，中国的商务策划业是结合中国实际情况与外国咨询业的特点而发展起来的现代服务业。就行业而言，中国当前的策划业与咨询业既相对独立，又相互交叉。“策划”与“咨询”的词义不完全相同。

“咨询”主要是询问、商量、切磋的意思，更多的是被动地接受和参与；

“策划”主要是创意、构想、谋划的意思，更多的是主动地创新和参与。

近20年来，国内外众多的学者、策划专家借鉴各种理论与实践，为“策划”一词作了多种解释，这里摘录十余种定义供参考和研究：

(1) 策划是找出事物的因果关系，衡度未来可采取之途径，作为目前决策之依据，即策划是预先决定做什么，何时做，如何做，谁来做。——哈佛企业管理丛书：《企业管理百科全书》

(2) 所谓策划，其科学内涵是指在人类社会活动中，人们为达到某种特定的目标，借助一定的科学方法和艺术，为决策、计划而构思、设计、制作策划方案的过程。——梁朝晖：《TOP策划学经典教程》

(3) 策划就是策略、谋划，是为达到一定目标，在调查、分析有关材料基础上，遵循一定的程序，对未来某些工作或事件事先进行系统、全面地构想、谋划，制定和选择合理可行的执行方案，并根据目标要求和环境变化对方案进行修改、调整的一种创造性的社会活动过程。——梁朝晖：《TOP策划学经典教程》

(4) 策划是人类运用脑力的理性活动，是一种思维活动、智力活动，属脑力劳动。……就是人们认识、分析、判断、推理、预测、构思、想象、设计、运筹、规划的过程。——李通平、陈黎：《企业形象策划》

(5) 策划是为达到社会组织的预定目标或解决面临问题而利用个人或集体智慧预先拟订行动方案的思考活动。——王续琨：《策划、策划学、策划科学、软科学》

(6) 策划是指如何在全面谋略上指导操作者去圆满地实施对策、计策或计谋，从而达到成事的目的。——陈放：《策划学》

(7) 策划的含义应该是：为实现特定的目标，提出新颖的思路对策，并制定出具体实施计划方案的思维活动。——舒永平：《实用策划学》

(8) 企划就是企业的策略规划，是企业整体性与未来性的策略，它包括从构思、分析、归纳、判断一直到拟定策划、方案实施、事后跟踪与评估过程。简言之，它是企业完成目标的一套程序。——郭泰：《企划案》

(9) 企业策划就是在企业为实现特定的目标，聘请专业的策划公司和策划人与企业优势互补组成策划团队，运用科学的方法，设计、选择、执行、评估最佳方案，将拥有有限资源的企业与动荡复杂的环境连动优化、巧妙衔接以实现最佳投入产出比的科学和艺术。——李宝山、张利庠：《企业策划学》

(10) 企划就是在考虑现有资源的情况下，激发创意，制定出有目标的、可能实现的、解决问题的一套策略规划。——屈云波：《企划人实战手册》

(11) 策划又称策画。包含策划、计划、打算之意。策划活动，本质是人类特有的一种理性行为，它是人们对自己所要进行的活动，事先在观念中作出打算，也就是预先作出计划、安排，对要达到什么目的，如何来达到目的，依靠什么来进行，具体步骤怎样策划等一系列问题，进行具体的设计、计划、筹划。——赵承宗等：《策划学》

(12) 策划是一种创造性的思维活动，它一方面是针对未来的构想、谋划，制订计划、决策和实施方案；另一方面是运用各种工具及手段改变现状的实施过程。——(来自网络)

中外专家学者们对策划概念各有不同的研究方向、研究重点和不同的理解，所强调的也各有侧重，所以关于商务策划目前还很难形成统一的观点。

这里选择国内外有代表性的4种角度作简要介绍：

1. 事前设计说

典型代表是美国学者威廉·纽曼(William.H.Newman)，他在《组织与管理技术》一书中指出：一般来说，策划即是在做事前决定做何事，计划并经过设计后的行动路线。

事前设计说强调策划要首先明确做什么，然后周密地进行计划，思维和行动不能盲目，要精心设计行动步骤，防止漫无边际。这种策划思想明确而严密，做事要点突出，对初学者来说尤其宝贵。

2. 思维活动说

典型代表是日本的策划大师星野匡，他在其所著的《策划力》一书中这样定义：

从虚构出发，然后创造事实，加上正当理由，而且要光明正大地去做，这就是策划。

思维活动说强调策划要大胆构想，要敢于突破传统，敢于创造，要有信心和正当理由，然后放手去做，不要担心别人的嘲笑。这种策划思想对一向墨守成规、循规蹈矩的人来说，特别有启发意义。有些人并非没有创新能力，而是囿于常规和习惯，不敢“胡思乱想”，结果思想越来越守旧，自己限制自己的思维，创造能力大打折扣。

3. 决策思维说

我国著名策划理论专家史宪文先生认为：

商务策划是经济组织为了谋求自我生存的最佳环境和市场竞争的必要优势而进行的创新型或精密型的决策思维方式。

决策思维说在国内第一个提出了商务策划相对完整的概念，强调策划是一种决策思维方式，其显著特点是创新性。这种策划思想不但将商务策划上升到决策思维的高度，而且回答了策划的功能和作用，为策划在商务活动中做出了准确的定位。

4. 决策过程说

我国商务策划学科倡导者之一、主持制订国内首部经营创新人才评价标准——《商务策划师资质评价标准》的战略专家周培玉先生认为：商务策划是更加获益的经营创新决策方式，是整合企业有效资源、实现最小投入最大产出，把虚构变成现实的商务过程。

决策过程说强调策划是一种创新决策方式，揭示了策划的特性和功能，其本质是以无博有、以小博大。这种策划思想较好地反映了策划的科学性和艺术性的结合，成为国家职业标准中关于商务策划的基本定义。

综合上述几十种专家的定义，本书编者对“商务策划”的定义进行了概括性的描述：

商务策划是以获得社会交换中的更多优势和利益为目标，通过创造性思维的有效整合，形成完整执行方案的过程。

二、策划的属性

由上述定义可知，策划是人类一种具有优势性的思维特质。它是针对未来和未来发展所作的当前决策，能有效地预测和指导未来工作的开展，并取得良好的成效。因而，策划是科学决策的前提，也是实现预期目标、提高工作效率与效益的重要保证。美国《哈佛企业管理丛书》编纂委员会形象地描写道：

“策划如同一座桥，它连接着我们目前之地与未来我们要经过之处”，而策划的步骤是“以假定目标为起点，然后订出策略、政策，以及详细内部作业计划，以求目标之达成”。

“策划”与“计划”二词的含义虽比较相近，但却是两个不同的范畴，不能混为一谈。

“策划”的内涵近似于英语的“Strategy + Plan”，而“计划”的含义则纯粹是英文的“Plan”，是指有了战略之后的执行方案与行动步骤。大多数情况下，策划更多地表现为创新型的决策思维，包括发现问题、分析环境、确定目标、设计和优化方案。而计划在很大程度上是对决策结果的反映和分解，比较多地表现为在目标、条件、任务等都已决策明确的情况下，为即将进行的活动提供具体操作方案和工作程序。

举例来说，同样是企业的营销人员，如果做的是产品的市场定位、渠道建设、广告策略、终端建设等工作，这是“营销策划”；而如果做的是产品铺点布货陈列、如何应对竞品战术、如何洽谈客情、如何促销管理、如何回款防窜货等工作，那就是“营销计划”。在产品的营销策略确定之后，具体的执行与分工，落实与细化，则是计划的实施工作。

“策划”与“计划”二者的区别如表1-1所示。

表1-1 策划与计划差异对比

策　划	计　划
全局性、整体性决策	具体性、操作性实施方案
回答“为什么”“做什么”	着重回答“怎么做”
掌握原则与方向	处理程序与细节
侧重可行性论证	侧重执行性过程
创意激励产生	任务分解落实
具有创新性	常规的工作流程
灵活多变	按部就班
挑战性大	挑战性小
有创意的专业人员	一般专业人员

在商品过剩和全球市场同质化竞争日益剧烈、“红海战略”陷入生存危机，越来越多的商务经营者呼唤“蓝海战略”、渴求差异化经营和“独特的销售主张”的今天，没有策划的计划是空话，没有策划的规划是废话。

三、策划的要素

策划发展到今天，由于应用领域越来越广泛，作用越来越显著，人们对它的认识也就越来越深刻，出现了从不同领域和学科角度所进行的总结和概括。从构成事物的必要因素这个角度分析，策划的基本要素有以下5点，也就是说，完整的策划一般应该包括以下内容：

1. 策划的主体

策划的主体，即策划人或决策者。在商业社会，任何策划都是为利而谋，商务策划更是如此。所以谁在策划、为谁策划是必须首先明确的问题，承担策划的人不是为自己策划就是受别人委托而策划，是行为的施行者。

2. 策划的对象

策划的对象，即策划的具体对象及其策划后目标。策划作为一种目的性和针对性很强的创新思维活动，对象是策划思维展开的核心，策划则是通过思维创新使得对象达到目标的新状态的过程，策划的对象和目标都是具体的、可测评的。

3. 策划的环境

策划的环境，即策划所处的环境。人和人的一切行为都是社会的一部分，任何策划都必须考虑环境因素，受到客观环境的制约，比如国家政策法规是否允许、市场时机是否成熟、目标对象是否接受等。同时还要考虑竞争对手的情况，因为自己能想到的事情，竞争对手也可能想到，甚至想得更周到；自己能做到的事情，竞争对手也能做到，甚至做得更好。

4. 策划的资源

策划的资源，即策划人或决策者所认知的资源。所谓优势，即需要策划的一方具备什么样的资源，这些资源最好是竞争对手所没有的，甚至是独一无二的。所谓条件，即策划的一方所具备的能力，如人财物的能力、工作实施能力等。任何策划都需要一定的资源和条件，策划是对资源的整合和应用，资源和条件是客观存在的，策划人无法创造。

5. 策划的方法

策划的方法，即策划人的创新方法和手段。这是作为思维创新策划的根本所在，资源是材料，思维结构是砧板，方法则是刀具，在一定的资源条件下，策划的成败取决于策划主体的思维能力，即对创新方法、过程、技巧的把握和运用能力。

依照系统论的原则，以上5种要素缺一不可，相互关联。但在某些特殊情况下也并非如此，如“点子”策划，对于具有丰富实战经验的执行人员而言，对于市场竞争的特定阶段和目标而言，往往只需一个好的创意即可成功。

第二节　形成历史与当代发展

一、交换产生“商务”

所谓商务，在这里泛指人际间的一切经营行为或经营活动。

今天，商务活动越来越频繁，人们接触商务的机会也越来越多，甚至与商务无法分离。在市场经济社会中，商务活动与人的社会价值实现有着极大的关系，商务活动体现着一个人对于他人、对于组织、对于社会的作用与价值，满足各种形态的需求，产生和积累财富，提升文明丰富文化。

商务活动产生的原因可以用两个字来概括，就是“交换”。

人类社会进入新石器时代以后，随着生产力水平的提高，种植农业得到了很大的发展，畜牧业也开始由游牧部落专门来从事，因而逐渐从农业中分离出来，形成了第一次社会大分工。农业和畜牧业的发展，进而促进了手工业的发展，产生了各种手工技艺，有的技艺还相当精湛，因而又促使手工业脱离了农业，这就是第二次社会大分工。

由于生产力的提高，剩余产品开始出现，人类社会产生了市场经济的萌芽——交换活动，同时也促进了人类需求的丰富和提升。此后，原始货币的出现更是大大地促进了产品的交换和交易，这时专门从事经营活动的商人阶层开始出现。恩格斯将商人的出现称为第三次社会大分工。

3300年前，在我国历史上的青铜器殷商时代，作为交换和交易保障的交通运输就已经比较发达，这与我们今天的“要想富先修路”的观念十分相像，为大范围的人际交换行为——从易货到牟利提供了环境的可能。

在汉字中，“商”字具有独特的表达意义。我们从殷墟甲骨文中知道，商人多称自己是“大义商”或者“商议”，说明他们承认自己就是为商。实际上，“商”最早是作为一个专用的地名或者族名出现的，它跟商业没有必然的联系，后来因为商朝人善于做生意，逐渐就有了“商人”的称谓。

据著名史学家吴晗考证，“周民中有一部分会做买卖的商人即殷遗民”，他们被迫集中在洛阳，并被歧视为“顽民”，经常被召集起来训话，过着被监视的生活。他们被另眼相看，既无政治权利，又失去了土地，为了维持生计，只好东跑西颠地做买卖。在这一时期，商人开始分化为行商和坐贾，行商是走村串寨沿途买卖的商人，坐贾是有一定场所的、招徕他人来买卖东西的商人。《庄子》中“枯鱼之肆”“屠羊之肆”的提法就是明证。

有了“商”的行为和行为人，就会有对各类“商行为”总括的概念：

商务——一切以利益为目的、以交换为手段、以货币为表现的个人或组织活动。

人与人之间因需求、利益交换而产生的各种“商务行为”，不但影响和改变了人们的世界观，而且也影响和改变了整个人类社会。

在商品经济社会，人仅有感性、理性是不够的，还必须有“第三性”。所谓“一生二，二生三，三生万物”，人性三分。2003年，编者在《第三性角度》一书中，首次提出了“商性”的概念，指出“商性”是现代商品经济社会中，人类在感性和理性之上更加需要的“第三性”。所谓“商性”就是在过剩经济背景下，人应该具有的更加适应利益交换的生存和生活方式，更加适应现代竞争环境的价值观以及创新思维的习惯与模式。人的“第三性”是人类交换发展到完全商品经济(市场经济是不完全的商品经济)的产物，也是人对商品社会规律的把握和创新意识的提高。

近年来，商性的概念正伴随着我国市场经济的发展而日益普及，越来越得到人们的重视。国内外的不少培训机构和院校，还专门组织“商性素质特训营”，提高年轻一代应对市场竞争的综合素质，强化现实适应能力。

二、竞争产生“策划”

策划究竟是如何产生的，要了解这个问题，就必须首先了解——“策划”作为人类一种目的性主动行为的本质是什么。

毫无疑问，生存(共性和个性的生存)是人类的第一需求。作为生存不可缺少的各种资源，从自然资源到社会资源，却永远有限，甚至被人为地破坏而减少，因而人类生存与资源减少的矛盾，将越来越激化、极化。

要生存就必然会与自然界抗争、与社会(同类)抗争，与有着同样需求，甚至更过分需求的对手抗争，这种抗争从原始社会甚至从类人猿开始至今从来没有停止过。

人是有智慧的动物，无论是与大自然还是与人类自身，无论是与社会还是与利益团体，种种抗争无不是思维活动的表现形式。可见，策划是人类或社会竞争的产物，正如达尔文《物种起源》中“物竞天择，适者生存”的原则，在竞争中只有适者才能获得资源生存发展，而不适者只能被淘汰、消亡。

可以说，竞争在任何一个社会时期都会发生，所以策划的思想和策划的行为在任何一个社会时期都会存在。一般来说，竞争越激烈，策划活动就越频繁，策划思想就越丰富和精彩；反之，策划活动就稀少，甚至受到排斥、压制，停滞不前。

例如，在原始社会，为了生存，人要猎取动物为食，所以总要考虑捕猎的方法，如在野兽经常出没的地方挖陷阱、设埋伏等。在居住方面，人们先居洞穴，后搭盖茅草棚等简易居所，再后来发展为永久性的住房。再如，我国古代诸侯之间矛盾不断，政治、军事斗争激烈，由于当时的社会生产力落后，想获胜的一方完全依靠自己的实力是十分困难的，因而不得不用谋略争取打败对手。所以，人类因有限资源条件下的生存而竞争，因竞争而产生“策划”。

今天，人类生产能力的飞速提高所必然导致的“过剩”，使人类的竞争更加激烈、更加残酷。竞争使得强者愈强，而弱者愈弱。发达国家变得发达的过程，往往正是贫穷国家变得贫穷的过程；而富人变得越富的过程，往往也正是穷人变得更穷的过程。因为实力和谋略都倒向了强者一方。

竞争使商务的交易不再是简单的产品之间的交换，而是“劳心者治人，劳力者治于人”。

要实现“生存”这一目标，在完全竞争环境中的第一原则就是——赢或者共赢。

人类社会的竞争，在农业社会是以“力”取胜，在工业社会是以“物”取胜，到了信息社会、知识经济社会则是以“智”取胜。就像当代人的口头禅那样，“脑袋决定口袋”，今天不学策划，明天被人策划。

竞争与生俱来，人类因此而不断发展；策划与时俱进，人类因此而不断超越。

三、策划的起源和发展

策划起源于中国，春秋战国时期已十分兴盛，迄今已有3 000年的历史。

在中国古代，策划主要用于获取军事和政治斗争的胜利或优势。从本质上说，中国古代的“策划”是一种谋略——既有战术，也有战略。“策划”一词的出处，普遍的说法最早出现在《后汉书·隗嚣传》中，“是以功名终申，策画复得”；还有一说是出自《文选·晋纪总论》中，“魏武帝为丞相，命高祖为文学掾，每与谋策画，多善”。

“策”的古文字为“竹字头”下加一个“宋”字，在《辞源》中“策”字有好几个意思：一是当名词用，指古代的一种马鞭子，这种马鞭子头上有尖刺，“鞭策”一词由此而来；二是当动词用，如鞭打马匹使它向前跑，“策马”“策动”就是用鞭子打马的意思；三是指古代编连好的竹简，如“简策”或“策书”；四是指古代考试的一种文体，多就政治和经济问题发问，应试者的对答叫“对策”。

“划”字古代与“画”通用，主要读音有两种：一是huá，二是huà。

读作“huá”音有3种解释：①用尖锐的东西把别的东西分开或在表面上刻过去、擦过去，如划玻璃、划火柴；②用浆拨水、划船；③合算，按利益情况比较，划不来或划得来。

读作“huà”音也有3种解释：①划分：划界、划定范围；②划拨：划付、划款、划账；③计划：筹划、策划。

“策”与“画”组成一个词组，在古代有筹划、谋划、计划、计策、对策等意思。到了今天，现代汉语里的“策画”和“策划”开始通用，但在中国港澳台、日本、新加坡等地区或国家，仍时常写成“策画”(画策)。

在英语中，包含有“策划”意思的词语有plan、plot、scheme、strategy、engineer等，其中最能完整体现策划概念基本属性的词是strategy，更多战略的、前瞻的、整体的、全局的意义。该词的词源来自希腊语，是古希腊战争中的高级军事将官职名strategos，大约相当于现代的总参谋长。在很多跨国公司的组织结构中，都设有十分重要的SPD(Strategy Planning Department，战略计划部，中文一般译为“企划部”)。

中国是策划的鼻祖，古代典籍中就有“经权”的阐述，从思想观念上的百家争鸣，到政治利益上的诸侯博利，产生了层出不穷的斗智斗勇的谋略故事，“策划”这一专门词语由此而来。中国古代策划虽然集中在政治、军事和外交领域，但它对整个人类历史和社会文化的影响是广泛、长远而深刻的。

原始社会末期，夏启建立第一个奴隶制王朝，做出了第一个具有国家性质的重大策划。春秋战国上至君王贵族下至谋士百姓，都非常重视策略的运用。齐桓公以“尊王攘夷”为宣传口号称霸中原，其军事政治策划的诉求点、突破点把握绝妙；孙武攻楚并著《孙子兵法》；勾践灭吴；张仪、范雎远交近攻、东西连横，苏秦使五国联合；孙膑、庞涓斗智斗勇等，或征战以少胜多或不战而屈人之兵，春秋战国是中国从经权之争演化到谋略实战的重要时期。

因“策划而生”的始皇帝嬴政，创建大秦王朝，统一了文字、货币、度量衡等，文化与经济的策划奠定了中国未来的发展方向；刘邦以约法三章为军事政治策略，刘彻以“罢黜百家，独尊儒术”确立封建统治思想；曹操以军事思想、文化策略营造统一中国北方，诸葛亮利用矛盾、细化资源三分天下，权与术的结合使众多策略运用得游刃有余；北魏孝文帝以文化、风俗、农业的封建化大策划，促进了民族融合。

李世民策划“玄武门事变”登上龙椅宝座创造治国奇迹，武则天以女性的独特策略，创新改革，为李唐王朝“开元盛世”打下基础；文成公主远嫁松赞干布，金城公主与尺带珠丹结合，是婚姻与政治的巧妙整合策划；赵匡胤的黄袍加身和杯酒释兵权，军事与政治两手策划火候老到；王安石、范仲淹的变法是勇敢的政治改革策划；成吉思汗采取的逐步推进、迂回包抄军事策划，使子孙们组建了一个人类历史上领土空前绝后的庞大帝国。还有后世的永乐盛世、康乾盛世，等等，举不胜举。

进入20世纪，在中国革命战争中，毛泽东和中国共产党的先驱们，发挥集体智慧，把中国谋略和策划智慧发挥到了极致。特别是毛泽东的运筹决策，不但挽救了党，挽救了革命，而且极大地丰富了现代军事思想，“二万五千里长征”以及“三大战役”、“抗美援朝”、两弹一星、中美对话等，在世界军事史、政治史、外交史上都是空前的奇迹。毛泽东的军事思想是毛泽东思想的重要组成部分，可以说，如果没有毛泽东的运筹帷幄，没有以毛泽东为领导的中国共产党，就不会有中国革命的成功，不会有中国人民的真正站立起来，新中国的诞生至少会推迟几代人。

但是，策划在中国20世纪80年代以前，对经济和社会综合发展的贡献率很小，反而落后于美国、日本、欧洲的战略计划和管理咨询。

直到20世纪的80年代中期，才开始兴起了中国策划史上的第三次热潮——以市场为中心，以商务活动为对象、以经济利益为目标——商务策划。

为什么沉寂了上千年的中国策划，直到20世纪80年代中期才又重新活跃？一个重要的原因是，中国出现了史无前例的改革开放，市场的开放和活跃为策划奠定了经济基础。新时期中国策划业的诞生，不但是对中国古代谋略的继承，还是对传统咨询业的丰富和补充，催生了知识经济在中国的发展，造就了以“人+Idea”为市场创新主导价值核心的经济新常态。

改革开放时期的策划分两条线：一条是国家和民族的振兴，一条是市场和企业的繁荣。1978年，中国实行对内改革、对外开放的政策，极大地解放了人们的思想，使国家和民族走上了振兴的道路。这个时期，作为中国改革开放的总设计师，邓小平高超的战略思想和领导才能得到了充分发挥，党中央依据邓小平的战略思想，制定并实施了党在新时期的路线、方针和政策。

与此同时，策划在中国开始第一次大规模进入商务领域，极大地活跃了中国和全球市场，推动了中国市场经济以及社会文化的发展进程。关于这一时期策划在商务领域的应用和发展，后面将有进一步的阐述和研究。

四、策划的当代发展趋势

概括从20世纪80年代改革之初至今的中国商务策划业，其发展历程大致可分为3个阶段：

1. 自发阶段：20世纪80年代中期—90年代初期

这个时期也可称“点子时代”。由于中国市场经济处于初级阶段，全社会对市场和经营知识普遍缺乏，所以出一个与众不同的点子，对于企业来说仿佛如获至宝。在当时，一个点子就能救活一个企业或使一个产品红遍天下，有时甚至可以创造惊人的商业奇迹。

在这个以“点子”为特色的商务策划萌芽阶段，最著名的人物要数何阳，1988年他创立了民办的和洋新技术研究所，先后发明了近20项民用新产品，获得十几项国家专利，并获得各级政府的奖励。到20世纪90年代，他创立了以出点子为赢利的新生事物——点子公司。

1992年9月1日，《人民日报》第一版刊登报道《何阳卖点子赚钱四十万——好点子也是紧俏商品》，此后，何阳被国内传媒称为“点子大王”。靠“个人智慧”，为企业提供

“点子”激活市场，红遍了祖国大江南北。何阳时代的中国策划业就像一张白纸，只要在上面点上一个“点”，就会创造一个又一个市场“奇迹”。

这个时期，传媒对于“点子”在市场营销中的作用的热捧与夸张，也培养、误导了公众观念的形成，即“点子”就是“策划”。由于“点子策划”严重缺乏系统性，加上执行环节的某些失误，致使失败的策划案层出不穷，如：被称为“野太阳策划”的郑州亚细亚商场；创造空前CIS神话的广东太阳神；勇夺央视“标王”的秦池酒、爱多VCD等，它们的衰落使红极一时的“点子策划”迅速跌入低谷。

2. 自觉阶段：20世纪90年代中后期

这个时期也可称为“战术策划时代”。在策划的“点子时代”，策划业更多地呈现出一种个性化、无组织化，策划人习惯并热衷于新闻炒作和追求明星效应，一时间，明星、大师头衔满天飞，仿佛点子、策划无所不能。加上一些策划人在与企业合作中漫天要价、不讲信用，使策划行业的市场口碑、社会形象受到了严重破坏，在社会商务实践中，造成了一系列著名的“失败策划”，例如牟其中、何阳、胡志标等“策划大师”们的锒铛入狱。

20世纪90年代中后期，由于策划市场的迅速衰落，迫使策划界的一些优秀分子开始反思：策划必须随着时代的发展而发展，中国策划业必须与专业和学科结合，必须注重战术的组合运用。

此后，一大批实战性策划专家，开始向策划的广度和深度进军，他们将策划与热门专业或新兴行业结合起来，通过整合资源，发挥个人的专业特长和策划智慧，创造了一大批策划成果，其代表人物有：CIS策划余明阳、公关策划崔秀芝、广告策划叶茂中、营销策划赵强、房地产策划王志纲等。这一时期，各家门派著书立说也推动了“策划”概念和意识的传播与普及，特别是《策划学》(陈放著)、《转身看策划——一个广告人手迹》(叶茂中著)、《谋事在人——王志纲策划实录》(王志纲著)、《想对商人说我——恩波商战》(王力著)、《谁比谁傻》(赵强著)、《一个企划人的独白》(孔繁任著)等著作的出版发行，产生了广泛的社会影响，使全社会特别是企业界对策划重要性的认识逐步加深。

1999年12月，全国人大常委会委员长李鹏同志为中国策划业题词：促进策划事业发展，切实抓好人才培养工作。

3. 学科建设和职业化阶段：21世纪以来

这个时期也可称“战略策划时代”。客观地说，20世纪80—90年代兴起的策划热，为中国市场经济的发展作出了积极的贡献，具体表现在：

第一，中国策划从幕后开始走向台前，第一次大规模地服务于经济；第二，中国策划得到了发扬光大，许多企业和个人因策划的成功而改变了命运；第三，推动了广告和咨询业的发展，特别是广告业因策划手段和各种创意的大量使用而获得了长足进步。

但是，存在的问题也非常突出，最严重的问题是行业规范和学科建设的问题。

随着知识经济的到来和中国加入WTO，企业之间的竞争越来越激烈，战术策划治表难治本的问题越来越突出，企业对策划的要求越来越高，进而引发了“企业全程策划”和“战略策划”的新概念。与此同时，创新人才的严重短缺和自身发展的局限性，也正在成为企业发展的瓶颈之一。为解决这些问题，一批现代商务策划理论专家，致力于将中国谋略智慧与西方管理科学进行整合，从人才规范和学科建设两个方面深入进行了积极的探索，取得了一些突破性的进展。

中国策划业界进入一个新的更高层次的高潮期，涌现出很多著名社会活动家，如雷鸣雏(中国生产力学会，中国企业策划案例暨策划人奖评选大会，《顶尖策划》)、孙德禄(《人民日报》海外版，中国策划大会)、谭新政(中国企业文化促进会，商务部《商务策划评价规范》)、张大林(《中国策划年鉴》)等。南京大学还连续多年开设了策划方向的研究生课程班，很多政府公务员、军队将校、高校教师和企业家们进行了系统的学习。

在中国商务策划事业的新时期，对于商务策划学科建设和教育发展具有突出典型贡献的人物，是策划理论和结构专家史宪文，策划理论和战略策划专家周培玉，市场策划专家万钧，企业策划和创新思维专家刘秉君等，同时也是优秀讲师、培训师的他们，在策划人才规范和学科建设方面作出了积极的贡献，规模化培养了数万人的商务策划师人才群体，赢得了上万家企业的积极肯定和实效口碑。

1998年，以史宪文教授为首的WBSA(世界商务策划师联合会)，和以余明阳博士为首的中国策划研究院(总部均设立于中国香港)，先后在大连、深圳等城市开展了主题为“商务策划”的培训认证工作。2001年，经周培玉教授主持，中国企业联合会管理咨询委员会正式与WBSA联合成立中企联商务策划师秘书处。2002年，中国企业联合会与WBSA联合举办了《中国企业企划部规范》论证会，来自清华大学、北京大学、国家经贸委、中国社科院、国务院发展研究中心等系统的50多位专家参加了论证会。

此后，商务策划国际认证规范体系被引入我国，经过长达6年的本土化改造，形成了完整的具有中国特色的商务策划知识体系和评价标准，为大批量培养和复制国内创新人才创造了条件。2002年6月，国家人事部全国人才流动中心，决定与商务策划师培训认证总部共同在全国范围内开展商务策划师认证培训工作，从此，真正拉开了中国策划行业人才建设的序幕。其后，众多的部门、机构和组织纷纷在国内开展商务策划相关的培训业务，到2005年，国家人事部全国人才流动中心统一管理规范，正式确立国内权威的“商务策划师资质认证”，并在“中国国家人才网”(www.newjobs.com.cn)建立了专门的商务策划高级人才库。

2004年12月，劳动和社会保障部颁布第二批10种新职业，商务策划师位列第一。经过一大批学者专家5年多时间的宣传和推广，经过无数策划师的努力奉献，商务策划师最终成为国家新职业，中华人民共和国人事部、劳动和社会保障部、商务部还相继发布了商务策划师资质和资格认证和标准，这意味着中国策划的职业化建设已经步入正规化。

2006年4月，国家教育部公布“商务策划管理”进入高考新增专业，这意味着商务策划的学科建设正式拉开了帷幕。今天，新概念的中国商务策划正在发扬光大，“新职业、新学科、新产业”为商务策划事业提供了巨大的发展空间。

2008年5月23日，中国商务策划创新大会暨第二届全国商务策划师年会在苏州国际博览中心召开，国内外五百多位专家齐聚金鸡湖畔，进一步探讨、规划策划咨询行业的规范与发展。

改革开放30多年来，中国策划得到了前所未有的大发展，商务策划不但是专业、事业、行业，而且是一门极富魅力的新兴学科。今天，各行各业都需要策划，都离不开策划。其中一个重要的原因是：中国的市场经济从一定意义上来说是策划的经济，没有策划就没有新产品、新市场，当然也就没有新的作为。在这方面，企业领导人的认识尤为深刻。

市场经济的发展成就了中国策划行业，策划与经济的结合度越来越高，使其社会地位得到了前所未有的提升，主要表现在以下几个方面：

(1) 策划应用广泛化。过去策划的神秘色彩浓重，大部分不为人所知。市场经济的发展推动了策划在各个领域的应用，今天的策划早已打破了传统领域的界限，逐渐融入社会生活的各个方面，可以说，各行各业都与策划密不可分，如房地产策划、金融策划、旅游策划、IT策划、会展策划、婚庆策划等。

(2) 策划活动产业化。各类咨询公司、策划公司等专业公司或机构如雨后春笋般出现，世界著名管理咨询公司纷纷登陆中国，如兰德公司、麦肯锡、罗兰贝格、安达信、埃森哲等。据不完全统计，仅2005年，中国就有各类策划咨询公司十几万家，从业人员上百万人，年营业收入超过300亿元人民币。

(3) 策划手段多样化。随着社会和各行各业对策划的需求日益增加，策划方法和技术手段层出不穷，如系统策划、整合策划、四维策划、全息策划等。这些策划方法和技术手段的出现，使策划人的视野大大开阔，手段更加灵活，策划效率和成功率也大大提高。

(4) 策划运作职业化。自20世纪90年代以来，许多策划人选择策划作为自己的职业，有的成立专业公司，有的成为职业自由人。许多具有一定规模的企业纷纷设立企划部门，专门研究和解决本企业经营策略问题。据不完全统计，全国有近300万家企业设立了企划类部门，以策划为职业的工作人员超过500万人。

2004年12月劳动部颁布第二批新职业，商务策划师列第一位。其后，又陆续推出了“会展策划师”“房地产策划师”“婚庆策划师”等一系列专业策划师新职业，国家新就业政策的出台，进一步推动了商务策划职业化的发展。

(5) 策划理论学科化。近10年来，许多策划人或根据实践经验，或研究典籍，或分析案例，或结合行业领域，从不同角度研究、分析策划方法理论，出版发行了大量策划类书籍，这些书籍有的重知识，有的重实战，有的重方法，为后来者学习策划提供了借鉴和许多有益的范本。2006年3月，教育部公布新增25个大学本科专业，其中商务策划管理最为耀眼，成为一门全新的本科专业。从此，策划理论研究的学科化步伐大大加快，来自社会机构和高等院校的一些学者、专家开始投身其中，中国经济出版社2006年出版的两种版本的《商务策划管理教程》就是一个标志。2008年5月以后，作为从“十一五”到“十二五”的高等院校应用型规划教材的《商务策划学》，更是在全国各地各类高校中受到广大师生的热烈欢迎，多次加印，发行数万册。

在中国市场经济中大显身手的策划业，近十几年来取得了长足的进展，但自身也存在一些问题，突出表现在以下3个方面：

(1) 策划行业缺少规范。策划作为一个行业，长期没有行业管理组织，也没有相应的政策法规，行业规范的缺失，导致市场秩序混乱，如漫天要价、不讲信誉、服务内容单一和雷同、从业人员良莠不齐、服务质量差等问题比较突出，损害了策划人的形象，也影响了整个行业的健康、有序发展。

(2) 策划科学质素不高。一直以来，中国策划强调艺术性，相对而言缺少科学性，思想多而方法少，定性多而定量少，发散而缺乏系统性。策划当然不能没有艺术性，但必须建立在科学的基础上，否则策划方案空洞而抽象，缺乏管理基础，执行起来就有很大的随意性。这方面，本土的策划公司与国外知名咨询公司差距较大，由于策划常常凭感觉和天赋，策划的成功带有很大的偶然性。

(3) 策划业务推崇明星。整个策划行业缺乏组织和队伍建设风气，缺乏实事求是的精神，而习惯于包装个人，推崇明星，一些策划公司的老板把自己标榜成无所不能的点金大师，使一些了解真相的企业敬而远之，同时在行业圈内招致很多非议。明星固然重要，但随着市场竞争的加剧，社会分工和市场专业性的不断增强，使得企业经营的形势越来越复杂，依靠明星的单打独斗很难解决企业的实际需要。

以上问题的存在和暴露，说明中国策划行业还处在发展的初级阶段，还很不成熟，与国外咨询行业相比还有很大的差距，需要从行业规范、学科建设、职业培训等多方面加强管理和引导。但总的来说，近年来中国策划业的发展是健康的、积极的，并且正迎来千载难逢的历史发展机遇。策划已成为大众的工具，策划随处可见，可谓行行有策划，事事要策划。策划机构和组织正在不断壮大，并已成为一个独立的行业，其特殊的地位和作用也越来越受到人们的重视。

专家们预言：商务策划正在成为未来收入最高、就业最稳定的热门职业之一，商务策划类创新人才最容易向经营高层跃升，最容易转化为新的资本所有者。

曾以《未来的冲击》《第三次浪潮》两书而闻名全球的未来学家阿尔温·托夫勒(美国，Alvin Toffler，1928—)教授更是大胆放言：

主宰21世纪商业命脉的将是策划，因为资本时代已经过去，策划时代已经来临！

第三节　商务策划的基本原理

策划从本质上是以获得社会交换中的更多优势和利益为目标的一系列创造性思维活动，把虚构变成现实的种种奇思妙想和行动，它一定是针对未来之事，谋求比较优势，这是策划的基本原理，也是策划的目的。

策划是科学和艺术的结合，无论是古代策划还是现代策划，都是对原理与规律自觉或不自觉的把握和运用。我们通过对古今中外大量经典策划案例的分析和研究发现，大凡成功的策划都遵循、体现着一些基本的原理，通过归纳总结，可以概括为奇正原理、系统原理、博弈原理、裂变原理、整合原理和简易原理等6种。

一、策划的奇正原理

奇正原理是策划的第一特质，它是思维创新的核心表现。早在老子《道德经》中就有过对于奇正思想的阐述。老子说：“以正治国，以奇用兵。”(《道德经·五十七章》)《孙子兵法·势篇》更加明确：“凡战者，以正合，以奇胜。”所谓“正”，是指社会所公认的正道，包括一整套行之有效的方针、路线。而“奇”则是巧妙，诡秘，临机制断，随机应变，没有固定的程式。老子用两个不同的字归纳、总结了治国与用兵这两个不同领域的特点，十分精辟。

对奇正思想内涵作进一步揭示与阐发的是孙子，《孙子兵法》里，孙武将“奇正”作为战略战术上升到一个很高的地位。“三军之众，可使必受敌而无败者，奇正是也。”(《势篇》)意思是说，军队遭到敌人的进攻而能保持不败，关键在于其真正掌握了奇正之法的神髓。

《势篇》又说：“凡战者，以正合，以奇胜。故善出奇者，无穷如天地，不竭如江河。”善于出奇制胜者，其战法就像天地一样变化无穷无尽，像江河那样奔流不竭。《势篇》还说：“战势不过奇正，奇正之变，不可胜穷也。奇正相生，如循环之无端，孰能穷之？”这就告诉我们，战争的基本方法不外乎是使用“奇”和“正”，而奇正的配合变化，无穷无尽，奇可以生正，正可以生奇，奇正的互相转化，周而复始，无始无终，哪里能穷尽它呢？可见，孙子阐述的“奇正”充满着丰富的辩证法思想。

孙子所说的奇正，经后人的揭示，不外乎以下几个方面的内容：

正面迎敌为正，机动配合为奇；明为正，暗为奇；静为正，动为奇；进为正，退为奇；先出为正，后出为奇……总之，一般的、常规的、普通的战略、战术为正，特殊的、变化的、罕见的战略、战术为奇。

春秋以后，历代的名臣大将们对“奇正”这一概念多有阐述：

动为奇，静为正(宋·梅尧臣)；

正者当敌，奇兵从旁击不备也(汉·曹操)；

正兵贵先，奇兵贵后(战国兵书：《尉缭子》)；

正亦胜，奇亦胜(唐·李世民)……成语当中更有耳熟能详的如“出奇制胜、出其不意，攻其不备”等。

那么，如何把握“正”和“奇”的关系呢？

第一，“奇正”转换的规律性。孙子的“奇正”，不断强调“变”，“变”是“奇正”的灵魂。“奇”可以生“正”，“正”可以生“奇”，“正”中有“奇”，“奇”中有“正”，而不能僵化地理解“奇正”。诸葛亮唱“空城计”吓退了敌人，是因为敌方素知诸葛亮向来谨慎，因而视此为“正”，而不知诸葛亮却是在用“奇”。

在市场经营中许多“绝招”初被人用时，众以为“奇”，后大家争相仿之，则“奇”就变为“正”。策划也是一样，策划的一般方法是“正”，策划的特殊方法则是“奇”，但当许多人都了解这些特殊方法时，“奇”就变为“正”了，策划人要想成功，就必须有新的创意和创造。

第二，“奇正”变化的无限性。孙子说：“善出奇者，无穷如天地，不竭如江河。”又说：“奇正之变，不可穷胜也。”说的是这种变易的无限性。历史上没有两次完全相同的战争、战例，说明有多少种各不相同的制约战争的因素，就有多少种“奇正”运用。所以变化的无限性也说明了“奇正”运用的无限性。

在实际争战中，必须具体地分析形势、运用“奇正”，而没有抽象的、一成不变的对“奇正”的照搬照用。在商战中，各种制约因素的层次与类别几乎是无限的，其变化方式也是无穷无尽的。有时，“奇正”的成功运用，往往能造成一种“我用正，敌以为奇；我用奇，敌以为正”的效果。运用“奇正”无成法，无定式，贵在一个“悟”字。

“奇正”的运用需要特别注意两个方面：

第一，“奇正”相倚。古人说“有正无奇，虽整不烈，无以致胜也，有奇无正，虽锐无恃，难以控御也”。这说明，正奇相倚，不可偏废。因为只有正而没有奇，虽形态严正，但没有烈性，所以不能取胜；反过来，只有奇而没有正，虽有锐气，但没有强有力的依托，所以难以控制整个局势。对奇正的运用，过于强调正或过于强调奇都是不可取的，正需要奇，奇需要正，二者相倚相合才能成就事业。

第二，“奇正”相对。“正”是常规的，符合普通人的认识与习惯，即一般性的战略战术；“奇”则是非常规的，大多出乎人们的意料，是特殊化的战略战术。“正”是“奇”的基础，意味着强大的实力，意味着正面的进攻。“奇”是“正”的变通和发展，意味着出其不意，攻其无备，致命打击。古代用兵，“正”常用来挡敌方之“实”，“奇”则常常击敌方之“虚”。所以，通常人们也把“正”理解为“守”法，“奇”则是“胜”法；“正”是用兵的基础，用“奇”是用兵的关键；“正”是企业管理的基础，“奇”是企业创新的能力。

“奇正”作为策划的核心原理，其价值作用也因人而异，因时而异。在正的前提下，策划贵在用奇，奇在众所不意，也就是在众人所忽视或意料之外而又在情理之中。我们策划对手时，也正是对手在策划我们的时候，双方争谋：奇于对方之外，则胜；奇于对方之同，则平；奇于对方之料中，则败。

二、策划的系统原理

系统原理要求策划人能够高瞻远瞩、深谋远虑，能够从整体上把握、控制和驾驭全局。

系统一词，来源于古希腊语，是由部分组成整体的意思。通常系统的定义是：由若干要素以一定结构形式联结构成的具有某种功能的有机整体。在这个定义中包括了系统、要素、结构、功能4个概念，表明了要素与要素、要素与系统、系统与环境3方面的关系。

从系统观点看问题，世界上的任何事物都可以看成是一个系统，系统是普遍存在的。系统是多种多样的，可以根据不同的原则和情况来划分系统的类型。按人类干预的情况可划分自然系统、人工系统，按学科领域就可分成自然系统、社会系统和思维系统，按范围划分则有宏观系统、微观系统，按与环境的关系划分就有开放系统、封闭系统、孤立系统等。

系统原理的核心，是把“策划”当做一个完整的系统和过程，用控制论、信息论、系统论等方法中整体的、联系的、结构的、功能的、层次的、非线性的观点，对某一策划对象进行分析、综合、归纳，从而求得好的策划方法，最终达成整体效益。

不论是《鬼谷子·谋篇》中的名言“故谋莫难于周密”，还是人们常说的“牵一发而动全身”，都是在强调着优秀的策划思维必须具备的周密性，这也是成功策划对系统原理的强调。作为一个策划人，诸葛亮在《隆中对》中就成功地运用了系统原理，胸怀大局，从长远利益的高度对当时的时局和未来的走向作出了准确的预测。

系统原理要求策划人或决策者必须在思维过程中，始终围绕策划的目标，将策划对象、策划目标、策划环境以及策划主体所构成的系统的各个要素整合统筹起来，把策划涉及的方方面面以及构成策划的各个部分统一起来，形成完整的策划方案和达到优化的策划效果。

三、策划的博弈原理

博弈，是一个外来词，英文是“Game”，也就是我们常说的“游戏”，当然“Game”还包含另一种含义，就是人们在一定规则下进行竞赛。

什么是博弈？举个日常工作的例子，如果你去超市购物，交款的时候会有不同的队列，选择排在哪个队列中能够最节省时间，就是一种博弈。当队伍只有一个的时候，你自然无须选择，但是当队伍数大于2的时候，你就面临着一个多变量选择的问题。

理论界著名的博弈论经典案例有“囚徒困境”“斗鸡博弈”和“智猪博弈”等，“田忌赛马”更是以己之长，克敌之短，舍弃局部利益赢得整体利益的典范。在企业经营方面，在市场容量有限的条件下，一家企业投资了某一项目，另一家企业便会放弃对该项目的觊觎。

策划的博弈原理是借助博弈论的理论和方法，对决策的结果不求最优而求满意，确保底线位于最坏结果中的最小。

在我国传统文化中，包含许多精妙的博弈策略。许多成语及成语典故，就是对博弈策略的令人叫绝的运用和归纳，如围魏救赵、背水一战、暗度陈仓、釜底抽薪、狡兔三窟、先发制人等。当然，博弈策略的成功运用须依赖一定的环境、条件，在一定的博弈框架中进行。

在博弈中，人们掌握的信息经常是不完全的，这就需要在博弈进行过程(即动态博弈)中不断地收集信息、积累知识、修正判断。人们常提到的“上有政策、下有对策”，其实是对管理者与被管理者之间的动态博弈的一种描述，面对上边的政策，下边寻求对策是正常的、必然的。从“博弈论”的角度讲，上边的政策制定必须在考虑到下边可能会有的对策的基础上进行，否则，政策就不会是科学、合理的。

博弈制胜，真正的难点，往往不是技巧的运用，而是心态上对利弊得失平衡的把握，是对代价、对“损失”的看法，与对对手、对环境等的正确分析判断。世界永远是动态的平衡，先舍后得，方为成就大事业的大智慧。

四、策划的裂变原理

裂变，是现代物理学的概念，物理学家研究发现核能释放基本上就是无休无止的核子碰撞。把裂变包括聚变引用到商务策划上，就是创意与创意之间的无休止的碰撞与互动激发。人的创意、智慧也能产生裂变。而且只有产生裂变，才能实现策划的一箭双雕、一箭多雕的意外效果。最经典的案例，就是美国商人尤伯罗斯(Peter Ueberroth)承办第23届夏季奥运会，即1984年洛杉矶奥运会成功举办的过程中所依据的思维原理。

对于高级生命的“人”而言，意识、智商等也是一种物质，而且是物质的更高层次，它所对应的“能量”是一种智能，无法精确地进行计算。由于属于智能范畴的信息、意识、创造力等都是不守恒的，故其所对应的思维能、创意能、意识能等也都是不守恒的。如果组织得好就可以使之释放出令人震惊的能量，能够解决许多用物质手段无法解决的问题，如“虚拟经营”等。

从这个意义上来说，“智能原子弹”从理论到实践都是可以成立的。也就是说，智能原子弹同样可以产生和爆炸，反映出人类智慧的积聚、升华和实际运用，它为策划预测性地解决问题提供了“智能”保证。

策划的裂变思路包括以下几点内容。

首先，通过量的增长扩展现有优势。围绕核心原点扩张，将某项业务引向新的地域，增加客户数量、调整价格、增加产品线和服务种类等。麦当劳通过连锁扩张获得更大的市场占有率，就是围绕一个坐标原点的放大加强。

其次，在新领域复制成功模式，即围绕自身独特的技能、优势和能力建立新的发展模式，以实现增长。如TCL在新条件下复制自己的优势基因，将彩电行业的速度优势导入手机行业而获得巨大的成功。

再次，通过兼并增加新的优势。相当多的企业是通过购买或出售业务来重新为自己的优势基因进行定位的，比如IBM对PC业务的瘦身运动。

最后，重塑基因。对整个企业进行改造，用新的方式创造价值，这种情况在IT业尤其多见。IBM、联想从PC到系统集成、电子商务、解决方案，不断依据市场变化、客户需求变化、产业链价值变化改变着赢利核心、商业模式。此举意味着对整个企业进行改造，从组织、文化、价值和能力诸方面着手，用新的方式创造价值。

策划中的裂变意味着创造一种新的商业模式、一个新的商业机遇的出现。把握住裂变，就能在市场竞争中先发制人、拔得头筹。策划思路的不断延伸和丰富，产生了一系列的变化，使得策划方案的全过程更加完善与生动。

五、策划的整合原理

整合原理与系统原理在分析问题方面有某些相近的思想，它要求策划人把策划对象所在系统可能涉及的各元素、各层次、各结构、各功能等，按照创意、目标的主线整合起来，扬长避短，避实击虚，以实现1+1＞2的系统整体功能。

所谓整合，有组合、综合、统一、合并、一体化的意思。具体地说，整合是指将各分离部分(或独立系统)统一并合成一个完整、和谐的(新的)整体。

整合不是一加一等于二的简单叠加，叠加也能构成一个全体，但它会是庞杂的、无内在联系的、非完整的、非和谐的。整合蕴涵着重整、协调、合作、一体化，它有时甚至不是加法，而是减法，因为这里反映着一个效率的概念。

整合出效益，整合出奇迹。如马铃薯、黄瓜、胡萝卜无甚稀奇，却可以烹出一盘“烩三丁”来，轿车加越野车就有所谓SUV，猴头菇粉加进饼干就有了畅销的“猴姑饼干”。有时看起来根本不可能实现的东西，一经优劣互补，智能匹配式的整合，就可以将原来的功能放大成千上万倍。像美国的“阿波罗”登月计划，可以说其单项技术并没有多少创新，许多单项技术是日本人、法国人、德国人发明的，成百万个零部件也由“多国部队”制造，但经美国人一整合，攒起来就造出了载人宇宙飞船，实现了人类跨向地球的千古之梦。这就是“整合”出奇迹。

整合使世界变得丰富多彩，使人类生活变得更加绚丽。大到国家、社会，小到衣食住行，其发展和变革无不与整合有关。

在商务活动中，整合主要有两大类：一类是围绕功能的整合，一类是以目标为主的整合。具体整合的形式有：技术整合、市场整合、资源整合、营销整合、文化整合、传播整合等。1993年，美国西北大学的世界营销大师唐•舒尔兹教授(Don Schultz)更是提出了著名的“整合营销传播”(IMC)理论体系。

整合是一个优劣互补、智能匹配、功能放大的再造过程。整合出效益，整合出奇迹。有时看似不可能实现的东西，一经整合却能产生意想不到的效果，甚至完全改变了市场，改变了现实的世界。

1999年开始起步的蒙牛公司完全是白手起家，典型的“三无企业”——无工厂、无奶源、无市场。短短6年时间，蒙牛的销售收入从1999年的0.37亿元飙升至2005年的108.28亿元，年平均发展速度高达323%！在中国乳制品企业中的排名由第1 116位上升为第2位，创造了在诞生之后的1 000余天里，平均一天超越一个乳品企业、一天排名前进一位的发展奇迹！

除了“正”的因素之外，蒙牛的飞速发展还得益于其极为成功的营销策划，可以说是中国企业中运用整合原理最为杰出的典范，而且是善于把不相干的事情整合在一起。例如在2003年获得“央视标王”后，参与“神五飞天”这一重大事件；在2005年2月，与湖南卫视宣布共同启动“2005超级女声”等。

六、策划的简易原理

简易原理即要求策划方案简便、易行。大道从简，越是深刻的往往越是简单的。一套策划方案是否简洁明了，是否切实可行，最能反映策划者的策划水平。复杂而牵强的策划方案不但难以操作，而且会大大增加实现的成本。

“简易”，出自《易经》的“易”字三义：简易、不易和变易。“简易”的字面含义是简单而容易。实际上，有简易就会有繁杂，简易并不是纯粹的简单，它是由繁杂简化、提炼后的方式方法。这种方式方法是变与不变的结合，既抽象又具体，看似简单实则藏着几分深奥。如：中国的筷子就是典型的一例，东方人用起来十分方便、省力，夹菜比刀叉快捷、有效，但西方人用起来就十分吃力。

现代社会，科学技术高度发达，知识信息爆炸，媒体铺天盖地，再加上资源的复杂性、决策的多样性、竞争的诡异性，人们决定做什么和不做什么都似乎非常困难，往往难以决断，这就需要一种像《易经》那样既简单而又变通的智慧，这种智慧就是“简易”。简易原理要求策划人在策划中力求抓住主要矛盾，重点解决关键问题，着重从整体中把握事物发展的总趋势，追求事物整体的效率，而不要拘泥于具体的策划方法。

在策划中，我们不可能事先设计好全部静态的策划方法和执行过程，但只要我们紧紧抓住策划的目的不放，随时进行调节和反馈控制，最终能够实现事前设定的目标即可。

高水平的策划者，能够从成千上万的参变量、变化因素、限制因素中迅速、直觉地进行分析判断，完成具有创造性的简单可行的决策方案。高水平的策划案是至简至易的。所以，策划要尽量做到环节、工序少，人员、职责分工明确，文字表达通俗易懂，不反复劳工费时。

大策划不一定就复杂，简易原理要求化繁为简，抓住事物的重点，纲举目张，使策划方案变得简单、可行，特别是便于操作。

以上6大基本原理概括了策划思维的基本性质、基本规律，它们揭示了商务策划能够创造性解决目标问题的理论依据。在策划的实际工作中，策划师应根据基本原理，遵循基本规律，以规律引导思维，审核自己思维的过程，并结合策划对象的不同有所侧重，力求创新，力求完善。

第四节　商务策划特征与原则

一、商务策划的4大特征

任何事物都有其基本特征，商务策划也是一样。尽管策划的思维千差万别，策划的形式多种多样，策划的方法层出不穷，但成功的策划都具有一些共性。通过分析、总结，商务策划一般具有如下基本特征：

1. 一定的虚构性

策划往往首先是一种假想或想象，或因现有条件和能力不足而需要策划，或想以无博有、以小博大、以较少投入而获得最大产出而策划，所以策划“从虚构出发，然后创造事实”。虚构需要一定的想象力，是合理、具有预见性的想象，绝非胡思乱想，头脑发昏。

虚构其实也是一种创造，其基本要求是：

(1) 超过现实，看到别人看不到的景象；

(2) 善于联想，在情理之中，但出人意料。

把“美乐托宁”(褪黑素)变成“脑白金”是史玉柱的虚构，把手机的中文短信变成人人会发的“电报”是丁磊的虚构，把“超级女生”变成“酸酸乳”是牛根生的虚构，洋河蓝色经典白酒虚构了“梦之蓝”，好莱坞的大片更是充斥着虚构，投资银行的各种金融衍生品则是巅峰级圈钱手段的“虚构”等，这些虚构想象力丰富，策划者超前看到了市场后来将发生的动人景象，合乎人性需求却出人意料、超出多数人的思维定势，所以他们都取得了巨大的商业成功。

2. 相对的新颖性或缜密性

策划是一种创新思维，要求必须具有新的创意和做法，但这种创新是比较而言，并不是绝对化，所以又叫“相对的新颖性或缜密性”。所谓的相对新颖或缜密是指：

(1) 相对于策划人或决策者自己以前的思维新颖或更加缜密；

(2) 相对于实施对象和区域发展新颖或缜密(一个策划思路对于策划师来说也许是陈旧的复制，但对策划对象或实施对象而言却是新颖的，如国际咨询机构为中国企业的咨询、我国东部的经营经验对西部而言)。

相对的新颖性或缜密性既可以是思维方面的，也可以是实施的形式或内容方面的。思维的新颖或缜密往往是引发观念的改变，如将古老的中国策划发展成为商务策划、将推销变成营销、将工厂变成虚拟企业等都是思维的相对新颖。

做事形式或内容的新颖或缜密则更加广泛，往往只要加一加、减一减、变一变、换一换、细一细即可实现，如自行车加电瓶成为电动车、方便面由袋装变成桶装、油纸伞变成折叠布伞、图书由印刷品变成光盘再变成网盘、大学由本科变双本科变本硕博连读等都是形式的新颖或缜密。

移动电话由模拟变数字变3G、4G、放映机由录像机变VCD变DVD、产品标准由国标到超标到6个西格玛，房地产业主变股东、变经营者等，都是内容的新颖或缜密。

追求相对的新颖或缜密性，可以不断地出新意，给市场以新鲜感的刺激，同时降低商务策划的成本和风险。

但商务策划不能过于新颖或缜密，如新颖或缜密到让决策者和管理者、让市场和民众无法理解的程度则无法被接受，更无法被实施。

3. 相对的超前性

策划是创新型的思维，所以需要有一定的超前性，必须基本满足以下两个方面的条件：

(1) 相对于其他决策者思维形成所需的时间超期(策划者想到时可能会有很多人想到了，如不超前，则可能在策划方案实施时发现竞争者的方案超过自己)；

(2) 相对于市场形成或成熟的时间超前(如在市场形成或成熟后策划，往往事倍功半，策划的代价太大)。

把保健品“脑白金”定位于礼品、把哈根达斯冰淇淋定位于“爱情符号”、把钻石定位于“恒久的爱情”、把汽车推向家庭等都是相对超前性思维的杰出典型。相对超前性这一要素中，最重要的是超前于竞争对手、超前于市场形成时间。

但商务策划同样也不能过于超前，过于超前一般难以让决策者和管理者接受，也可能在行动时机成熟之前暴露了公司的秘密，反而启发了市场中的竞争者。

由于认知的惯性，过于超前，有时并不被消费者理解，付出的往往是惨痛的代价。1998年摩托罗拉公司宏伟的“铱星计划”的失败，就是一个典型案例——在“错误的时间、错误的市场，投放了错误的产品”。

4. 可操作性

策划仅仅新颖、超前还不够，还必须具有可操作性。所谓可操作性，即方案切实可行，技术经济合理。

方案可行主要应体现在：第一，是否具有竞争优势或经济利益；第二，是否符合政策和环境原则；第三，是否切合企业自身资源条件；第四，是否有明确、可执行的管理分工和工作程序。

方案的技术经济合理则是从技术经济的角度进行衡量，即技术是否先进、成熟，经济是否节约、高效，也就是技术与经济的结合较好、效益明显。

如20多年前，曾经有一位“策划大师”提出的“炸开喜马拉雅山，彻底改变我国西部缺水问题”的策划，其新颖性、超前性十分突出，但完全不具备可操作性。同样，延续12年耗资50亿美元的摩托罗拉“铱星计划”的失败从可操作性角度来看，也是因为技术先进但经济严重不合理而造成的。

二、商务策划的5大原则

商务策划的基本原则是指在商务策划过程中所必须遵循的客观规律，它是策划实践经验的概括和总结，主要包括以下5大原则：

1. 利益主导原则

非利不动，非得不用，非危不战。——《孙子兵法•火攻篇》

所谓利益主导原则，就是策划以利益为主导因素，以利益为先决条件。非利不谋，非利不策，这是春秋战国时期纵横家的行事原则，对他们来说，策划自身是否正当并不重要。

人们的一切活动，包括一切策划活动，实质上都是在谋求某种利益。人类的任何行动，包括个人和组织在内，都有其特定的利益目标和追求。可以说，利益是激励人们改造客观世界而自觉活动的客观动因。一方面，利益是刺激人们产生思想动机的动力，人们为了追求利益而产生竞争。这种竞争是社会发展的动力，自然也为策划的产生和发展提供了条件。凡谋利活动，必须有一定的谋利工具、手段和其他必要的资源，其中，策划无疑是谋利的重要手段。另一方面，随着竞争的加剧，策划水平也在不断发展和提高，反过来使利益竞争更加激烈。利益形式的多样性决定了利益竞争的复杂性，也就决定了策划的复杂性。

商务策划和主客观利益的关系十分密切。策划就是为了帮助个人或组织达到某一特定利益目标而进行的活动，策划因利益而启动，利益是策划活动的前提，利益也是策划成败的试金石。没有利益的策划是没有用的策划，也是没有价值的策划。利益既能推动策划活动的加速，也能阻碍策划活动的进行。

没有利益，不但策划人没有积极性，执行者也同样没有积极性。所以，没有利益或目标，策划也就失去了意义。

2. 创意创新原则

策划活动的关键是以创意求得创新，创新以创意为前提，通过创意并创造出理想的活动效果才是真正的创新，否则，就可能只是翻新，或者顶多是更新。创意也要讲求实际效果，否则，停留在思想中的创意也只能是创造想象中的空中楼阁。空想式的创意只是幻想，不是策划。商务策划的创意要有经营价值、市场价值，有些创意甚至可以直接出售，这就是创意经济。

商务策划活动十分重视创意与创新的原则，著名策划专家王志刚把这一原则称为策划的“三性”，即唯一性、排他性、权威性。任何一个项目要提升出它的特异性，然后强化它与众不同的地方，这就是排他性，并赋予它一个权威的说法，这样才能在市场中处于引导地位。

3. 整体策划原则

整体策划也叫系统策划，这一原则要求策划者必须将策划看做一个系统的整体，必须处理好整体利益和局部利益的关系。对任何组织来说，局部利益都要服从于整体利益，如果只注重局部利益，最终可能会因小失大，得不偿失。

从策划的过程即时间角度来看，有远期和近期之分，眼前的最优不一定就是整体的最优，眼前的利益可能会损害长期的利益，所以，策划任何项目时都应进行全面的系统分析，把握重点，统领全局。

运用整体策划原则，要求策划人必须把握以下几个方面：

首先，必须将所有有利于策划的因素整合在一起，并以整体的形象一致对外，尽量减少内耗，集中优势力量，确保达到策划目标。

其次，局部服从全局，以全局带动局部。为了全局有时要不惜牺牲和舍弃局部。有时虽然局部蒙受了一些损失，但从全局着眼，局部的舍弃可以换来全局的胜利。

再次，为了整体策划目标，不要被眼前利益所迷惑，要注重策划的战略性、长期性、长效性，有远虑则无近忧。

策划的整合分内、外两个部分：内部包括功能、目标、结构、层次、元素等策划内部系统的各要素；外部包括政治、经济、科技、文化等策划所处环境中的各要素。显然，策划犹如下一盘围棋，谋势重于谋子，这个“势”就是全局和整体，而“子”就是局部和个体。可见，不能通盘谋划全局与发展，要想取得最后的胜利是不可能的。

4. 客观可行原则

策划必须基于内外环境资源要素，从实际出发，不能脱离客观条件，方案要可行，能够或便于操作。策划是思维活动的产物，任何一项策划，即使经过严密的论证也还是纸上谈兵，如果不能从纸上走向现实并保证其最终的实现，那么策划就等于空谈。

客观可行是策划由创意变成现实的必备条件，策划需要崭新的创意，但要使之变为现实，须具备一定的条件。策划的客观可行原则包括两个方面：第一是客观性，即策划必须从实际出发，必须建立在客观现实的条件基础上，而不能凭空捏造。尽管策划的创意有时带有很大的想象和偶然性，但它们必须有客观现实的依托，通过一定的努力可以达到。第二是可行性，客观是可行的前提，但客观未必都可行，二者并非因果关系。从一定意义上来说，可行是对客观的延伸，是对客观的深度反映。

如何保证策划的可行性？首先，策划的创意要被法律、法规、道德、民情、环境等所接受和认可；其次，策划不能过于超前，过于领先决策者、执行者的认知，过于领先市场、消费者的意识，都存在不被接受或难以接受的问题。所以，策划必须将主观意志与现实生活的客观实际相结合，必须因人而异，因事而别，必须做到顺应历史、顺应潮流。

客观可行原则的具体要求是：

首先，要进行可行性分析，选出最优方案。可行性分析包括对策划内容进行利害分析、经济性分析、科学性分析和合法性分析4个方面。

其次，要进行可行性试验，以证明策划的可行性。可行性试验一般以局部试点方式进行，以检查策划方案的重心是否落实在最关键的现实问题上，方案的整体机构和运作机制是否合理，实施结果是否有效。

再次，要具有运行性和有效性。运行性和有效性是可行性原则的根本要求。运行性要求策划应该是可以运行的，可以操作的，具有一般的行为特点；有效性即客观收益和成功率，是指策划方案在实施过程中，能合理有效地配置企业的资源要素，达到策划的效果。一个具备可行性的策划必然具有运行性和有效性。

5. 随机制宜原则

策划活动离不开有机性和系统性，而健康的机体和系统是随机和灵活的，这种灵活反馈的机制就是随机制宜的原则。它所强调的是策划活动因时、因地、因人而进行。实际上，这也是把运动变化发展的观点作为策划学的哲学根据，随机制宜就是在策划中处理好机遇与规律的关系。规律是客观的、必然的，而机遇是随机的、偶然的，二者要达到统一，既要充分发挥人的主观能动性，又要顺应客观发展规律。也就是说，在策划过程中，要善于掌握、利用、巧用规律，顺应必然规律，及时抓住机遇。

从根本上来说，策划是没有固定不变模式的，即策划没有定式。策划人既不能崇洋媚外，也不能食古不化，对于中外策划大家们在实践中总结提炼的策划模式、策划方法，只能参考、借鉴和模仿，绝不能照搬照套。

策划是一个实践性很强的创新过程，内外部各种因素随时都在变化，所以单有好的策划方案是远远不够的，还需要通权达变，灵活机动。策划的目的只有一个，那就是成功，但策划的路子很多，只要能保证策划的最终成功，策划人不应拘泥于既定的策划方案和短期的策划目标，而应在慎重权衡利弊的基础上，机动灵活地加以变动。

坚持随机制宜的策划原则，需要正确把握机变的限度。对策划目标的调整或对策划方案的修正，并不是随意而为的，应有一定的限度。这种限度可从3个方面来把握：

(1) 根据信息变化的可靠程度决定是否对策划进行调整和修正。

(2) 根据变化的范围和幅度来决定调整和修正的幅度。

(3) 根据估计可能会产生的实际效益来决定调整和修正的力度。

第五节　商务策划功能与运用

一、策划的主要功能

商务策划的功能是指策划的功效，它是由策划的本质属性决定的，这就是利益性、竞争性、主动性。商务策划的主要功能大致可概括为以下5个方面：

1. 竞争功能

竞争功能就是策划人以智谋及其策划方案协助策划主体赢得政治、军事、文化、经济、科技和社会形象等方面的优势地位。如孙膑的“围魏救赵”、诸葛亮的《隆中对》、海尔的“吃休克鱼”等。

2. 放大功能

放大功能就是通过商务策划帮助策划主体在资源不足的情况下，实现以无博有、以小博大的神奇效果。如大英图书馆的图书搬迁、丁磊的手机短信业务、史玉柱的M6401第一次创业等。

3. 预测功能

预测功能就是帮助商务策划主体对长远问题或本质问题进行准确的判断，提高策划主体对未来形势的把握和适应能力。如吕不韦对子楚(异人)的“战略投资”、诸葛亮的“草船借箭”、德国大众公司在20世纪80年代投资中国汽车业等。

4. 决策功能

决策功能就是帮助商务策划主体谋划、探索、设计多种备选方案。策划是决策创新的一种方式，可以有效提高决策的质量。如史玉柱的脑白金产品持续10年“恶俗广告”、可口可乐在20世纪70年代末进入中国、中国加入WTO、中国申办上海世博会等。

5. 创新功能

创新功能就是利用科学的策划程序，帮助商务策划主体探索解决问题的有效途径，寻求新的突破，实质上也就是如何创新的问题。如蒙牛“酸酸乳”的娱乐营销、“小米手机”的渠道定位、APEC会议各国元首的“唐装”热、北京奥运会开幕式的“卷轴”等。

当然，策划还有一些现实的人际关系设计功能，如权谋沟通功能、变革管理功能、危机公关功能，乃至顶层战略设计等，这些需要商务策划师或决策者有更高的策划功力方能把握运筹。

二、策划的商务作用

策划的商务作用主要表现在，能够为作为策划对象的个人和组织，创造出的增值的利益和竞争的优势。

对于个人主体，商务策划的作用主要表现在：

(1) 提高岗位职能。将商务策划思维运用于职务岗位，可以胸怀全局，增加岗位工作的含金量，如有策划思维的销售人员更能理解企业市场部的意图，有策划思维的财务人员更适合为企业理财和资本运营，有策划思维的秘书更适合做领导的参谋、更能丰富领导的思想等。

(2) 提高决策质量。组织经营是由决策者的一系列大大小小的决策所构成的，经营管理就是决策，企业的中高层管理人员都是在企业总体战略指导下的决策者和执行者。策划能够提高决策质量，产品经济时代，企业成功靠的是：3分技术+7分管理。知识经济时代竞争更加激烈，企业的成功更倚重于市场，所以是：3分管理+7分策划。

对于企业组织主体，商务策划的作用主要表现在：

(1) 改变企业发展方式。企业的发展方式多种多样，有的先市场后产品，有的先品牌后效益；有的追求规模，有的追求形象；有的机智，有的质朴。但没有严格的合理与不合理之分，适合本企业的发展方式就是好的方式。商务策划可以改变企业的发展方式，使企业迅速找到最适合自己的模式，如“耐克”的虚拟企业等，它们与其他企业有着完全不同的发展方式，却取得了令人羡慕的成功。

(2) 避免企业死于非命。成功的策划可以使企业安全地进入或退出某个行业，有“金蝉脱壳”的神奇作用，如史玉柱的“脑白金”策划，既顺利地进入了保健品行业，又避免了“巨人集团”的死于非命，从而避免了对史玉柱本人的毁灭性打击。

(3) 节约企业资源。任何企业的资源都是有限的，企业能否做到以较小投入获得较大产出，这是检验其经营管理水平高低的一个重要指标。商务策划的放大功能决定了策划可以节约和创新企业资源。如2003年蒙牛策划的“神五飞天”营销事件，仅仅以几十吨优质牛奶和较少的广告投入，换来了此后“液态奶”中国市场第一的霸主地位。这次成功的策划，为蒙牛节省的广告费、市场推广费何止几十亿元？

(4) 提高企业发展速度。在这方面，蒙牛是最典型的民营企业，奇瑞是最典型的国有企业。他们成功地运用策划，均取得了非凡的业绩。蒙牛6年做成百亿规模的大企业，改革开放以来，唯有一例；奇瑞8年做成中国汽车自主品牌第一位，中国汽车工业发展史上，也是唯有一例。

策划的商务作用越来越被企业家们所重视，甚至可以说没有策划就没有新的市场奇迹产生，马化腾的创业和他的QQ产品也就是一个有力的例证：

2004年，马化腾因QQ这项创新性的互联网服务和移动增值服务以及他们带给企业的高速发展和对人们经济生活的深刻影响，获得一连串荣誉：入选美国《时代周刊》“最具影响力商界人士”、CCTV“中国经济年度新锐”和中国香港“紫荆花杯杰出企业家奖”，其个人身价也因企业在香港上市而飙升到121亿港元，到2014年，腾讯公司市值突破1万1千亿港币。

商务策划是为了经营省力获利而采取的比较费神的一种决策方式，策划最终要“消灭策划”，即每一个策划者在每次策划的时候都希望把策划做到尽善尽美的程度，并且今后可以复制使用。但事实上，大多数策划是无法尽善尽美的，无论多么绝妙的策划都会很快被竞争对手所掌握，自然会引发自己或对手进行新的策划，这样周而复始，人类社会就在不断的策划中进步，市场就在不断的策划中更加繁荣。

当今社会，处处都有策划，没有策划就不能领先。但也应该明白：策划不是万能的，只有当策划对象有生存或发展的内在依据时，策划才能发挥作用，因为策划只能发现规律，不能凭空创造规律。

三、商务策划的运用领域

策划，传统上可以分为：政治策划、军事策划、科技策划、商务策划。商务策划在市场经济环境下的应用领域非常广泛，以为策划主体创造更多利益和优势为目标。商务策划的主体，主要包括社会经济生活中的组织和个人。

作为以个人为主体的商务策划，主要领域有：生涯策划、职场升迁策划、项目策划，甚至婚礼策划等。

由于企业是市场经济的主体，所以应该更多地关注企业策划。按照企业管理的一般范畴，可以把现代商务策划划分为5大策划领域和10项专题策划。

1. 5大策划领域

(1) 战略策划：战略原是军事上的一个术语，原意是指导战争全局的计划和策略。后来被延伸到商战中的企业经营，体现着商务组织在市场交换中的竞争本质，战略策划就是制定竞争中的企业长期发展的新方案。

战略策划是企业的总体定位和经营方向的创新，策划目标是差异竞争力，主要包括战略机会、战略手段、战略阶段、战略目标。

(2) 生态策划：生态原是生物学上的一个名词，原意是指生物的生理习性，后用来描述各种生命体之间相互促进、相互制约的有机联系的形态。企业的生态策划就是制定企业在特定时间、特定环境下的生存状态新方案。

生态策划是企业的经营结构和内外关系状态的创新，策划目标是动态平衡性，主要包括企业的经营维度、经营热度、经营硬度。

(3) 融投资策划：顾名思义，融资就是融入资源，所对应的，是对方的投资策划。融投资策划就是制定企业获取或借助资源的新方案。这里需要注意的是，融资不仅仅是融入资金，还包括更广义的有形资源和无形资源两个方面，所以是超越传统的“财务管理”范畴的。

融投资策划是企业的稀缺资源获取与相应付出间的创新，策划目标是多快好省，主要包括资源定义、资源比较、资源交换、资源代价。

(4) 人力资源策划：人力资源是企业决策的执行和操作系统，是对物资、金钱、知识、信息等其他有限资源的有效整合系统，需要不断创新，人力资源策划就是为了实现企业管理创新而制定的人力资源与非人力资源相整合的新方案。

人力资源策划是企业的第一资源(人)与其他资源配置和协调共赢的创新，策划目标是高效执行力，主要包括企业组织机构、岗位设置、岗位职责、业务流程和规章制度。

(5) 营销策划：营销的范围非常广，所以营销策划的门类也非常多，我们经常接触到的有广告策划、公共关系策划、渠道终端策划、促销策划等，就是帮助企业制定最大限度地实现客户价值的新方案。

营销策划是企业的客户让渡价值和市场利益的创新，策划目标是利润、现金流，主要包括4P定位、4C定位、品牌、广告、形象等。

除去现场生产管理，以上的五大策划领域和MBA的课程结构系统是基本相对应的，在国内最权威、最普及的商务策划培训系统中，CBSA和WBSA知识体系，都把上述第4领域的策划称为“管理策划”，因其主要内容与人力资源管理系统相吻合，所以称之为“人力资源策划”更准确些。

但需要注意的是：在具体的商务策划实战中需求第一，所以一般没有绝对的策划领域界限，一个综合性很强的企业策划方案，很可能包含多个甚至所有领域。

2. 10项专题策划

因经营的复杂性，企业需要进行各种各样的专题性策划，最为常见的有以下10种：

(1) 广告策划，即关于企业产品或服务传播的最佳方案。

(2) 品牌策划，即关于企业产品或服务的市场识别与影响力的最佳方案。

(3) 市场定位策划，即关于企业产品或服务市场策略的最佳方案。

(4) 销售渠道策划，即关于企业产品或服务向消费者转移途径的最佳方案。

(5) 市场推广策划，即关于企业产品或服务进入市场、获得预期销售目标的最佳方案。

(6) 产品促销策划，即关于有效销售促成客户购买行为和效果的最佳方案。

(7) 企业公关策划，即关于企业与社会组织、社会公众相互关系及处理方式的最佳方案。

(8) 企业形象策划，即关于企业形象识别系统与传播的最佳方案。

(9) 企业文化策划，即关于企业共同理念、价值观和行为准则的最佳方案。

(10) 企业重组策划，即关于企业之间通过产权流动、整合带来的新变革管理的最佳方案。

3. 其他商业策划

其他商业策划：旅游策划、会展策划、婚礼策划、招聘策划等。

第六节　商务策划与大学生的市场生存力

我国的高等教育正处于从“精英教育”向“大众教育”转变、从学术研究主导向学术研究与就业应用相结合转变的过渡期，这使得更多的普通高校是以学生就业为导向，社会生存能力提升成为高等教育的重要目标和问题焦点。

据统计，2000—2006年我国普通高校毕业生人数分别为107万、115万、145万、212万、280万、338万和413万，而大规模的年年扩招，到2007年仅高校计划内招生人数就达到了空前的567万！

而这并不是终点。2013年全国大学毕业生达699万，被一些人称为“史上最难就业季”。

进入2014年，中国有727万名研究生、大学生毕业，外加去年未找到工作的毕业生，高校的入市就业人数多达810万。而2014年上半年全国有6.7万家民营企业倒闭了，但在2011年，全国民营企业吸纳了34.2%的高校毕业生。

进入2015年，就业总量压力依然很大，2015届的大专院校毕业生总数将超过2014年，经济进入新常态，就业需求在结构性上会有显著变化，大学生就业期望值与市场实际需求差距明显，总体来说，就业形势依然复杂严峻。

大学生，是社会安定的焦点，是社会发展的保障，而大学生就业问题就更是社会关注的敏感问题。提升大学生自身的就业能力是破解大学生就业难的关键所在，而商性意识和职业生涯策划则是提升就业能力的基础。

就很多大学生而言，与其说是“就业困难”，不如说是“就业迷茫”，不知道自己应该从事什么样的工作。很多学生在初入大学时持有“大一大二先轻松一下，大三大四再努力也不迟”的心态，对自己的未来发展缺乏科学的规划，这往往成为他们面对就业压力时感到手足无措的一个重要原因。有关部门2006年一项对205位北京市人文经济类综合性重点大学的大学生的调查显示，62.2%的大学生对自己未来的发展和职业生涯没有规划，32.8%的大学生不明确，只有4.9%的大学生有明确的设计。

据团中央等单位进行的联合调查显示，目前52.4%的大学生找工作仍然依赖学校和家人，学生的社会定位不明确，造成大学生自我发展滞缓等问题，无论对社会建设还是人才的建设都十分不利。一些大学生缺乏应有的危机意识，“眼高手低”，盲目追求就业中的高层次、高薪酬，在择业类型和择业区域上出现“扎堆”现象，造成了供求脱节，这也是造成大学生就业难的原因之一。

国内多家机构联合发布的《大学生就业现状及发展2006年度调查报告》中，在对“解决当前大学生就业难的方法”的认识上，毕业生和企业的选择截然不同。毕业生更关注于从知识层面提高自己，认为“提高技能”和“提高职业素质”是最主要的；在企业界看来，首要的却是“学生调整就业心态”“学生提高职业素质”和“提高学生技能”反倒退居其次。因此，为了提高大学生就业率，应当培养良好的择业心态，树立与市场经济相适应的现代就业观。要在21世纪实现自我价值的真正发展，对于就业应建立在这样一种认知基础上：未来唯一能确定的东西就是其不确定性。无论哪个领域、哪个层次，都必须把重点由就业转向就业适应力，根本能力是学习与创新。

近年来，在我国的大学里，大学生身边经常发生一些令人难以置信的事情：马加爵一怒之下砍死自己的室友，起因竟是打牌这样的小事，几句争执、一场误解便上演了一出震惊全国的恶性杀人案件；大学生自杀、虐待动物事件也时有发生。大学生的自杀率超出全球平均值8个百分点！这不得不引起我们的警惕：大学生的心理健康需要关注！

在现实生活中，面对升学的压力和父母的期望，无数学子承受着巨大的心理压力，却没有得到社会的重视，因此才有了“马加爵”，“涌现”出为数众多的高分低能者。大学生不仅承担着建设祖国的重任，更是社会的中流砥柱，他们的素质体现着一个社会综合素质的高低。而当代大学生在求学期间，只注重专业知识、忽视心理素质和思维习惯的情况，使一些人在面对困惑或逆境时，总是表现出一脸的茫然，影响自己的择业选择。尤其在求职过程中，有些学生一旦遭遇失败，便一蹶不振，这也是大学生就业难的原因之一。

学校和社会是有差距的，其运行规则和社会的运行规则有很大不同。这种环境的隔离，往往使得“象牙塔”里的大学生对社会的看法趋于简单化、片面化和理想化。一些企业对应届毕业生表示出冷淡，其中一个重要原因就是刚毕业的大学生缺乏工作经历与生活经验，角色转换慢，适应过程长。他们在挑选和录用大学毕业生时，同等条件下，往往优先考虑那些曾经参加过社会实践，具有一定市场意识和组织管理能力的毕业生。这就需要大学生在就业前就注重培养自身适应社会、融入社会的能力，社会适应能力是提升就业能力的关键，良好的心理素质是提升就业能力的根本，正确的择业心态是提升就业能力的保证。

市场法则是适者生存，生存是为了发展。人对社会和环境的适应应该是积极主动的，而不是消极地等待和却步。大学生只有具备较强的社会适应能力、市场适应能力，走入社会后才能缩短自己的适应期，充分发挥自己的聪明才智，真正实现自我的社会价值。因此，应在不影响专业知识学习的基础上，加强以市场创新思维实战和商务沟通能力提升为内容的商务策划课程的学习培训，真实认知现实社会，切实感知市场竞争，踏实应知适应技能。

“商务策划与商务沟通”所采取的培训式教学，目标是适应企业和市场对综合型、实战型人才的迫切需求，注重学生实操能力的提高；培养商性意识和心态习惯，提高学生对职场和商场实战的真实把握与应对能力。

激发学生的创新意识和市场竞争意识，使商务策划思维和商务沟通意识成为一种观念和习惯，在学习和就业过程中自觉运用通过训练掌握的方法和技能，适应竞争，坦对压力，赢得成功。

结合当前就业市场实际和当前大学生的思想意识现状，我们认为，提升大学生对社会和市场的适应力，主要包括三大方面，即正确的思维能力、基本的沟通能力、综合的竞争能力。

这当代大学生的“三大适应力”，具体解析就是：

(1) 正确的思维能力。即能够客观积极地看待商品经济时代的交换行为，确立“适者生存”的积极观念，习惯站在市场交换的角度看待和提升自身的价值；通过知识架构的新颖性、思维模式的先进性以及策划方法的实用性，使大学生在看问题的角度和做事情的程序两个方面的实操能力得到提高。

(2) 基本的沟通能力。即自我沟通能力和人际沟通能力，包括对外界环境的快速接受能力、面对难题的自信力、战胜困难的勇气、坚持到底的毅力等，在社会上表现为工作的主动性、同理心、团队意识；通过互动式参与、体验性培训教学，使其积极暗示自我和主动理解倾听他人的实操能力得到提高。

(3) 综合的竞争能力。即能够客观全面地定位自我，明确优势与劣势所在，主动把握环境中的机会，乐观应对市场中的威胁，拟订自己的职业生涯策划，通过角色扮演、情境模拟等互动式培训教学，有效提升常见场合的口头和书面表达能力、个人简历和一般商务文书写作能力，使大学生的一般沟通技巧运用能力得到提高。

把上述三大适应力用某学院的培养目标口号来概括，就是“四能型毕业生”：站起来能说，坐下来能写，走出去能干，干起来能苦。

在面向就业市场的高职高专院校普及“商务策划与商务沟通”培训式课程，将推动创新人才的成长。说到底，企业、组织乃至国家之间的竞争最终都是人才的竞争，如果能使商务策划迅速普及教育，必能缓解社会对于复合创新型人才的需求；学习并运用商务策划与沟通的方法，无疑可为大学生们增长智慧、提高就业竞争力找到一条有效的途径。

“商务策划与商务沟通”培训式课程，着重解决大学阶段个人创新素养和创新能力问题，也为今后企业和组织打造学习型组织和创新型组织提供了一种应用型工具。

人生即经营，人的一生是经营的一生，要经营就必须策划，必须掌握创新技能，掌握商务沟通技能，所以，商务策划与沟通这项修炼对每个以就业为导向的大学生，以及高等职业技术院校来说，都是必不可少的。

思考与训练

1. 为什么说策划是人类社会竞争的产物？为什么竞争越激烈策划的思想越丰富？
2. 为什么凡事都要策划？结合你曾做过的一件事情谈谈策划的实际作用。
3. 任何问题都可以通过策划解决吗？举例说明几个不可策划的商务问题。
4. 如何理解奇正之间的关系？为什么说奇正原理是商务策划的第一大基本原理？
5. 商务策划与自主创新有何联系与区别？
6. 如果把关于企业的五大领域的策划理念，用在自我经营上，那么我们的个人职业生涯策划该如何展开呢？
7. 结合实际，深入剖析策划创新思维与“大学生社会适应力”的内在联系。

第二章 人脑与思维

学习目标

系统学习基本的思维科学知识，认识其发生发展以及现实应用。

学习要求

了解：大脑；思维；创新思维。

掌握：大脑的基本构成与作用，左右脑的分工；认识关于思维的常用概念——灵感、想象、智商、智慧等；创新思维训练的基本方法；规律与练习。

本章重点介绍人脑的功能、左脑和右脑的作用、思维的形成、创新思维的特点以及智力、智商与智慧的异同。

人类之所以具有非凡的创造能力，是因为人类能够思维和善于思维。从一定意义上来说，个人能力的大小往往取决于其思维力的大小。

第一节　人脑的结构与功能

人的大脑是人类生存最重要的工具，因为这一人体器官的根本功能——思维，决定着人类的一切行为。所以只有真正掌握思维和方法的人，才有可能成为真正有力量的人。

要学习和掌握策划思维和创新方法，运用智慧开展创造活动、经营活动，首先要对我们自己的大脑功能有一个基本的了解。

一、人脑的功能

人脑的构造是由“大脑”“间脑”“脑干”(中脑、脑桥、延髓)以及“小脑”组成的。大脑的表面是“大脑皮层”，神经细胞都聚集在这里。大脑皮层能整理大脑里的各种信息，一般把它分为4个区：①掌管感觉的顶叶；②掌管记忆和语言的颞叶；③掌管情感和智力的额叶；④位于头的后部的枕叶。

人的大脑有140多亿个脑神经细胞，每个细胞都与另外5万个其他细胞相互连接，这比目前全球电话网还要复杂1 500倍。脑神经细胞像小树，分枝状的树冠部分叫树突，树干和树根部分叫轴突。接收信息靠树突，传递和输出信息靠轴突。树突与轴突接触处叫突触。突触越多，传递信息的能力就越大。

据苏联学者阿诺克欣测算，一个普通的大脑拥有的神经突触连接和冲动传递途径的数目，是在1后面加上1 000万公里长的、用标准打字机打出的那么多个零！但是，由如此庞大数目的元件构成的大脑，平均重量不足1 400克，平均体积约为1.5立方分米，消耗的总功率只有10瓦。若采用半导体器件组装成相应的电脑系统，则必须做成一座高达40层的摩天大楼，所需功率要以百万千瓦计。

脑细胞储存信息的密度极高，每立方厘米可存放1 000亿以上比特的信息量，脑科学家估计，一个人一生中存储的信息总量可超过1 000万亿比特。有人推算出全世界图书馆大约藏书7.7亿册，积累的信息总量约为4 600万亿比特，这与人脑能够储存的信息总量属于同一数量级。对于电脑来说，只要某一个小部件出了毛病，就会导致整个机器瘫痪。但是，人的大脑细胞具有自行组合和分裂的活性，构成了高度可靠的“自适应系统”。

在人的一生中，脑神经元大约每小时就有1 000个发生故障，一年之内累计为800多万个。如果人活到100岁，将会有10亿个神经细胞功能失效，约占总数的1/10。即使在这种严重的故障面前，大脑仍然可以正常地运作。

人的脑细胞都是由带电的复杂分子组成的，每秒钟至少能够进行10的42次方次运算，超过目前性能最优秀的超级计算机1 000倍。这些神经细胞产生的神经脉冲，通过数以万亿的突触与左右两半脑之间互通信息的20亿根神经纤维展开高速的信息交流，共同完成思维活动。以目前的电脑科技发展水平来看，电脑要达到类似人脑的高效与复杂，至少需要上百年时间。

这些带电的脑细胞所放出的电流脉冲叫脑波，根据实验研究，脑波有四种类型：σ脑波、θ脑波、β脑波及α脑波。

σ脑波频率最慢，在我们人类处于无意识状态、深沉睡眠、昏迷与麻醉时运作。

θ脑波频率较快，在我们人类的潜意识层次运作，如我们有情绪时，经历快感和痛苦时，深沉冥想时，或灵感涌现时运作。

β脑波最快，在我们的意识最清楚时运作。大多数人90%的时间都处在这个层次上。当我们精神紧张、担心、伤心时，或精神压力过大等时大脑都会处于β脑波状态。如果β脑波频率快到每秒钟30～35循环，就发生精神崩溃。在这个层次人是无法入睡的，所以应该设法减少β脑波的运作，因为它是导致人不愉快和失败的根源。

脑波频率较慢，产生α脑波时，人会产生快乐感、幸福感、深沉的放松感，或直觉地涌现出创意等。科学家发现，脑波的节奏越缓慢，知觉上时间也会缓慢进行。

儿童大多数时间是处于α脑波频率下，因此他们很快活、无忧无愁，有无穷的精力、想象力，能集中精神玩喜爱的游戏或玩具。大量研究显示，伟大的科学家、学者、成功的商人、艺术家以及运动员等，能够随意将脑波转到α脑波层次。

现代医学还发现，当人使用右脑时会涌现出大量的α脑波。所以脑科学家、心理学家、智能学家们都建议压力下的现代人，要想多分泌α脑波，就要多使用右脑，抑制左脑，同时自我调节自律神经，放松心态，给予自己更多的积极的心理暗示，让自己“明智”起来。

二、左脑与右脑

人的大脑承担思维意识类工作的，是由左脑、右脑和间脑三部分组成的，脑的三重构造实现“三位一体”，这三部分在协调之下进行工作。人类有两种信息系统，即神经信息系统和激素信息系统。单靠神经系统不可能把大脑所发出的命令传递到全身，还要靠内分泌系统的协助。制造及调整各种激素的是间脑的脑下垂体。要使脑下垂体发挥作用，就要激化松果体。松果体分泌出褪黑激素(Melatonin)，对丘脑下部与脑下垂体发生作用，调节各种性方面的功能。松果体还分泌出血清素(Serotonin)，这种激素跟人类的潜在能力有很大的关系。

美国现代神经生理学家、诺贝尔奖获得者斯佩里(R.W.Sperry)经过多年研究，探明了人的大脑分左脑和右脑两个典型功能部分，即：

左脑——思考模式是语言逻辑型，主管理性思维：①人的逻辑思维(分析和推理等)、数学、次序、语言和情绪(区分悲伤、同情和感激等)；②右侧身体的感知和运动；③说话、阅读、书写和听话。

右脑——思考模式是视觉图像型，主管感性思维：①节奏、旋律、音乐、图像和幻想；②左侧身体的感知和运动；③表象、想象和直觉，记忆力。还有一个常识就是：人的梦是由右脑产生的。

关于人类的心理(思维)活动，许多试验都证明控制心理活动的是右脑。我们现在的生活主要依靠左脑生存，左脑能计算，但不擅长产生智慧。左脑虽然为“主”，但是右脑却有着无法估计的潜在能力，就好比冰山在海平面以下的那更加巨大的部分，也存在着祖先留给我们的任何超级电脑都无法比拟的巨大的智慧——遗传基因。同时还存在着祖先留给我们的某些特异功能，这些人体本身存在的特异功能甚至我们自己都不知道，很多人可能一生都没有发觉这些功能。

也许将来人类基因研究的发展，使得人们一生下来就能懂得自身的特异功能也说不定。但是现阶段还无法做到，因此现代智能科学、心理科学的研究方向就是设法让人类多用右脑引发出自己的智慧。

许多科学家研究右脑与左脑的能量，根据他们的实验计算，推测右脑的能量是左脑能量的10倍。被认为天才的科学家、文学家、艺术家们是能活络右脑的人们，他们的两个脑能够实现均衡运作。

现在一般人都知道，计算是左脑的功能，音乐是右脑的功能。普通人确实是用左脑进行计算，但是有些算盘冠军是用右脑的想象力来计算的(拨珠时通过感觉珠子移动位置来计算)。而计算有用左脑计算和右脑计算；音乐也有用左脑的音乐和用右脑的音乐。

进一步研究，科学家发现，爬虫类的脑只是懂得“得与失”，猫狗的脑除了得与失之外，再加上高兴与不高兴。人类的脑除了得与失、高兴与不高兴之外，还有迅速计算、判断并处理事物的能力，这就是左脑。所以有研究证明，左脑是欲望脑，右脑是智慧脑。虽是同一个人的脑，但是左、右脑彼此沟通性很差。当你想今天的工作如何安排时，左脑在运作，右脑对此毫不关心。但是，在处于迷迷糊糊的“假睡”状态时，左右脑能很好地沟通，等到沉睡时左右脑又停止了沟通。

若在生活中不怎么使用右脑时，我们会生病。幸而我们的左右脑保持联络，右脑感到不应该或者羞耻时，左脑可以通过语言来表达感情取向。艺术家、文学家、设计师、策划师们创作时大部分是使用右脑，可见他们是最容易接受右脑的人群。

现代社会人的核心竞争力就是学习和创新能力，才华、智慧，灵气、悟性，“豁然开朗，灵光一闪”的灵感，这些都是右脑的资质。因而打开了右脑，可以说任何人都能引出优秀的才能，变得富有创造性。

有些人拼命地查资料，苦思冥想，总想找出一些新的方案，但往往事倍功半，原因可能是太过于受限于固有的观念和惯性思维，无法自由地发挥联想。多数人长期以来习惯使用左脑，造成用脑的不平衡，并逐步失去右脑功能中创造、创新、创意等一系列强大的智慧能量，失去了人生竞争中应该好好利用的强大工具，这是一件十分遗憾的事情。

三、右脑的开发

从创新思维的角度来说，开发右脑功能的意义是十分重大的。因为右脑的活跃有助于打破各种各样的思维定势，提高想象力和形象思维能力。提倡开拓右脑，正是为了求得左、右脑的平衡，沟通和补充，以期最大限度地提高人脑的效率。两个大脑半球的活动更加协调后，将进一步提高人的智力和创新能力。

人类的右脑曾经被左脑压迫了数百年。自西方工业文明勃兴以来的几百年中，“科技崇拜”“效率至上”“数字生活”这样一类价值观和评价标准，使所谓的理性精神、分析能力和逻辑思维大行其道，整个世界的大趋势是“向左转”，即过于重视强调对左脑的运用，扼杀人类属性。但是，当21世纪这个“以人为本”的新世纪到来之后，一切开始发生根本的变化。

这些根本性的变化体现在：社会形态上，从“需求社会”过渡到“丰裕社会”(全面的小康社会)；生存哲学上，从传统西方形而上学到东方审美主义，从理性回归到感性主义；生产方式上，从数字化到体验化，从科技到情感；生活方式上，则从效率到满足感，从功能到美感，从有用到娱乐，而这些正是右脑之长。

在“向右转”的重要性被唤起的今天，如何训练和使用右脑呢？下面的一些做法可以参考和借鉴：

(1) 经常考虑如何对事物进行改良或改造，包括看得见或看不见的发明；

(2) 多做感性方面的活动，培养趣味，如音乐、绘画、拍照以及与异性交往等；

(3) 坚信人生的价值，树立具有挑战性的目标，从而得到兴奋感和成就感；

(4) 学习使用各种机器和器械；

(5) 智力练习和活动等。

这类练习和活动不同于一般的智力测试，而是要求打破心理定势，发掘知觉和想象的潜力。此外，开发右脑的方法还有：非语言活动，如跳舞、美术、欣赏音乐、种植花草、手工技艺、烹调、缝纫等。这些活动既利用左脑，又运用了右脑。如果每天能坚持打半小时以上的羽毛球、乒乓球等更好，这类活动可以“自外而内”地作用于大脑。

关于如何开发、活络、激励右脑，有各种方法及经验介绍，也有很多这方面的国内外专业书籍出版，例如，全脑营销，右脑教育学校，用催眠来引发右脑的能力，由气功来抑制左脑从而引发右脑的能力，冥想……有兴趣者，可以对此进一步专门阅读、研究和训练。

四、右脑能力自我测试

这里介绍美国学者丹尼尔·平克(Daniel H.Pink)的右脑能力自我测试方法。丹尼尔·平克是著名的趋势专家，2005年他在畅销全球的新作《全新思维》一书中提出：“未来需要的是更感性、更富创意的右脑而不是理性的左脑人”，该书被美国多家财经媒体评为年度最好的商业书籍之一。

所谓右脑能力是指右脑时代应该具备的“六感”：设计感、故事感、交响能力、共情能力、娱乐感、探寻意义。其实“六感”就是人的心智体现在6个方面的能力，听起来有点玄奥，而如果把它们纳入具体情境中，则容易理解。通过以下30道自测题，可以快速检测自己是不是丹尼尔·平克所鼓吹的“未来在等待的人才”。

(一) 设计感(Design)

1. 你会打扮自己吗？
A. 谈不上打扮，也不在乎牌子，过得去就好；
B. 只认牌子货，严格按照时尚杂志的搭配指南来进行；
C. 不管是名牌店还是小店，总能迅速找到适合自己的衣饰。
2. 别人向你提起一幅广告海报时，你会——
A. 只记得广告语，不记得画面了；
B. 只记得广告代言人；
C. 对广告画面印象深刻。
3. 老板要看一份从网上下载的资料，你会——
A. 直接按网页格式打印；
B. 存成纯文本格式之后打印；
C. 下载文字，经过排版，选字体字号之后再打印。
4. 第一次来拜访的客人能不能一下子就找到你的办公桌？
A. 不能，因为我的桌子与别人没什么区别；
B. 不确定；
C. 能，因为我的位置被改造成了自己的小天地，比如堆满卡通玩具、贴满了画。
5. 你觉得自己属于以下哪一类人？
A. 有耐性，缺乏想象力；
B. 耐性和想象力都算中等；
C. 有灵感，缺乏耐性。

(二) 故事感(Story)

6. 为了说服客户接受自己的提案，你会——
A. 用PPT演示提案的来龙去脉；
B. 把提案做成精美的印刷品；
C. 用讲故事的方式向客户描述提案。
7. 周末要加班，但你需要同事的帮助才能完成，你会这样对不想加班的同事说——
A. “这是工作，做不完的话大家都会有麻烦”；
B. “我也不想加班啊，但不加又怎么办呢，帮帮忙吧”；
C. “这件事情少了你怎么能行呢？对不对”。
8. 在公司的聚会上，需要你扮演逗趣的丑角，你会——
A. 认为自己不合适，直接拒绝；

B. 表示需要考虑考虑，其实是想找机会推掉；
C. 愉快地接受，而且在聚会上自创段子，表现出色。
9. 在旅行中听到陌生人讲自己的经历，你会——
A. 姑且听之，谁知道是不是假的；
B. 半信半疑，听过也就忘了；
C. 听得津津有味，即使是假的又如何？
10. 对于一段已经结束的情感，你的态度是——
A. 过去就过去了，不需要再提起；
B. 不会刻意遗忘，有时也会想起某些片段；
C. 经历是一笔财富，那些曾经发生过的情景和细节都是宝贵的记忆。

(三) 交响能力(Symphony)

11. 具体执行中遇到难题，需要马上决断的时候，你会——
A. 不管有多急，也要慎重考虑才能作出决定；
B. 左思右想，难以决断；
C. 凭直觉决定。
12. 在一个陌生的城市迷路了，你会——
A. 向路人问路或者在大街上寻找地图；
B. 向警察求助；
C. 通过记忆中的画面或者感觉找到方向，比如飘香的面包店。
13. 拿到一个新款的手机或者数码相机时，你会——
A. 先仔细研读说明书再说；
B. 在别人的指导下摸索机器的性能；
C. 既不需要说明书，也不需要旁人指点，自己就能上手。
14. 公司发生办公室恋情，你的反应是——
A. 完全不知情，因为觉得跟自己无关；
B. 经其他同事点拨才知道有这回事；
C. 从蛛丝马迹中早已洞悉一切，只是不予置评。
15. 你平时喜欢读哪一类的书？
A. 非虚构读物，包括社科、人文、史学、传记等；
B. 流行读物，如畅销小说、历史随笔等；
C. 幻想读物，如《银河系漫游指南》。

(四) 共情能力(Empathy)(有些专著译为：移情)

16. 一位朋友向你倾诉心事，你会——
A. 尽自己最大努力不让别人知道它；
B. 朋友刚离开，你就马上找别人来议论这个问题；

C. 根本没有想过把它传给别人听。

17. 工作正忙的时候，偏偏有同事生病住院，你会——

A. 实在走不开，代以电话慰问；

B. 有空的时候就去探望，没空的时候就不去了；

C. 尽量挤出时间去探望，哪怕只能呆一会儿。

18. 曾经打过交道的人打电话给你，你会这样回答——

A. "请问你是……？"因为一时想不起他的名字了；

B. "你好，请问是哪一位？"可完全不记得他是谁了；

C. "×××先生你好，好久没联系。"

19. 在咖啡馆，邻座有一个女孩突然哭起来，你会——

A. 表示关注，但不会有什么举动，觉得她可以平静下来；

B. 想过去说两句，但又不知道怎么开口；

C. 走过去询问她："需要帮忙吗？"

20. 约了朋友，他/她却迟迟不到，也没有通知你，你会——

A. 觉得此人很不靠谱；

B. 一边等一边心里嘀咕；

C. 觉得朋友应该是不得已，自己正好可以考虑一些别的事情。

(五) 娱乐感(Play)

21. 假如有朋友或同事对你恶作剧，你会——

A. 当场发火，拂袖而去；

B. 心里可能不高兴，但没有溢于言表；

C. 跟他们一起大笑。

22. 周末在家里穿着破T恤打扫卫生，朋友突然不期而至，你会——

A. 很尴尬，赶紧把衣服换掉在出来招待朋友；

B. 表示抱歉，希望朋友不要介意；

C. 自嘲："难得搞一次行为艺术，正好被你看到了。"

23. 对于游戏，你的看法是——

A. 纯粹是浪费时间，而且会带来负面影响；

B. 偶尔玩玩也不错；

C. 游戏就是生活的一部分，甚至可以作为职业。

24. 你是不是很久没有大笑过了？

A. 是的，压力太大，笑不出来；

B. 不记得了，一个月还是多久；

C. 不，很多事情可以让我大笑，比如看《加菲猫2》。

25. 被人评价为"八卦"，你会——

A. 视为一种侮辱；

B. 有点不高兴，觉得这不是一个好词；

C. 有点得意，因为这表明自己的心态足够娱乐。

(六) 探寻意义(Meaning)

26. 选择一份工作，你最看重的是——

A. 有发展空间，待遇良好；

B. 稳定，有安全感；

C. 氛围好，同事情趣相投。

27. 假如到了35岁才发觉现在的工作不适合自己，你会——

A. 权衡利弊，不急着作出改变；

B. 能混就混罢，都一把年纪了；

C. 立即去追求自己真正感兴趣的东西，不然会后悔。

28. 工作太忙，上司希望你取消筹划已久的旅行休假计划，你会——

A. 以工作为重，取消休假；

B. 取消休假，但心里很不爽；

C. 安排好工作，休假如期进行，工作毕竟不是生活的全部。

29. 旅行对你来说意味着什么？

A. 一种有效的休息；

B. 一种增长见识的方式；

C. 一种生活体验。

30. 你希望人们怎么评价你的一生？

A. 对社会有用的人；

B. 一个好人；

C. 生活家。

自我检测说明：

(1) 选A为△型，选B为○型，选C为☆型，哪个选项最多就属于哪一型。

(2) △型，典型的“左脑人”；○型，在“左脑人”和“右脑人”之间摇摆不定；☆型，典型的“右脑人”。

科学研究证实，人的大脑发育很复杂，除先天基因外，和后天教育、生活习惯等也有很大关系。所以，最好的养脑方式应该是给自己更多的知识刺激和营养补充。比如：每天读报看书，讲故事，游戏，想象，每天保证有30分钟的随意性活动，有助于大脑的发展获得足够刺激；在饮食上，巧克力、米饭、面食等可补充脑部活动时所消耗的葡萄糖，蔬果类食物让脑神经细胞更坚固，多吃豆类、坚果、蛋黄等可提高脑部活动效率、减少脑部耗损，鱼类等含锌食物有助脑部发育。

第二节　思维的概念与形态

一、思维的概念

思维(Thinking)作为名词，是“想”这一动作的名称，作为动名词，是指“想”的过程。例如：

“我想……”

“想”是一个动作；我“想”的过程就是思维，思维过程或思考过程(Thinking Processes)；“想”的内容与结果，就是思想(Thought)。

思维是人类在与大自然斗争过程中，为了求得自身的生存与发展，经历亿万年进化而获得的一种特殊机能。思维的根本目的，就是为了解决人类面临的各种问题。根据《现代汉语词典》的解释，“思维”首先是一个哲学名词，是在表象、概念的基础上进行分析、综合、判断、推理等认识活动的过程。思维是人类特有的一种精神活动。

根据哲学、心理学、思维科学的解释，思维是人脑对客观事物的本质与规律的间接的概括的反映。它是人类在现实生存中，在大脑中对观察和感觉到的客观事物、现象等进行分析与综合、抽象与概括，并应用已有的知识、经验等进行判断和推理，从而认识事物的一般和本质特征及规律性联系的心理过程。

这个总的思维过程是经过分析、综合、比较、抽象、概括等一系列具体过程而实现的。

分析，是把事物的整体分解为个别的部分或分成各种不同的特征；

综合，是把事物的各个部分或各种不同的特征组合成为整体；

比较，是对不同事物或者事物的特征加以对比，以确定其异同点；

抽象，是从事物的许多特征中抽出其共同的和本质的特征，而舍弃其非本质特征的过程；

概括，则是根据事物共同的和本质的特征而把同类事物联结起来。

经过上述思维过程，人们对事物的认识才会由浅入深、由表及里，才能完成去粗取精、去伪存真的任务。

思维过程的基本特征是间接性和概括性(超越性)。

间接性是指思维不同于感知，它不是对事物的直接反映，而是以存储于人脑中的知识、经验为中介，对事物的间接反映。

概括性表现在从大量个别的现象中概括出一般的东西；从众多的本质和非本质的特性中概括出本质的特征；从许多外部联系中概括出内部的规律性联系。

思维的概括性与知觉的概括性不同，知觉所概括的是事物的外部特征与表面联系，而思维所概括的则是事物的内部特征与规律性联系，超越了事物的表象。

语言作为思维的重要工具，两者之间的关系在国内外的心理学体系中，有两种不同的典型观点。

一种观点认为：人的思维与语言不可分。语言作为一种特殊声音的(口语)、光波的(文字)、运动(言语发音器官的运动)的刺激物，是思维的发动者，又是思维过程的物理凭借与物质外壳，还是表达和交流思维的工具，因此认为离开了语言就没有思维。

另一种观点认为：思维与语言的关系并不是不可分的，语言并不是思维的唯一工具。因为从语言的产生来看，它是在人类形成以后才产生的，说明人类最初的思维并没有以语言作为工具；从个体思维的发展来看，在婴幼儿掌握语言之前，已能进行初级的概括；从人的一些复杂的思维活动，如科学发明的灵感等来看，在一瞬间作出极其复杂、准确而富有创造性的判断，是难以用语言的逻辑程序加以解释的。因此，这一观点认为人类的思维还有可能依赖别的载体与方式进行，而并不一定以语言作为思维的唯一工具。

综合上述两种观点，可以得出以下结论：一般成年人是用语言作为逻辑思维工具的，思维过程是同语言密不可分的；并且它们相互影响，语言文字基础和表达能力常常会制约思维的活动。

二、思维的形态

就思维形式而言，可以按不同原则进行分类。

如按思维的抽象性属性，可划分为具体形象思维和抽象逻辑思维；

按思维的智力性，可划分为再造性思维与创造性思维；

按思维的基本过程，可划分为目的指向性思维和联想思维；

按思维过程的目标指向，可划分为发散思维(即求异思维、逆向思维)和聚敛思维(即集中思维、求同思维)；

按思维过程意识的深浅，可划分为显意识思维和潜意识思维；

按人类认识世界的角度与过程，可划分为空间思维和时间思维；

有一些权威、学派确定，人类只有上述的其中一种思维形式，如抽象思维……

还有一些非学术领域的观点，提出了“柔软思维”“柔性思维”“多维思维”“立体思维”等尚未被国内外的哲学界、心理学界普遍认可的概念。

对于思维形式或种类的划分，以及其相应的特征的表达，在国内外相关的学术界有着数10种不同的观点，根据本书以策划思维和创新方法为中心的原则，本书编著者选择了以下的学术观点：

人类思维的基本形式或基本类型，划分为形象思维或称直感思维，抽象思维或称逻辑思维，创造思维或称灵感思维3种。

前两者是人类思维的基本形式，但在3岁以前的幼儿中主要是“直观行动思维”(或称为“动作思维”)，虽然抽象(逻辑)思维也要依赖动作和表象，但这种思维的主要材料是概念。抽象(逻辑)思维又分形式逻辑思维和辩证逻辑思维两种：前者具有确定性并反对思维过程本身自相矛盾；后者则具有灵活性并强调反映事物的内在矛盾。而形象(直感)思维的特征是以表象或形象作为思维的主要材料，并可按其发展程度的高低划分为具体形象思维和一般形象思维这样两个不同的阶段。

关于创造性思维或创新思维，将在本章的第三节作专门阐述。

三、思维力的提升

思维是掌握知识的主要心理过程。思维力的强弱在很大程度上决定一个人掌握知识的广度和深度，更决定一个人处理几乎所有事情的能力和结果，我们应在学习和实践中，格外用心地培养和提升自己的思维力。

(1) 思维力培养的全面性。思维能力结构是由思维的分析能力、综合能力、比较能力、抽象能力和概括能力组成的。这5个因素互相联系，形成完整的思维过程。

(2) 在学习中保持积极思维的状态，如强烈的、正确的动机；稳定积极的情绪和坚强的意志、积极的活力；善于发现新的变化和问题。

(3) 掌握必要的语言工具。语言是人们进行思维活动、表达和交流思维成果的工具，它是思维的“物质外壳”，是活跃思维和加深理解知识的必要条件。离开了语言，思维就无法进行。因此发展思维能力必须与发展语言同步进行。语言越发展，思维就越发展，思维越发展，语言就越丰富，两者相互制约，相互促进。

(4) 多练习，多训练。习惯地针对一个问题进行多角度思考，寻求同一对象的不同解决方案。

第三节　创新思维及其特点

一、创新思维

创新思维就是创造性思维(Creative Thought)。

创造性思维就是人在强烈的动机意识驱使下，通过综合运用各种共有和独有的思维方式与方法，对感觉素材和已有知识进行新的思维加工组合，形成独特的新思想、新观点、新方法的思维过程。简言之，凡是突破传统思维习惯、以新颖独创的方法解决问题的思维过程，都可以被称为创造性思维。这种独特的思维常使人产生独到的见解和大胆的决策，获得意想不到的效果。

在创造性思维的构成中，发散思维主要解决思维目标指向，即思维的方向性问题；辩证思维为高难度复杂问题的解决提供有效的指导思想与加工策略；形象思维、直觉思维则是人类的两种基本思维形式，也是实现创造性思维的主要过程(即主体)。换言之，这4个要素中，一个用于解决思维过程的方向性(起指引作用)，一个用于提供解决高难度复杂问题的指导思想与策略方法，另外两个用于构成创造性思维过程的主体。

创新思维(创造性思维)是在创作、决策、科研、经营等创造性活动中所特有的思维过程。它是人类思维的高级过程。创造性思维既具有一般思维的特点，又不同于一般思维的活动。

首先，它往往与创造活动联系在一起。创造性活动是提供新的、第一次创造的具有经济价值或社会意义的产物的活动。因而创新思维突出的标志是具有客观价值的新颖的独特的特点。

其次，创新思维过程是在现成资料的基础上进行想象、加以构思才可能实现，因而它是思维与想象的有机统一。

再次，创新思维往往带有突发性，常被称为“灵感”(创意、点子)。

同时，创新思维又是分析思维和直觉思维的统一。

1967年，世界权威的心理学家吉尔福特(J. P. Guilford，1897—1987年，美国)教授，在研究能力倾向基础上提出了“三维智力结构模型”，对创造性思维的特性作了进一步的分析，提出了创造性思维应该包含4个要素：流畅性、灵活性、独创性和描述性。

流畅性(Fluency)——就是指在一定的时间内表达出观点和设想的数量；创新思维能把大量的观察材料、事实和概念综合一起，进行概括、整理，形成科学的概念和体系。创新思维能对占有的材料加以深入分析，把握其个性特点，再从中归纳出事物规律。

灵活性(Flexibility)——就是指多方向、多角度思考问题的灵活程度；创新思维不受传统的单一的思想观念限制，思路开阔，从全方位提出问题，能提出较多的设想和答案，选择面宽广。思路若受阻，遇有难题，能灵活变换某种因素，从新角度去思考，调整思路，善于巧妙地转变思维方向，产生适合时宜的新办法。

独创性(Originality)——就是指产生与众不同的新奇思想的能力；这是创新思维的基本特点，它打破传统和习惯，不按部就班，解放思想，向陈规戒律挑战，对常规事物怀疑，否定原有的框框，锐意改革，积极活跃，能从与众不同的新角度提出问题，探索开拓别人没认识或者没完全认识的新领域，以独到的见解分析问题，用新的途径、方法解决问题，善于提出新的假说，善于想象出新的形象，思维过程中能独辟蹊径、标新立异、革新首创。

描述性(Elaboration)——就是指对自我的观点和思想描述的细致、准确程度；是否可以被描述，也就意味着是否可以被理解、被认知、被实现。创造性思维的这一要素直接显示着主体思维的内容的客观有效性和可行性，这一要素和商务策划定义中所要求的思维结果的“相对新颖”和“相对精密”性是不谋而合的。

二、培养创新思维

成为商务策划人才，培养个人的创新思维能力，必须坚持以下3条基本方针：

第一，同中求异——能够摆脱人们的一般共识和传统观念的思维定势，从另外的新颖角度提出完全不同、但有一定依据的全新观点；

第二，正向求反——不迷信权威和经验，敢于向一贯视为正确的理论体系或科学概念提出挑战，并提出相反的或与之对立的新理论、新概念；

第三，多向辐射——能对某个复杂问题(或关键所在)从多种角度、多个方向、多个层面去思考分析，从而得出多种可能的解决方案。

要实现创新思维，激发创新思维，更离不开以下3大“神奇法宝”：

1. 直觉、灵感

人们对创造性知识的获得，往往需要经过曲折的过程。这一过程表现为多种形式：一是经过长时期的准备、积累和沉思而获得知识；一是组织大量人力、物力，短时间的攻关和突破，再有就是长期的冥思苦想而不得结果，在不经意或思考其他问题时，突然间豁然开朗，即顿悟。这后一种，即一下子使问题得到澄清的顿悟，就是所谓直觉和灵感。

直觉可以帮助人们敏锐地发现问题，从而为创造性地解决问题打开突破口。人们往往认为解决问题是一件难事，能够体现一个人的工作能力。其实，发现问题也不容易，发现问题就是要找出症结所在，找到解决问题的对象和方向，而问题又总是不易为人所觉察。这时，直觉能给我们提供很大的帮助，使我们能够预感到问题的所在。例如，一些资深的医生们在第一眼接触某一重病者时，他们会立即感觉到此人的病因、病源所在，而他们下一步的全面检查就会自觉或不自觉地围绕这一“感觉”展开。医生们的“感觉”同他们丰富的经验、高深的医学理论和娴熟的技术分不开，但也同他们的职业敏感性、职业上的某种“意识”分不开。所以，这里的“感觉”就是常说的直觉、“第六感觉”等，其作用是显而易见的。

直觉还可以帮助人们在众多的问题中选择突破目标，在多种思路中选择解决问题的正确思想，以及在多种可能的考察中选择最佳的方案，尤其是在情况复杂、优劣难辨时进行选择。如何预见事物发展的趋势，如何根据实际情况，以及自己对客体“事物”已做的工作预测事物的发展进程和趋势等，都需要借助于直觉。只是大多数时候，直觉的作用是处于隐蔽状态或不可言喻的非理性状态，故而常常被人忽视。

需要指出的是，强调直觉和灵感在创造性思维中的作用，但不能将之神秘化，或盲目崇拜。直觉和灵感得益于平常知识和经验的积累，而且，直觉和灵感往往只是思维的迅速而短暂的颤动，需要及时捕捉，并需进行进一步的逻辑加工，方能发展成为完备的策划思路。

再有，直觉和灵感有时给人们传递的是错误的“灵光一现”，很多失败的策划在其“点子”闪烁的时候也曾令人无比激动。对它们应有正确的态度，既不要盲目迷从，也不能轻率忽略。

2. 想象

想象是对原有多种表象进行整合、重构的心理操作过程。在想象过程中所有参与整合的表象都或多或少改变原有的成分(而在综合和分析的过程中，原有表象的成分是不改变的)，从而形成一种新的表象，就是所谓的“想象表象”。月亮上的嫦娥、小说中的典型人物等都是整合而成的新表象，即想象表象。由于想象表象是由原有多种表象改造、整合而成，所以都有一定的新颖性甚至创造性。根据其新颖程度的不同，想象又可分为“再造想象”与“创造想象”两种表现。

再造想象是对别人描述过而自己未曾感知过的事物加以想象而生成的形象(如古代的恐龙)；创造想象是没有依据现成的描述而独立创造出来的某种事物的形象。显然，再造想象和创造想象对于文学构思、艺术创作活动，对产品创新、营销创新、企业流程创新等商务策划都具有特别重要的意义。

想象是创新思维的重要催化剂，出色的想象力要有丰富的表象储备。表象是进行想象的基本材料，表象愈多、愈完整，想象的内容就愈丰富、愈深入。由于表象是通过感知获得的，这就要求平时要多观察、多积累。出色的想象力还需要善于联想。根据亚里士多德的联想定律，我们可以从3个方面进行联想：

相似联想，即对性质、外形有某种相似性的事物表象进行联想；

相反联想(对比联想)，即对性质相反或外形有鲜明对比的事物表象进行联想；

相关联想，即对并不相似但在逻辑上有某种关联的事物表象进行联想。

创新思维的上述两种能力，在实际的创造性活动中往往是互相结合、互相渗透、互相发生作用的，而且，它们还同创造性思维方法和人们所掌握的各种知识互相发生作用，事实上，没有纯而又纯的直觉、灵感和联想、想象。

3. 兴趣

兴趣是人类力图认识或爱好某一事物的倾向，也是激发创造性思维的一个重要因素。激发创造性思维的兴趣一般具有以下3个特征：

第一，兴趣的广泛性。有独创性成就的大师，常常是兴趣广泛的人，或者是研究过他们专修学科之外学科的人；有突出成就的策划师，也常常对众多事物抱有浓厚兴趣，过分地专业化和分工，只能导致兴趣狭隘和闭塞，行业与行业之间如有山相隔，很难沟通。而广泛的兴趣能够使人扩大交往范围，接触多方面的事物，获得广博的知识，受到多方面的启发，从而促进和刺激着智力发展，并使大脑时常处于兴奋状态，进行创造性的思维活动。

第二，兴趣的收敛性。兴趣的广泛性可以说是将兴趣发散出去，而发散出去的兴趣，必须收敛，形成一个中心兴趣。因为，任何一个人难得有足够的时间去做所有想做和应该做的事，对可以忽略什么必须做出选择；因此，兴趣收敛起来而形成的中心兴趣就可以促使活动主体把自己的知识、智能、精神和时间都聚合起来、收敛起来，形成一种强大的、具有突破性的创造力量。

第三，兴趣的持久性。兴趣的持久性是指兴趣稳定、持续的时间，某一兴趣，特别是中心兴趣，只有在持续相当的时间后，才可能发挥它应有的作用，在某一方面有所突破。如果我们对任何事物都有兴趣，对任何事情都有热情，可又都是5分钟的热情，结果是对任何事物都没有兴趣。一个人没有持久的兴趣，是不会有行动上创造性的突破的。

兴趣不是天生的，而是可以培养、可以改变的，只要我们经常深入市场，参加经营实践，就能形成强烈而高尚的兴趣。兴趣同目的、意志之间具有相互促进的关系，目的培养，造就人的兴趣，意志把兴趣保持在指向目的的方向上，并维持兴趣的持续稳定性，兴趣又促成人选择确立一定的目的，高尚的兴趣还可以强化人的意志，三者相互结合，不断激发着创造性思维活动的进行。

三、商性思维

“商性思维”这一概念，最早出自万钧2003年的著作《第三性角度》，因为是相对于长期以来人们公认的人类思维所拥有的“感性”和“理性”二大属性，所以又称为“第三性思维”。

商性——以社会关系体现人的价值作为思维角度，是以在人际交换中赢得更多交换利益，提升思维主体的社会关系价值为目的的创造性思维。

人类因社会分工而产生需求和利益交换，因需求和利益的交换而产生商务活动；从交换的角度出发，人类的几乎所有行为都具有利益性和比较性，也因此产生了“好坏”“优劣”“长短”“胜负”等。

人类因生存需求和资源有限而产生竞争，为谋求竞争优势而进行策划，竞争就是现实存在的各个思维主体——人之间的现实客观价值的比较。现实环境中所谓竞争的胜者，就是比其他竞争对象实现了更多的现实的客观价值，也就是比其他竞争对象获得了更多的社会交换价值。

例如：两个人同样花一小时时间劳动，却获取(交换)了可能相差数倍数十倍甚至上万倍的交换价值差，就像一个普通农民和比尔·盖茨的社会劳动相比较。

例如：分属于两个人的同样一件物品，却同样产生了可能相差数倍数十倍甚至上万倍的交换价值差，就像被普通人和某某大名人用过的一只碗。

因而，商性思维更多地表现为——在市场经济(商品经济)环境下，一种注重交换价值的思维倾向和创新习惯，它也是商务策划的思维基础。

所以，策划思维的本质是谋求社会交换价值优势的商性思维。

第四节　智力、智商与智慧

一、智力

智力(Intelligence)是人从客观中学习的能力或获益的能力，是大脑各种思维智能的统称。

人脑中的大约140亿个脑神经细胞彼此相联结，构成了近似于“O”形的神经环路，许许多多的神经环路又交织成神经网络体系。脑通过网络体系实现记忆、想象、判断等功能。有功能的环路叫“非空白环路”，无功能的叫“空白环路”。环路越多，网络范围越大，脑机能就越强，人的智力也就越好。

有人曾对一群智商在140以上的孩子作研究，发现他们长大后一直保持很高的才智。他们婚后生育的子女智商平均值为128，大大超过了一般孩子的平均水平。相反，智力低下的痴呆儿，有50%以上为先天因素造成的。所以从某种意义上说，基因终归是根本的决定因素。

人类除吸吮和吞咽等神经环路是先天形成的“非空白环路”外，多数神经环路为“空白环路”，有待于后天开通。心理学家曾对许多在不同环境中养育的同卵双胞胎进行过研究，发现其智力有很大差别。生活在丰富多彩环境中的要比生活在收容机构里的智商高许多。神经网络有的是先天形成的，也有的是后天形成的，人就是到了晚年，网络仍然能增加。只有当网络增加的机能不足以弥补神经元减少所带来的脑功能下降时，才开始表现为智力衰老。所以勤于动脑不仅能增强智力，而且能抑制脑衰老，就如同那句民间流传的格言：

“钥匙越用越亮，脑袋越用越活。”

人类的大脑具有观察力、记忆力、集中力、想象力、创造力等思维智能。智力的高低有先天的基因差异，也取决于后天的培养教育，不论多么有天赋的人，如果后天缺乏正确的教育，这种天赋也只是一种潜能，不会发展为智力。这就像每个人的双手都具有写字、做饭、搏击、表演等潜能，但如果后天没有经过学习和训练，这双手什么也不会做。

人的智力的黄金年龄是30～60岁。这一时期，人的知识、经验都达到了较高的水平，观察力、思维能力和实际操作能力都呈强劲状态。记忆力虽较30岁以前有所减弱，但对于经常用脑的人来说，这一时期的记忆能力还是非常强的。科学家、文学艺术家在这一年龄段出成果的最多。

有人曾用数学方法画出了智力曲线：10～30岁，人的智力呈直线上升；30～60岁，智力曲线略有上升，但较平坦，没有明显高峰；60岁以后，智力曲线急剧下降，80岁时，智力不及高峰时的1/3。

这一结论是就普遍意义而言的，不排除个别老当益壮的天才人物，而且随着人类知识总量的不断增加和人类寿命的不断延长，人类的智力高峰将向后推移。这是因为人的智力并非直接与年龄相关，而是直接与人的身体和精神健康状态相关，年老智衰只是一种表面现象而已。

1994年，世界卫生组织根据现代人生理及心理结构上的变化，将人的年龄段作了新的划分：

44岁以下为青年；45～59岁为中年；60～74岁为壮年；75～89岁为老年；90岁以上为长寿老人。

对于一生勤奋的脑力劳动者来说，其成就事业的能力往往呈加速增长状态，即随着年龄的增长而加速增长，直到体力明显不支以后，这种能力才随之下降。据统计，1901—1970年的70年间，诺贝尔奖获得者的平均年龄分别为：物理奖49岁，化学奖52岁，医学生理学奖54岁。1987—1989年的三届获奖者平均年龄分别为：物理奖60岁，化学奖56岁，医学生理学奖62岁，经济学奖73岁，文学奖66岁。这些数字表明：登上学术事业顶峰的年龄是50岁以后，并且有随历史发展而后移的趋势。

二、智商

智商(IQ，Intelligence Quotient)就是智力商数。按照现代教育模式，智力的高低通常用智力商数来表示，用以标示智力的发展水平。

1905年，法国心理学家就制定出了第一个测量智力的量表——比奈－西蒙(A.Binet / T.Simon)智力量表，1922年传入我国，1982年由北京的吴天敏先生修订，共51道题，主要适合测量小学生和初中生的智力。

1916年，美国心理学家韦克斯勒(David Wechsler，1896—1981年)编制了“韦克斯勒成人智力量表”(WAIS)，“儿童智力量表”(WISC)、适用4～6.5岁儿童的“韦氏幼儿智力量表”(WPPSZ)。韦氏量表于20世纪80年代中后期被引进我国，经过修订出版了中文版，因而应用较广。

智商有两种：一种是比率智商，智力年龄÷实足年龄＝智力商数。如果某人智龄与实龄相等，他的国际智商即为100，标示其智力中等。

另一种是离差智商，把一个人的测验分数与同龄组正常人的智力平均数之比作智商。现在大多数智力测验都采用离差智商。

1. 离差智商的测试

为了准确表达一个智力水平，智力测量专家提出了离差智商的概念，即用一个人在他的同龄中的个体对应位置，即通过计算受试者偏离平均值多少个标准差来衡量，这就是离差智商，也称为智商(IQ)。

比如说，两个年龄不同的成年人，一个人的智力测量得分高于同龄组分数的平均值，另一个的测验分数低于同龄组的平均值，那么我们就能得出这样的结论：前者的IQ比后者的高。

2. 人群的智力商分布

在现代典型的智力测验中，设定主体人口的平均智商为100，则可以根据一定的统计原理，一半人口的智商，介于90～110，其中智商在90～100和100～110的人各占25%。智商在110～120的占14.5%，智商在120～130的人占7%，智商在130～140的人占3%，其余0.5%人智商在140分以上，另有25%人智商在100分以下。

3. 智力超常和智力低下

智力测验问世后，要区别智力的差异就变得容易和量化起来。人们发现智商极高(IQ在130分以上)和智商极低的人(IQ在70分以下)均为少数，智力中等或接近中等(IQ在80～120分)之间者约占全部人口的80%，智力超过常态者，我们称之为智力超常，那些智力低于常态者，我们称之为智力低常。

科学名人中有不少智商数值超群的，如爱因斯坦、马斯洛、特斯拉等，但在现实生活中，他们并不幸福。

我国当前采用的是美国心理学家韦克斯勒编制的智力量表，由湖南医科大学龚耀先等人修订，制定了中国常模，现在我们可以用来测查6～16岁的儿童和16岁以上的成人。通过心理测量可了解自己的智力水平、潜能所在，鉴定交通事故导致智力损伤，为发挥自己的优势，科学填报高考志愿，优生优育，等等提供一定的科学依据。

智商测验包括11个项目，有常识、理解、算术、类同、记忆、字词、图像、积木、排列、拼图、符号等测验，完成整个测验大约需要1小时，汇总分析，写出测验报告约需要1小时。

智商是一个人为的测试指标，它就像个人身高与全国同龄人平均身高的比值。智商高的人相当于是一个高个子，智商低的人相当于是一个矮个子。智商的高低与先天遗传有很大关系，需要特别指出一点，智商高不等于智力高，两者之间没有必然联系。

站在人的思维的灵活性和创造性的角度，智商更不代表智慧。而总结人类历史上的那些有伟大成就的人物，他们的智商往往并不很高。

三、智慧

智慧(Wisdom)包含理性，包含感性，也包含行为。

智力是人运用大脑进行思维活动的能力，智慧是指导智力如何运用的方法，准确定义也就是思维方法。同样是写字，笔法不同写出来的字是不一样的；同样是思考问题，思维方法不同得出的结果是不一样的。比如逻辑思维看问题习惯非此即彼，是非分明，而辩证思维看问题常常亦此亦彼，是非的确定要根据背景条件不同来具体分析。

智商往往能说得很清楚，而更多的时候，智慧往往是说不清楚的。

苏格拉底认为："凡是知道并且实行美好的事情，懂得什么是丑恶的事情而且加以谨慎防范的人，都是既智慧而又明智的人。"亚里士多德则说："明智即智慧。"黑格尔说："智慧是理念的感性显现。"

智慧是人类的力量体现，也是人类的人性美的体现，只有真正掌握思维方法的人，才可能力量无边。

当代人类心智研究中，人的智慧的内涵不仅包含了传统的智商，还包括了情商。

情商(Emotional Quotient)又称情绪智力，是近年来心理学家们提出的与智力和智商相对应的概念。它主要是指人在情绪、情感、意志、耐受挫折等方面的品质。以往认为，一个人能否在一生中取得成就，智力水平是第一重要的，即智商越高，取得成就的可能性就越大。但现在心理学家们普遍认为，情商水平的高低对一个人能否取得成功也有着重大的影响作用，有时其作用甚至要超过智力水平。那么，到底什么是情商呢？

美国心理学家认为，情商包括以下几个方面的内容：

一是认识自身的情绪，因为只有认识自己，才能成为自己生活的主宰；二是能妥善管理自己的情绪，即能调控自己；三是自我激励，它能够使人走出生命中的低潮，重新出发；四是认知他人的情绪，这是与他人正常交往，实现顺利沟通的基础；五是人际关系的管理，即领导和管理能力。

情商的水平不像智力水平那样可用测验分数较准确地表示出来，它只能根据个人的综合表现进行判断。心理学家们还认为，情商水平高的人具有如下的特点：社交能力强，外向而愉快，不易陷入恐惧或伤感；对事业较投入，为人正直，富于同情心；情感生活较丰富但不逾矩；无论是独处还是与许多人在一起时都能怡然自得。

对于智力、智商、智慧三者的关系，编者认为正确的态度应该是，无视智商，训练智力，学习智慧。古人云：工欲善其事，必先利其器。知识教育属于“善事”教育，智力教育属于“利器”教育，它们关注的范畴不一样。

应该怎样训练和提高自我智力？正确的办法就是学习智慧，即学习思维方法，学习商务策划的创新思维方法，不断丰富和提高个人的智慧和能力。

在人类智力、智慧的各种表现中，创造性是人的智力的最高表现形式。人之所以能成为万物之灵，关键在于善于创造。创造不仅是人的本质特征，也是现代人的第一才能。

在社会现实和市场实战中，人们在对创造性思维的理解上也往往会陷入一些误区，比较典型的观念有：

(1) 创造性思维是一种天分，有些人有，有些人没有。

【批评】这样的想法显然是错误的，创造性思维人人都有，只是程度不同而已。可能有的人思维活跃一些，有的人思维迟缓一些，但是人人都有创造性思维则是肯定的。

(2) 新点子会突如其来，不可能事先估计策划。

【批评】这样的想法也是不对的。平时的留心观察、有意识的深思熟虑才是真正的积累，积累到一定程度，加上执著专注的思考，好点子才有可能“突如其来”。

(3) 创造性思维一定是异想天开，标新立异才好。

【批评】在实际工作中，创造性思维恰恰是理性、务实的。创造性思维不是单纯的甚至偏激的异想天开和标新立异，而是与日常生活和工作密切相关的。当然，思考的过程中可以异想天开地发散联想，最终将异想天开的思维结果运用于实践才是最好，但不要误以为异想天开、标新立异就是创造。

人脑的智慧是创意的土壤，而创造性思维的最亮点——创意，正在成为市场经济中、商业竞争中最稀缺最宝贵的资源。英国创意产业之父、世界著名经济学家约翰·霍金斯(John Howkins)说：创意是从无聊中来，创意产业将是一个新的趋势，是21世纪的黄金产业。

创意经济其实是非常有竞争力的一种经济。

你如果有创意，你就有更强的竞争力。

第五节 创新思维能力提升训练

所谓“创新思维”，就是要我们不受固有思路约束的思维方式，它总是为解决各种问题而另辟蹊径。

任何人在孩提时代的思维是没有任何框框的。我们常常可以看到这样的情景：

在幼儿园里，当一个阿姨老师提出一个问题，几乎全体小朋友都会举手发言，甚至还没等举手，很多小朋友已经在放声表达着自己的想法，教室里充满了童趣和欢声笑语。等到上小学后，随着年级的提高，到五、六年级的时候，如果老师提出一个问题，举手示意发言的人占60%～70%；到初中的时候，当老师提出一个问题时，举手的只占40%～50%；而到高中时候，当老师提出一个问题时，举手发言的只能占20%～30%；到大学的时候，当老师提出一个问题时，举手发言的就只占不足10%；而等到参加工作后，当领导提出一个问题时，就几乎没人表示要发言了。

于是，“成熟”被认为是扼杀创意。

我们现今的教育，多少年来都习惯于让学生找到一个唯一答案，其他答案就是错的，十几年的固化思维的教育，把大部分人都培养成了习惯于读别人的书，听别人的话，照老师或领导的指示办事，做老师或领导的好孩子或好员工。在这个过程中，大多数人失去了最为宝贵的东西——具有创新的自我，具有更多可能的自我。因为思维中有了很多的框框，很多的“不行”“不可能”，其实这种框框，不是别人强加给自己的，而是自己自觉自愿安放在大脑里的，使自己忘记了自己的真实能力，忘记了应该承担的创新使命。

根据被誉为“世界大脑先生”的英国学者托尼·博赞(Tony Buzan)教授的研究结论，在对英美等国的调查中，人在幼儿时代的创造力高于95%，而成人则仅保留了10%的创造力。最近10年的研究还显示，人类对自己大脑的使用还不到脑力的1%，也就是说大脑还有极为巨大的潜能可供开发。虽然随着年龄的增长，人的创造力会逐渐减弱，但仍可以通过训练得到增强和恢复。博赞先生强调，训练大脑有四大要素：充分的氧气，对感官的新鲜刺激，良好的营养和友谊关爱。同时，博赞先生还指出，发散性的联想思维远比线性思维能获得更大的收益。

创新思维力的训练，主要是开阔思路，提高灵活性，激励思维的多向性发散。例如常见的脑筋急转弯类型题目，就是典型的思维灵活性训练。虽然其中的一部分可能有些牵强附会，但大多数都能自圆其说，为我们的思维提供了更多的角度和线索。

下面首先来做一个练习，以检验我们思维的状况。要求是：请用一笔把下面9个点连起来。

接下来提供9个这样的图形，自己先进行一下练习，看能画出多少种。

(1) (2) (3)

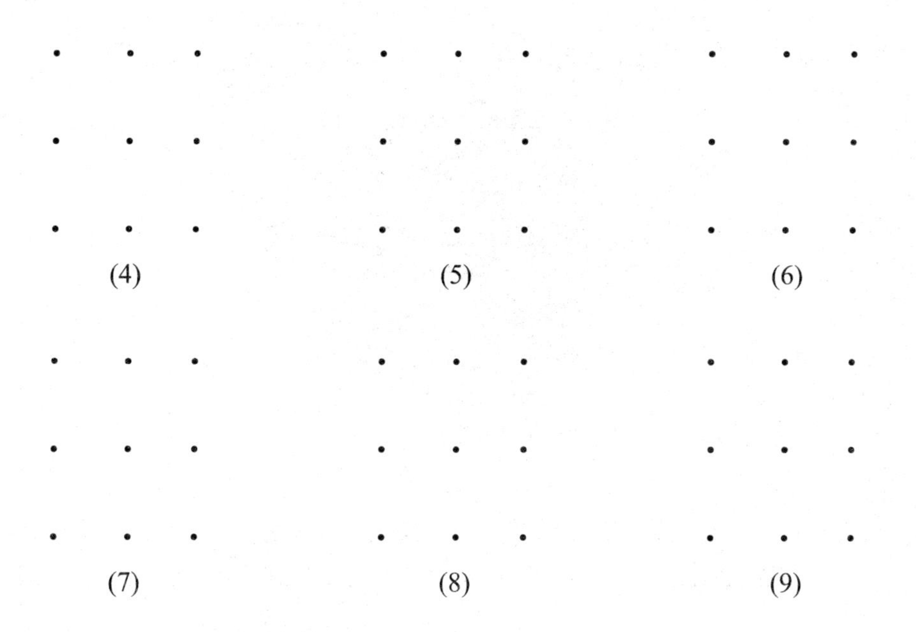

大家可能有各种各样的连接法，但大部分人是用直线，并且可能都是在一个方形的范围内画。尽管我们每一个读者都有不同的阅历，但大部分人都跳不出自己潜意识中的框框。

其实我们是否可以考虑用曲线、折线甚至用超越出图形的方法来画，这样一定可以有更多的画法(如图2-1所示)。

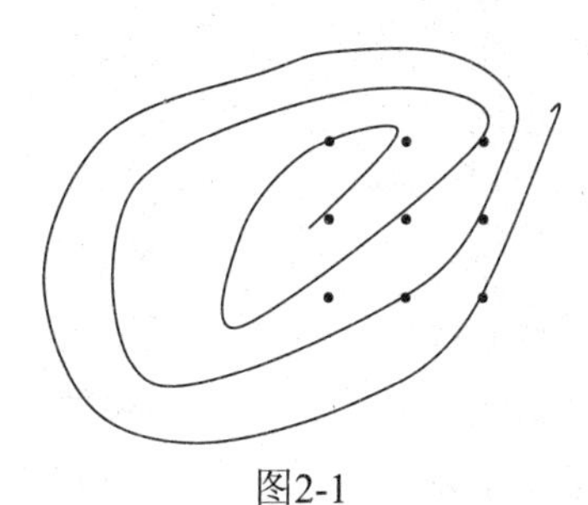

图2-1

但这些还不能说有多少新意，我们不妨换个角度想问题，能不能在笔上做文章，找一支宽度略超过图形的笔，从上至下或从左至右画一笔，就把9个点遮盖住了，也就相当于一笔把9个点联起来了(如图2-2所示)。

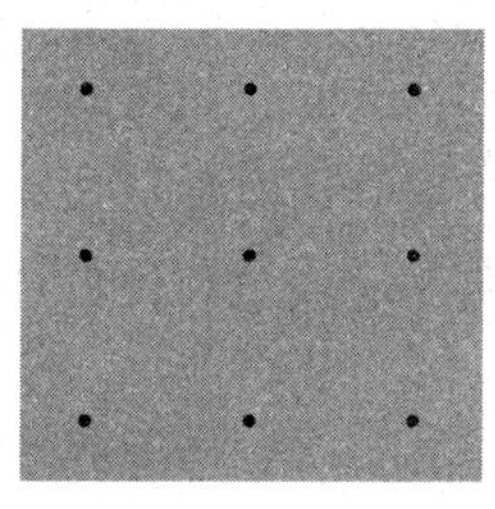

图2-2

我们还可以找一支直径大于图形的圆笔，就像盖图章一样，把9个点遮盖起来，也是相当于一笔把9个点连起来了(如图2-3所示)。

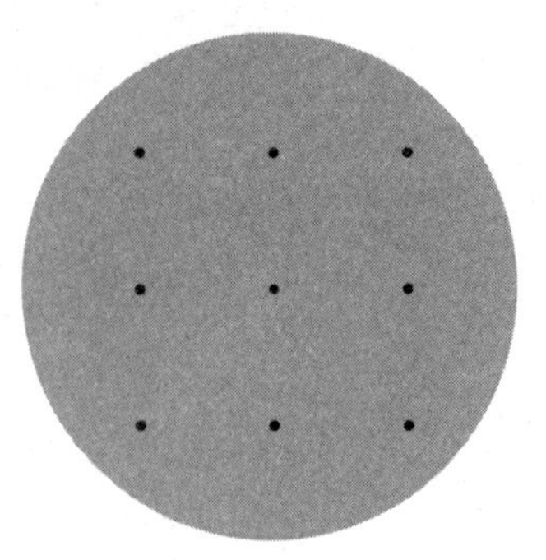

图2-3

如果我们开动脑筋，还可以找出很多办法。

为什么很多人都不能突破原有的思维框框，其根本原因是受惯性思维的影响。心理学家在一个优秀的人身上做过一个实验，印证了“惯性思维”在人的思维与行为中的反映。实验过程如下：

胡汀尼是一位身经百战的魔术大师，他最受观众欢迎的节目是脱身术表演。一位心理学家准备和他打一个赌，他在一间大屋子里准备了一个铁笼子，笼门上安装了一把看起来非常复杂的碰锁。他告诉魔术大师，现在我们将用绳索把你捆绑起来关在铁笼里，如果你在60分钟内能从笼子里逃脱出来，那么你就赢了，我将付10万美金；如果超过60分钟还没逃出来，那你今后就不要再演魔术了。身经百战的魔术师听后非常不屑一顾地答应了，但要求不能有人观看他逃脱的过程。于是心理学家将五花大绑的魔术师送进笼子里，然后把装有碰锁的铁门使劲关上，离开这间大屋子。

魔术师不愧是大师级人物，没用3分钟就摆脱了绳索，然后他就开始按照以往的方式……把耳朵贴在锁上，用一根钢丝开锁，10分钟过去了，30分钟过去了，50分钟过去了，当到了55分钟的时候魔术师彻底慌了，因为按照过去的经验，他只要听到“吧嗒”一声，这个锁就打开了，可是到现在为止那声“吧嗒”声始终没有听到。60分钟过去了，心理学家走了进来，这时魔术师彻底崩溃了，只见他脸色苍白，大汗淋漓，浑身瘫软地靠在门上。令人难以置信的是，这个门居然顺势开了，魔术师也跌到了门外。这时心理学家告诉魔术师，我根本就没有锁门，因为你习惯于听到撬开门锁的“吧嗒”声，所以一旦惯性思维中的定势依赖点发生变化，你就会无所适从。

上述这个试验告诉我们，人的思维定势一旦确定，就难以突破思维中成型的框框。要想突破思维中的框框，成为一个不受固有思维约束的人，就必须深入研究创新思维规律，掌握创新思维方法，提升自己的创新思维能力。

下面这一系列题目选出自多部思维训练教程，不以理论为限，强调实效和实战。是针对创新思维活动中常用的发散、聚敛、形象联想和逆向变通等方法及其运用所设计的。能够激励和促进我们拓展思路，检讨我们思维习惯中的障碍与定势，通过学生之间的头脑风暴和互动学习，更能有效激发自我思维潜力。

一、发散思维

发散思维最大的特点就是由一点向四面八方扩散。发散思维是人类创新思维的一种基本形式，如果人们仅停留在发散思维阶段，还不能说就是掌握了创新思维的全部。

1. 司马光有多少种救伙伴的方法？

司马光砸缸的故事每个人都耳熟能详，现在假设你是当初的司马光，除了砸缸救人的办法以外，看看还能想出多少种救出小朋友的办法？

记录：

2. 有一条河，水深、河宽，现在有一个人要到和对岸去，请问，你能想出多少种过河办法？

记录：

3. 手机是一种用于移动通讯的工具，请问除了移动通讯的用途外，还能有多少种用途？

记录：

4. 你能用多少种方法让6个9表示100呢？

记录：

5. 1元钱买一瓶汽水，喝完后两个空瓶换一瓶汽水，请问：如果你有20元钱，你最多可以喝到几瓶汽水？

记录：

二、聚敛思维

聚敛思维最大的特点是从四面八方向一个点集中，是发散思维的逆过程，是受命题约束的收缩思维。在创新过程中，它是深化思想和挑选方案的常用思维方法和形式，也是人能否将自己的积累归结到一个命题上的能力的体现。

1. 请思考生活中半圆的物品有多少？

记录：

2. 尽可能多地列举出与旋涡这种形状相像的东西。

记录：

3. 尽可能多地列举出生活中需要“开口”的东西。

记录：

4. 幸福是全世界所有人的共同向往、追求，可它却十分珍稀难得。那么，在什么地方永远都能找到幸福呢？

记录：

5. 请尽可能多地说出家用轿车的缺点。

记录：

三、逆向变通思维

就是以不同类别或不同的方法进行思维，沿着事物相反的方向，用反向探求的方式对产品、课题或方案进行逆向思考；不以僵化的方式去看问题，能从某个思想转换到另一种思想，或是能以一种新方法去看一个问题的能力。

1. 尽可能地列出鞋子护脚功能以外的用途。

记录：

2. 成语“班门弄斧”是讽喻那种不知道自己水平高低，却要在行家面前卖弄本领、不自量力的人。现在请你换个角度说出“班门弄斧”的积极意义(至少3种)。

记录：

3. 62－63=1是个错误的等式。能不能移动一个数字使之成立？(提示，这个等式是用火柴棍摆的，只能移动一根火柴棍。另解，移动一个数字的位置。)

记录：

4. 现在有4根火柴棒，请你设法将它们摆成5个正方形，怎么摆？能有几种摆法？

记录：

5. 某单位出现了被盗事件，常规的思维是如何处理责任人，可是领导却说是好事，请问这是为什么？如果你是领导怎样运用逆向思维来发言。

记录：

四、形象联想思维

形象思维是指人们借助图像或形象，刺激右脑丰富的想象力去解决问题；将头脑中的一种事物或概念与另一种事物或概念联系起来，探索它们之间的共同的或类似的规律，从而解决问题的思维方法。

1. 下面3个图形是由不同直径组成的圆环，请用形象思维的方法，看看能想象出哪些物品。

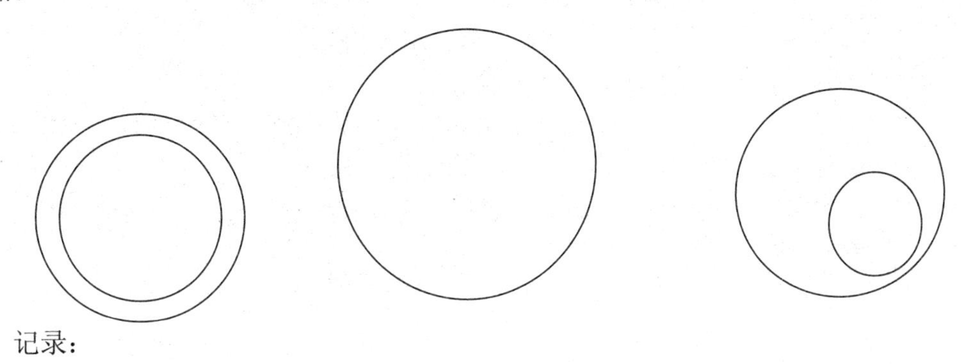

记录：

2. 下面是一个三角形和一个正方形，请任意组合，运用形象思维的方法，看看能想象出哪些物品。

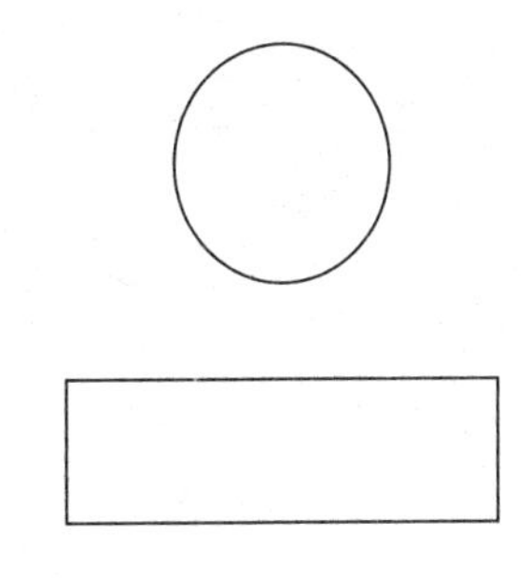

记录：

3. 现在给出“远见”“青春”“知识”3个词，请运用顶真法进行游戏，最后能够回到开头的这个词。

记录：

远见——

青春——

知识——

4. 试用自己的体姿做出表示汉字的5个姿势，找朋友猜(或互做互猜)。

记录：

5. 请想出10个稀奇古怪的发明和设想。

记录：

思考与训练

1. 简述人脑的构造和左、右脑的功能。

2. 思维的概念和形式是什么?

3. 何谓创新思维，与常规思维相比有何特点?举例说明如何体现。

4. 结合自己策划实践的体会，谈谈如何提升创新思维能力?

5. 试分析智力、智商与智慧的异同。

6. 结合自身实际情况，分析自己属于左脑型人才还是右脑型人才，针对自身的特点制订一份训练右脑的计划。

7. 根据对自我创新思维能力的训练，谈谈你有什么感受，有什么灵感?请与大家分享。

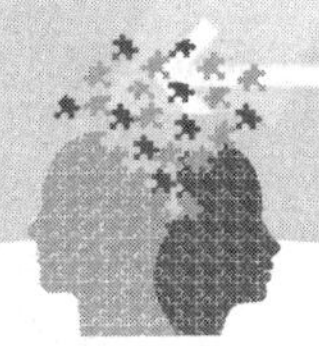

第三章
创新思维的特征与形式

学习目标

系统学习关于创新思维的知识，认识其发生、发展以及现实应用。

学习要求

了解：创新思维；知识创新。

掌握：创新的概念；知识创新及其特点；创新与发现、发明；创新思维的基本特征；策划思维过程的4大阶段；发散思维；形象思维、直觉思维和逻辑思维；辩证思维；和田技法。

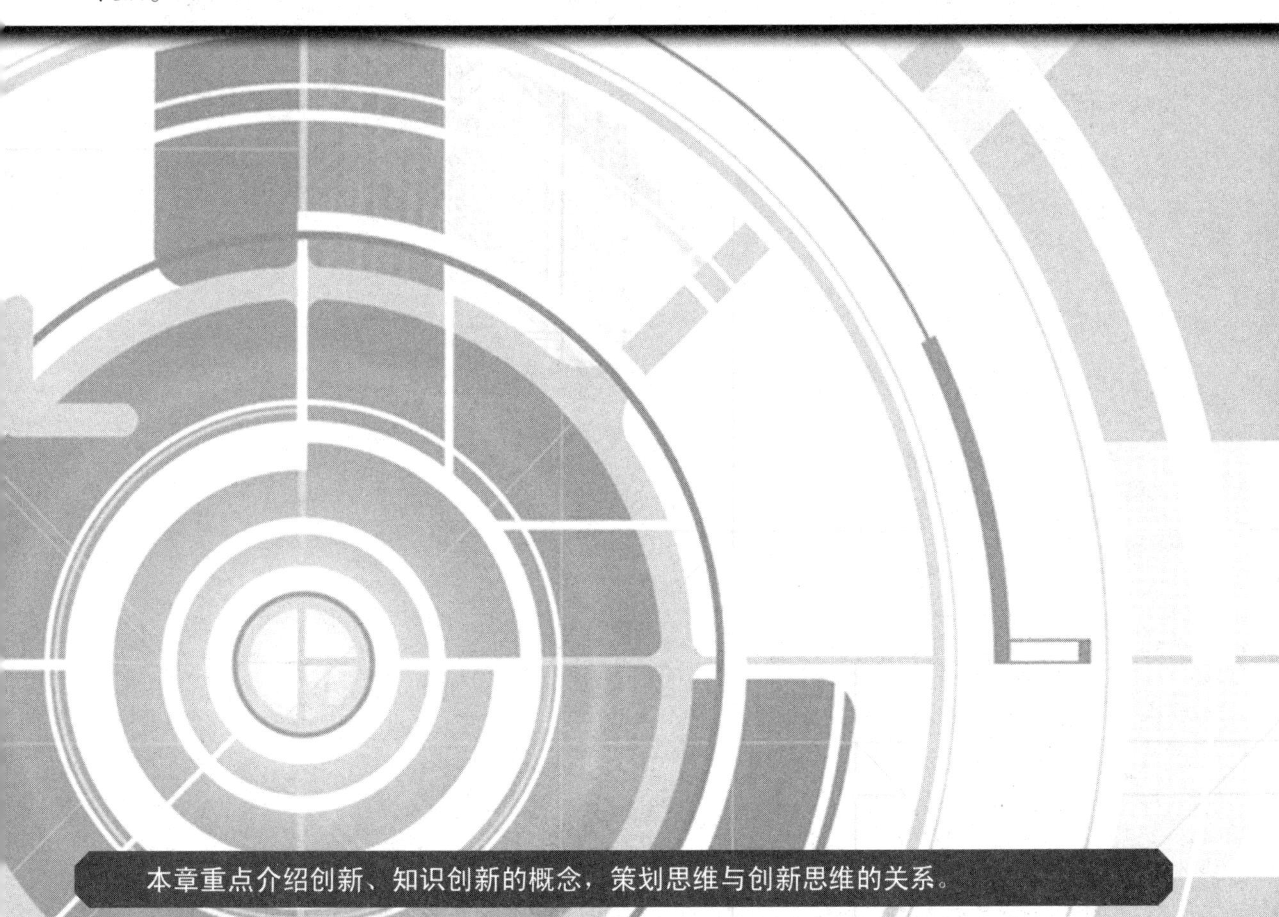

本章重点介绍创新、知识创新的概念，策划思维与创新思维的关系。

策划的本质是创新，是一种目标性更加突出、现实性更加显著的创新思维。

第一节　创新与创新思维

一、创新的概念

1912年，世界著名的美籍奥地利经济学家熊彼特(美国，1883—1950年，Joseph. A. Schumpeter)发表了他的代表作《经济发展理论》，首次从经济学角度提出并阐述了“创新”的概念，他认为：“所谓创新是指一种生产函数的转移”，是“生产要素和生产条件的一种组合”，并“引入生产体系使其技术体系发生变革，以获得企业家利润”或“潜在的超额利润”的过程。他把创新的内容明确概括为5个方面：

(1) 生产一种新的产品；

(2) 采用一种新技术(生产方式、工艺流程)；

(3) 开辟新的市场；

(4) 开拓并利用原材料或半成品的新的供应来源；

(5) 采用新的生产组织形式或管理方式。

显然，熊彼特先生是从经济学的角度来阐述“创新”的意义的，因而会有一些局限性。更广义的“创新”，可以涵盖在人类的一切个体和社会活动中。

“创新”一词在《现代汉语词典》中的解释是：抛开旧的，创造新的；而英语中的对应词汇是“Innovation”，含义是：更新、变革、制造新事物。

“创造”一词在《现代汉语词典》中的解释是：想出新方法、建立新理论、做出新东西或成绩；而英语中的对应词汇是“Creation”，含义是：创作、产生、创作物。

“创新”和“创造”二者的基本含义相近，只不过“创新”强调破旧立新，重视变革过程，而“创造”则更强调从无到有，侧重产品、成果。今天人们所说的“创新”常常包含“创造”，适用范围更大、更广泛了。

二、知识创新及其特点

随着知识经济时代的到来，知识创新日益受到重视并发挥着重要的作用，知识创新正在成为创新的主要内容。1993年，美国著名的战略研究专家德伯拉·爱弥顿(Debra. M. Amidom)发表了题为《知识创新：共同的语言》的文章，首次对知识创新给出了定义。1997年4月，德伯拉·爱弥顿出版了专著《知识经济的创新战略：认识的觉醒》，对知识创新的概念、原则和评价作了全面的论述。根据德伯拉·爱弥顿的论述以及国内外有关学者文章的定义，所谓知识创新，是指创新思想和创新方法的产生、演化、交流并应用到产品(服务)中去，以促使企业获得成功，国家经济活力得到增强，社会取得进步。

创新具有时代性，知识经济时代的创新与工业经济时代的创新有根本的不同，创新的核心已经从过去以技术、组织、制度等为重心，转变到以知识和创意为重心，所以，知识创新是知识经济时代创新的重点。与过去近百年的创新不同，知识经济的创新具有如下几个特点：

(1) 创新的起因和思想来源多样化，不仅仅是科学——基础研究。知识创新的起因和思想来源可以在研究、开发、市场化和文化生活等任何阶段和场合发生，其表现形式多种多样，包括产品改进、工艺改良、设计优化、创意闪现等，是许多参与者之间一系列复杂的、综合的相互关系和相互作用的结果。

(2) 注重合作性战略，通过共生关系促进双赢，促使知识的流动，在互动中产生新的增值，为创新提供更多的机会和信息来源。而过去的创新重在建立竞争性战略，以打败对手赢得市场为目的。

(3) 遵循用户成功、为用户创造价值的原则，而不仅仅是实现用户满意原则。知识创新重视用户的未来需求而不仅仅是现实需求，化潜在为显在，通过用户创新或联合用户共同创新而寻找新的财富增长源。

三、“创新”与“发现”“发明”

创新与发现、发明都属于知识生产，三者之间有联系也有区别。

发现：是认识原来宇宙间就有的事物、规律，属于客观向主观的转化、知识的增加，是发明和创新的重要知识来源，但不一定能带来现实的经济与社会效益。

发明：是一个新的人造装置或程序的创造，属于主观向客观的转化、知识的运用，虽然可以取得专利，但不一定能产生经济和社会效益。

创新：具有发现或发明的某些特征，创新是创造和执行一种新方案，是一种具有经济和社会目标导向的行为。

三者之间的关系：一般来说，为了使发现、发明行为产生现实的社会经济效益，需要进行创新，但“创新”却不一定非基于发现、发明不可，有时只是对现有事物存在的重新排列组合，却常常创造出超越式的现实收益。

例如，我国不少地方为了提高或创立知名度，纷纷邀请商务策划师围绕“文化搭台，经济唱戏”宗旨进行策划主题活动，招商引资。一时间各种“节日”如雨后春笋般在中国大地上生长起来。

地区特产型“节日”：葡萄节、荔枝节、桂花节、椰子节、牡丹节、菊花节、火腿节、香肠节、螃蟹节、小笼汤包节……

历史文化型“节日”：新石器文化博览会、秦文化节、楚文化节、三国文化节、唐文化节、诸葛亮节、孙子兵法节……

传统拓展型“节日”：祭祀黄帝陵、少林武术节、祭孔活动、佛文化节、雁门关杨家将节、文化名城会……

行业市场型“节日”：电影节、电视节、图书节、广告节、服装节、汽车节、博物馆节、电脑节、地板节……

社会文化型“节日”：狂欢节、光棍节、情人节、父亲节、闺蜜节……

其实这些特产本身和民俗文化活动，并不是什么发现或者发明，却因为策划思维的创新，为当地乃至更广大的区域、为特定的社会人群，创造出了十分显著的经济、社会和文化效益，从而体现和验证了商性思维对现实价值的发现力。

创新和发现、发明相比，更多、更直接地表现为现实的生产力以及经济利益。

第二节　创新思维与策划思维

思维是人脑对客观现实间接的和概括的反映，是人以感觉和知觉为基础，运用分析和综合、抽象和概括等智力操作，对感觉信息进行加工，以存储于记忆中的知识为媒介反映事物的本质和内在联系。

思维既是人脑的机能，又是人类在自然与社会生存的需求和产物。

一、创新思维的概念

创新的内容十分丰富，涉及许多国家需要考虑、研究的重大而复杂的问题，如自主创新的问题、建设创新型国家的问题等，这里无法进行系统的分析和介绍。本书只对创新思维中的主要理论问题进行研究和分析，目的是帮助大学生提高创新的基本素养。

创新思维就是创造性思维，是人类思维的高级和积极形态，是人在一定知识、经验和智力基础上，为解决某种问题，运用逻辑和非逻辑思维，突破旧的思维模式，产生新设想、执行并获得成功的系统方案。

创新思维是包括逻辑式创新思维形式和非逻辑式创新思维方式，发散式思维方式和收敛式思维方式，纵向思维方式和横向思维方式及系统思维方式等的总称。

创新思维是以逻辑思维为主导，并与非逻辑思维的形象思维、灵感思维相结合的结果。创新思维的主要特色在于能产生获得成功实施的创新成果。

二、创新思维的基本特征

1. 创新性：表现为“独创性”和“新颖性”

独创性是指独立于前人、他人，没有现成的规律和模式、程序可以遵循参照；新颖性是指对于新环境、新情况、新问题，力求发掘出它新的本质、新的解决方法，表现出不同于一般常规之处。求异思维的创新并不是无中生有、凭空捏造，而是有其客观根据的，其客观根据就是事物的特殊性，只是这种特殊性只被创新者发现而已。

2. 超越性：创新就是一种积极的否定、突破、超越

思维价值的本质在于超越，因而才有人类对于创新性思维的倡导。创新性思维对客观事物和思维对象的超越，主要体现在7个方面：

一是对于过去的超越；

二是对于将来的超越；

三是对空间的超越；

四是对具体事物、具体现象、具体物体的超越；

五是对“有”与“无”的超越；

六是对“传统”的超越；

七是对自我习惯的超越。

对创新思维基本的模式特征判断，中外专家的观点的差别一般集中在思维程序步骤上。

有美国创造学奠基人阿·奥斯本(A. F. Osbern)提出的：寻找事实——寻找构想——寻找解答的“三阶段模式”；

有美国心理学家约瑟夫·沃拉斯(J. Wallas)提出的：准备——酝酿——明朗——验证的“四阶段模式”；

有美国实用主义大哲学家杜威(John Dewey，1859—1952年)提出的：感到困难存在——认清是什么问题——搜集资料进行分类，并提出假说——接受或抛弃实验性的假说——得出结论并加以评论的“五阶段模式”；

有中国策划思维专家史宪文提出的：整理——判断——创新的“三阶段模式”；

有中国战略策划专家周培玉提出的：搜集——整理——判断——创新的“四阶段模式”；

有中国策划专家万钧提出的：分解(整理)——判断(筛选)——创新(突出)——验证(可行)的“四阶段模式”；

还有一些专家提出了“五阶段模式”即：发现问题——发散酝酿——顿悟创新——验证假说(决策)——成功实施。

以上这些描述创新与策划思维过程的阶段说观点，虽然有些许差异，但都揭示出了创新思维的“创新性”和“超越性”的基本特征。

三、创新思维的作用

1. 创新思维可以不断地增加人类知识的总量，不断推进人类认识世界的水平

创新思维因其对象的潜在特征，表明它是向着未知或不完全知的领域进军，不断扩大

着人们的认识范围，不断地把未被认识的东西变为可以认识的东西，科学上每一次的发现和创造，都增加着人类的知识总量，为人类由必然王国进入自由王国不断地创造着条件。

2. 创新思维可以不断地提高人类的认识能力

创造性思维的特征已表明，创造性思维是建立在科学基础上的高超的艺术，创新思维活动及过程中的内在的东西是无法模仿的。这种内在的东西即创新思维能力。这种能力的获得依赖于人们对历史和现状的深刻了解，依赖于敏锐的观察能力和分析问题能力，依赖于平时知识的积累和知识面的拓展。而每一次创新思维过程就是一次锻炼思维能力的过程，因为要想获得对未知世界的认识，人们就要不断地探索前人没有采用过的思维方法、思考角度去进行思维，就要独创性地寻求没有先例的办法和途径去正确、有效地观察问题，分析问题和解决问题，从而极大地提高人类认识未知事物的能力，所以，认识能力的提高离不开创造性思维。

3. 创新思维可以为实践开辟新的局面

创新思维的超越性特征赋予了它敢于探索和创新的精神，在这种精神的支配下，人们不满于现状，不满于已有的知识和经验，总是力图探索客观世界中还未被认识的本质和规律，并以此为指导，进行开拓性的实践，开辟出人类实践活动的新领域。在中国，正是邓小平创造性的思维，提出了有中国特色的社会主义理论，才有了中国翻天覆地的变化，才有了今天的轰轰烈烈的改革实践。相反，若没有创造性的思维，人类躺在已有的知识和经验上，坐享其成，那么，人类的实践活动只能留在原有的水平上，实践活动的领域也就会越来越狭小。

4. 创新思维是将来人类的主要活动方式和内容

历史上曾经发生过的工业革命没有完全把人从体力劳动中解放出来，而目前世界范围内的新技术革命，带来了生产的变革，全面的自动化，把人从机械劳动和机器中解放出来，从事着控制信息、编制程序的脑力劳动。人工智能技术的推广和应用，使人所从事的一些简单的、具有一定逻辑规则的思维活动，可以交给“人工智能”去完成，从而又部分地把人从简单脑力劳动中解放出来。这样，人将有充分的精力把自己的知识、智力用于创造，把人类的文明推向一个新的高度。

四、策划思维就是创新思维

为什么说策划思维就是创新思维？这是由策划的性质决定的。在本书第一章关于商务策划的概述中我们了解到：策划是人类一种具有超前性的思维特质。它是针对未来和未来发展所做的当前决策，能有效地预测和指导未来工作的开展，并取得良好的成效。

策划的过程本身就是思维活动的过程，其基本特征是：具有一定的虚构性、相对的新颖性或精密性、相对的超前性和可操作性。其中，虚构、新颖、超前等无不体现了策划思维具有创新和创造的本质特性。

作为一种复合型的创新思维模式，策划思维具有体系性和差异性。

1. 策划思维的体系性

策划是人类的先进思维形式，所以对其内在过程的分析，就必须建立在心理科学、神经科学的基础之上。从心理学角度对策划思维进行解析，我们发现在整个策划过程中涉及的思维形式包括：

逻辑思维、发散思维、形象思维(包括对事物属性表象的联想、想象、分析、综合、抽象、概括等心理操作)、直觉思维(包括对事物关系表象的整体把握、直观透视和快速综合判断)以及解决复杂问题实现创造性突破的心理加工策略——横纵思维。

基于科学的分析，我们得出结论，策划思维是包含了多种思维形式的一种复杂的复合思维系统。

构成策划思维系统的6个要素中，发散思维主要解决思维目标指向，即思维的方向性问题；辩证思维和横纵思维为高难度复杂问题的解决提供有效的指导思想与加工策略；形象思维、直觉思维和逻辑思维，则是人类的3种基本思维形式，也是实现创造性思维的主要过程(即主体)。

6个要素中，1个用于解决思维过程的方向性(起指引作用)，2个用于提供解决高难度复杂问题的指导思想与策略，另外3个用于构成创造性思维过程的主体。即：

1个指针(发散思维)——用于解决思维的方向性即策划的对象与目标；

2条策略(辩证思维、横纵思维)——提供宏观的哲学指导和微观的心理加工策略；

3种思维(形象思维、直觉思维、逻辑思维)——用于构成创造性思维过程的主体。

这就是策划思维系统中6个要素的不同作用以及它们之间的相互关系。要较好地认识和把握上述策划思维系统性，应当首先澄清以下5方面的问题：

(1) 这6个要素组成策划思维系统的有机整体，不能加以割裂。例如目前国内有一种很流行的观点：在讲策划思维时，不讲别的，只讲发散思维，以为发散思维就等同于创造性思维；或者是在讲创造性思维时，只讲形象思维而不讲逻辑思维、发散思维，或是只强调逻辑思维而忽视形象思维、直觉思维和发散思维。凡此种种都是对策划思维系统性缺乏理性认识的片面性表现。

(2) 不应把直觉思维混同于形象思维。两者之间有关联是因为它们有共性：思维材料主要都是空间视觉表象，因此同属空间结构思维。但二者又彼此独立是因为它们各自有其特殊性：

形象思维的材料是反映事物属性的表象，直觉思维的材料则是反映事物之间关系的表象，它们的思维加工机制以及工作记忆区在大脑皮层中的定位也完全不同；

形象思维的加工机制和工作记忆区主要在左脑，直觉思维的加工机制和工作记忆区则是在右脑。

所以二者不能混为一谈。

(3) 逻辑思维的主要特征并非抽象性，而是其独有的在一维时间轴上的直线性、顺序性。而事实上，抽象性和概括性是所有3种基本思维形式(形象思维、直觉思维、逻辑思维)的共同属性，并非逻辑思维所独有。

(4) 不应把逻辑思维和形象思维、直觉思维对立起来。有这样一种偏向：一些学者在强调逻辑思维时往往贬低形象思维和直觉思维，而另一些学者在强调形象思维或直觉思维时又走向另一个极端。事实上，这3种基本思维形式是相互支持、相互依存的，这不仅可以从心理学角度加以论证，还可以从神经生理学(例如从脑皮层的功能定位)中找到证据。

(5) 应该客观评价直觉思维。正因为医学、心理学、神经学关于直觉思维的研究欠缺，所以对其说法总是玄虚。在策划实践中，直觉思维确实可以形成灵感或顿悟，但其加工产生过程至少有以下3方面的特征：

① 整体把握——撇开事物的细微末节，从整体、全局去把握事物，是一种从大处着眼、总揽全局的思维。

② 直观透视与空间整合——对直觉思维来说，整体把握是指对事物之间关系的整体把握，即直觉思维只考虑事物之间的关系，而不考虑每个事物的具体属性(对事物具体属性进行分析、综合、抽象、概括是逻辑思维与形象思维的任务，不是直觉思维的任务)；要从整体上把握事物之间的关系，直觉思维所用的方法是“直观透视”和“空间整合”，而不是靠逻辑的分析与综合。

③ 快速判断支点——直觉思维要求在瞬间(苦思冥想很久的某个瞬间)对空间结构关系作出判断，所以是一种快速的、跳跃的三维立体思维(而逻辑思维则是在一维时间轴上的线性、顺序的慢节奏思维)，复杂关联中的核心支承点闪耀而出，即是常说的所谓焦点、亮点、卖点、诉求点、痛点。

2. 策划思维的差异性

作为一个特定概念，策划思维相比于更广义的创造性思维，有其自身突出的本质属性，具体表现在以下3个方面：

(1) 利益性。伟大的竞争谋略思想家孙武早在2 500年以前，就在他的《孙子兵法 • 火攻》篇中指出：“非利不动，非得不用，非危不战。”这句话透彻地揭示出策划思维的突出的指向性特征——目标第一。

利益未必只是财富美女、名誉地位、环境资源、情感人心等，凡是能够满足各类人群的各类物质和精神需求的目的、目标，都是利益。

(2) 竞争性。竞争，出现在两个主体之间，是两个主体在客观现实中相互间的差异比较，策划的优势从来就是一种比较优势。即所谓：没有最好，只有更好。

追求思维的比较优势，才能表现出策划主体在现实中客观价值的优势。

历史证明，竞争在任何一个社会时期都普遍存在，所以策划的思想和行为在任何一个社会时期都会存在。一般来说，竞争越激烈，策划活动就越频繁，策划思想就越丰富、精彩。

(3) 奇胜性。孙武在《孙子兵法 • 兵势》中的有一句名言：“凡战者，以正合，以奇胜。”概括抽象出了所有成功的竞争思维之所以成功的唯一共同性。

策划贵在用奇，奇在众所不意，也就是在众人所忽视或意料之外而又在情理之中。我们知道，竞争的核心是寻求和突出差异。我们策划对手时，也正是对手在策划我们的时候，奇于对方之外，则胜；奇与对方之同，则平；奇于对方之料中，则败。

当然，真正的“奇胜”，还需要掌握运用上的辩证性、灵活性、应变性，正所谓：

善用兵者，无不正，无不奇，使敌莫测。

奇的目的，在于胜。

第三节　策划思维的能力培养

我们已经知道策划思维过程应当由发散思维、形象思维、逻辑思维、辩证思维和横纵思维等6个要素组成。这6个要素并非互不相关、彼此孤立地拼凑在一起，也不是平行并列地、不分主次地结合在一起，而是按照一定的分工，彼此互相配合，每个要素发挥各自不同的作用。对于“创造性突破”(或经济学家所说的“创造性破坏”)来说，有的要素起的作用更大一些(甚至起关键性作用)，有的要素起的作用相对小一些，但是每个要素都是必不可少的，都有各自不可替代的作用，从而形成一个有机的整体，即创新思维体系。

6个思维形态，是矛盾的对立与统一，是普遍性和特殊性的整合。

下面对如何全面培养提高这6个方面的思维能力进行阐述。

一、发散思维的培养

发散思维的培养不仅是方法问题，更重要的是思想认识问题。所以为了能有效地进行发散思维的培养，应按以下3个步骤进行：首先，革新传统的教育思想、观念；其次，端正对发散思维的本质与作用的认识；然后，在此基础上再考虑采用适当的培养方法。

要不要培养发散思维，绝不仅仅是思维方法问题，而是涉及观念、心态、习惯定势的根本性问题。不改变传统的思想模式，就不可能摆脱聚合思维的束缚，就谈不上发散思维。

发散思维这一概念，早在1918年由美国心理学家武德沃斯(Robert Woodworth)提出，但并未引起人们的注意。直到1967年另一位美国心理学家吉尔福特(J.P. Guilford)将发散思维作为智力结构的主要因素之一提出来，并编写了一系列培训发散思维的教材，制定了相应的培训程序和测试发散思维能力的具体方法。一时间在美国、日本和其他一些国家形成了一股强调发散思维的热潮，发散思维的影响才日益扩大起来。

发散思维包含4个要素：流畅性、灵活性、独创性和精致性，心理学家普遍认为对发散思维的培养应紧紧围绕这4个要素来进行。

培养发散思维有3条指导方针：

第一，同中求异——能够摆脱人们的共识和传统观念的思维定势，从另外的角度提出完全不同、但有一定依据的全新观点；

第二，正向求反——不迷信权威，敢于向一贯视为正确的理论体系或科学概念提出挑战，并提出相反的或与之对立的新理论、新概念；

第三，多向辐射——能对某个复杂问题(或关键所在)从多种角度、多个方向去分析，从而得出多种可能的解决方案。

对发散思维的培养有多种多样的方法，事实上，任何有利于培养“自由联想、自由想象、自由发挥”的方法只要加上3条方针的指引，都可有效地应用于培养发散思维。

二、形象思维、直觉思维和逻辑思维的培养

形象思维、直觉思维和逻辑思维同属人类的基本思维形式，在组成策划思维体系的6个要素中，这3个要素起同样的作用，即构成策划思维的主要过程(即主体)，而且这3个要素之间的关系也非常密切，所以在关于策划思维的培养中，我们把这3个要素看成一个不可分割的整体。

首先，我们不能将直觉思维混同于形象思维；

其次，我们不能将逻辑思维与形象思维(或逻辑思维与直觉思维)二者对立起来；

而且，我们更不能不适当地在3种基本思维形式之间划分高低等级。

在培养方法上，必须明确这样3条指导方针：

第一，直觉是人类的基本思维形式之一，具有强烈的主动性，不能把直觉思维混同于或者附属于形象思维。

第二，3种基本思维形式同等重要，没有高低之分，即形象思维、直觉思维和时间逻辑思维都是人类必不可少的基本思维形式，三者都能通过抽象、概括达到对事物的理性认识。三者之间只有思维材料(思维加工对象)、思维加工方法、思维加工缓存区(即工作记忆区)和思维加工机制有所不同，而没有高级思维和低级思维之分。

第三，3种基本思维形式之间应当结合而不应割裂和对立，就像时间与空间不可分割一样，时间逻辑思维和空间结构思维(包括形象思维和直觉思维)也是不可分割的。也就是说，形象思维与时间逻辑思维(以及直觉思维与时间逻辑思维)总是相互支持、相互依存、相互结合在一起的。

在明确上述3条指导方针的基础上，可以创造出多种多样、丰富多彩的关于上述3种思维的培养方案与培养方法来，例如增加表象积累、培养观察能力、发展想象能力和注重形象思维、逻辑思维交互训练等。

三、辩证思维的培养

辩证思维是指自觉运用唯物辩证法来观察、分析事物，不仅可以和横纵思维一样成为实现创造性突破的锐利思想武器，而且在整个创造性思维活动过程中，辩证思维都有重要的指导作用。

培养辩证思维必须要树立3种基本观点：

1. 唯物观点

辩证思维所强调的辩证法是唯物辩证法而不是黑格尔的“唯心辩证法”，这种辩证法

与唯物论是高度统一、不可分割的，就是要尊重客观事实，一切从实际出发，重视调查研究，对于所面临的问题要搜集尽可能充分的事实和资料。要由事实引出结论，切忌先入为主带主观偏见。

现实的“唯物”还表现为：接地气，务实，实战。

2. 对立统一观点

要用二分法看问题，既看到事物之间的对立，也看到事物之间的统一，还要看到不同事物在一定条件下可以相互转化。即既要看到事物的正面，也要看到事物的反面；既要从有利因素中看到不利因素，也要能从不利因素中看到有利因素。总之，看待事物是两点论，不是一点论。

事实上，唯物辩证法的其他规律和范畴只是从不同侧面揭示事物的对立统一关系。例如，质量互变律揭示的是质和量、质变和量变的对立统一关系；否定之否定律揭示的是肯定和否定、继承和发展、回复和前进的对立统一关系。辩证法的诸对范畴，在本质上无一不是对立统一关系。因此，对立统一规律内在地把唯物辩证法的其他规律和范畴联结成一个有机的统一体系。

3. 联系与发展的观点

首先，宇宙间的万事万物都是普遍联系的。包括“整体与部分”的联系，“个别和一般”的联系。任何事物都处在普遍联系之中，但任何具体的联系无不依赖于一定的条件。随着条件的改变，事物之间以及事物内部各因素之间联系的性质和方式也要发生变化，这就是联系的条件性。而条件又是具体的、多种多样的：有必要条件和非必要条件、决定性条件和非决定性条件、有利条件和不利条件、主观条件和客观条件等。具体地、全面地分析各种不同条件，是弄清事物联系的性质、解决各种矛盾的前提，对做好一切工作具有决定性意义，即一切均以时间、地点和条件为转移。离开条件，一切都不能存在，都无法理解。从这个意义上说，唯物辩证法的普遍联系论也就是条件论。

其次，宇宙间的万事万物都是永恒发展的。事物发展是多向的而非单向性，即表现为三个方向的运动：一是水平方向的运动，即在同一等级的运动形式之间变化，例如在生产方式未变的情况下，社会中各种关系的量的变化；二是下降运动，即从高级形式向低级形式，从有序向无序变化，例如化合物和有机体的分解、生命体的死亡，以及机械的、光的、电磁的、化学的、生命的运动向热运动形式的转化；三是上升运动，即由低级向高级、从无序到有序的变化。新陈代谢是宇宙中普遍的、永恒的规律，新生事物不可战胜。

树立“发展”观点，就是要对新生事物树立起必胜的信心，就是要热爱、支持和扶植一切新生的事物。这里要注意的是，区别新旧事物不能单凭出现时间先后，也不能只看形式上是否标新立异，而是要看谁能真正同历史发展的必然趋势相符合。

培养辩证思维，就必须将辩证思维贯穿于创造性思维的全过程。例如，在创造性思维的起始阶段，如前所述，要靠发散思维起目标定向作用，以便解决思维的方向性问题。发散思维之所以能给基本思维过程指引正确方向，是依靠3条指导方针：同中求异、正向求反、多向辐射。这3条指导方针的每一条无一不闪耀着对立统一思想的光辉，是辩证思维的具体体现。

所以，发散思维实际上也可看成是辩证思维在创造性思维起始阶段的另一种表示形式。

至于形象思维、直觉思维和时间逻辑思维，由于它们都是人类的基本思维形式，当然不可能像发散思维那样；在实质上等同于辩证思维。不过，思维的目的既然是要对事物的本质属性或事物之间的内在联系规律(即事物之间的空间结构关系)作出概括的反映，就有一个如何才能更有效地作出这种反映的问题。

众所周知，唯物辩证法作为马克思主义哲学的宇宙观、方法论，是使人类思维具有全面性、深刻性和洞察力的根本保证。因此，在整个思维过程中只有运用唯物辩证观点作指导，才有可能使人类的基本思维形式(不管是哪一种形式)最有效地满足上述思维目的的要求。

总之，我们应当把辩证思维贯穿到整个创造性思维过程中去，这样才能使我们的思维内容和思维成果更全面、更深刻和更具洞察力，也才有可能真正实现创造性突破。

四、横纵思维的培养

横纵思维是我们为在策划过程中解决高难度复杂问题，即实现创造性活动中的关键性突破而概括的一种心理加工策略，这种心理加工策略包括“横向搜索”和“纵向挖掘”两个方面。横向如人们常说的“方方面面”，更多是空间角度的要素解析，而纵向思维则如人们常说的“过去现在和未来”，更多是时间角度的要素解析。

有了辩证思维从哲学高度提供原则性的指导思想，再加上横纵思维从心理加工方面提供具体的操作策略，二者相辅相成，就可以大大缩短潜意识探索周期，为实现创造性突破(即形成灵感或顿悟)创造有利条件。灵感(或顿悟)形成的过程并非莫名其妙的突然“沟通”过程，而是可以通过横向搜索或纵向挖掘来逐步形成的过程。

对于横纵思维和直觉思维的培养和潜能开发，需要了解更多的内容，可以在《策划思维与创意方法》(周培玉、万钧、刘秉君著，中国经济出版社2007年4月第1版)一书的第九章《集中力及其训练》和第十一章《灵感力及其训练》中，通过大量的思维训练题进一步学习、实践。

第四节　策划思维的基本过程

策划思维的过程是一个复杂而难以准确描述的过程，既与一般问题解决的思维过程相一致，又有自身的许多特点。策划思维是思维科学的一种，而且属于创造性思维，可以借助于创造性思维的研究成果和方法来揭示其基本过程。

对创新性思维过程研究最早、影响最大的理论，是沃拉斯的“4步说”：

美国心理学家约瑟夫·沃拉斯(J.Wallas)1945年发表的《思考的艺术》一书，提出了创造性思维由准备(preparation)、沉思(incubation)、启迪(illumination)、求证(verification)4个阶段构成。后来许多学者采纳了这种方法，有的称作“准备、孕育、明朗、验证”，有的称作“准备、酝酿、领悟、证实与修正”，也有的称作“观察发现问题、运筹决策、顿悟突破、检验完善”。

对著名的“4步说”，也有一些学者、专家提出了不同的意见，如1931年，美国发明家约瑟夫·罗斯曼(J.Rossman)根据对美国的710位发明家的调查，在他的《发明家的心理学》一书中，他认为创造性思维的过程应分解为下列7个步骤：

(1) 察觉某种要求或困难，分析这种要求；

(2) 研究所有可用信息；

(3) 将所有客观性的解决方案条理化、系统化；

(4) 批判地分析这些方案的优缺点；

(5) 新思想的诞生——发明；

(6) 通过试验；

(7) 找出最佳答案，并通过前面某几个步骤或所有步骤使之具体、完善。

1953年，另一位美国心理学家斯腾伯格(Robert J.Sternberg)也将创造性思维分为7个步骤：

(1) 指出问题所在(定向)；

(2) 准备、收集有关资料；

(3) 分析、分解相关资料；

(4) 规划；

(5) 整理所有决策；

(6) 沉思、静待启迪出现；

(7) 综合(集合所有结论，评价、裁判各种结果)。

一、创新思维的4大阶段

由于创造性思维非常复杂多样，随着目的、主体状态和结果的性质的不同，很难对其过程作出十分准确的划分。因此认为，将创造性思维的基本过程分成4个阶段已基本能够反映其面貌，所以，将用“准备、酝酿、豁朗(即顿悟)和验证”4个阶段来分析策划思维的基本过程。

1. 准备阶段

策划一般是从问题开始的，策划思维的根本目的就是解决问题。而问题的性质决定了策划是否具有创造性，比如蒙牛借助“神五飞天”事件开展营销策划、“超级女声”的平民造星娱乐策划等就极具创造性。

所谓问题，就是疑难和矛盾，对策划来说有许多问题(策划对象)是人为制造的。由于认识和实践的多样性，策划问题的产生和提出也势必是各种各样的。问题的类型一般有以下几种：

(1) 企业生产、管理、营销等实践活动中产生、提出的实用性、技术性等问题。包括生产规模的扩大、生产所需设备、技术或工艺流程的更新、管理上的重大决策、新市场的开发等，这类问题十分常见，数量巨大，是商务策划问题最多的来源。

(2) 科学上的观察和实践中所出现的前所未有的新现象、新事实，需要作出理论上的解释、说明或抽象、概括。这是科研领域种类多、数量大的问题来源。

(3) 甩开竞争对手，进入无人竞争的领域，创造新的市场，引导新的消费需求，需要新概念、新产品、新的商业模式等。这是策划制造问题的来源。

客观存在的问题虽然许许多多，但要发现它、提出它，却并不那么容易，而提出一个新的问题(制造问题)则更不容易。爱因斯坦有一段名言：

提出一个问题往往比解决一个问题更重要，因为解决一个问题也许仅是一个数学上或实验上的技能而已；提出新的问题、新的可能性，从新的角度去看旧的问题，需要超出常人的想象力。

要发现问题、提出问题，必须具备两个条件：

第一，要敢于突破原有理论的束缚，打破思维定势，具有怀疑一切的精神。我国宋代伟大的理学家朱熹提出了“学贵有疑”“大疑则大悟，小疑则小悟，不疑则不悟”这样著名的论断。

第二，要具备相应的知识，否则即使问题摆在面前也发现不了。能够发现、提出新的问题，就已经是策划思维的开始。

在准备阶段，发现、提出问题之后，经过搜集以往有关的成果，吸取了经验教训，就可以对提出的问题进行分析评价，看看这个问题有无意义、有无研究前途和条件。对于没有意义、前途和条件的问题应及时舍弃；只有那些有意义、有前途，并且有条件解决问题的问题，才能作为策划的选题方向。其次，在策划选题方向确定之后，还应当根据对已有成果的分析、研究，确定具体的策划课题、策划的大致步骤和策划方法，为解决问题明确主攻方向。

总而言之，准备阶段的主要任务就是发现、提出问题、分析问题和为解决问题搜集资料。当然，这些工作在准备阶段不一定一下子都完成，在后面的各个阶段也可以继续做，有时会反复多次。因为对问题的认识不是一下子就能完成的，需要不断深化。

2. 酝酿阶段

策划思维在酝酿阶段所要完成的主要任务是，针对面临的具体问题，根据已有的方法和所搜集到的事实，运用再现性思维，提出各种解决问题的方案。其特点是：在已有的方法框架内，运用再现性思维所提出的各种解决问题的方案往往都行不通，从而使得思维活动处于无出路的状态。因此，酝酿过程实际是试错的过程、尝试和发现失败的过程，也是使得解决问题的迫切需要，同原有的经验、方法、规律等知识、技术框架之间的矛盾逐渐尖锐化、激烈化的过程。

酝酿过程所提出的解决问题的方案，都是假说。它是根据有限的事实和原有的理论、知识和技术，提出各种各样的假说，并分别进行检验比较。所谓假说，就是根据有限的事实和原有的理论、知识和技术，对所要解决的问题提出假设性、推测性的解释和说明。提出假说所用的主要推理形式是归纳和类比。假说提出后，就要以它作为根据进行一系列推演，推演过程中运用的是假说演绎法，主要是充分条件假言推理。

为了检验假说，除了要尽量去搜集事实资料外，有时还需要进行一系列的论证(相当于科技发明的实验)，这在再现性思维活动中属于检验阶段的工作，但在策划一类的创造性思维活动中却是酝酿阶段的首要任务。策划思维的酝酿过程，常常是通过一系列的论证，并且得到的均是否定的结果，从而否定所提出的一个又一个假说或方案，这就是一系列试错、失败的过程。其价值在于：

(1) 明确了哪些思路、方案行不通，从而为创新思路、方案缩小了范围、明确了方向；

(2) 通过分析失败的原因，吸取教训，为策划提供新的思路和方法；

(3) 使得解决问题的需要同原有的理论、知识和技术之间矛盾逐渐尖锐化、明朗化，为突破已有的理论、知识和技术的束缚提供动力和方向；

(4) 为策划思维的成功积累必要的资料；

(5) 培养、锻炼了进行策划所必备的坚忍不拔的品格。

酝酿阶段所需的时间有长有短，短的可以是几天、几个月，长的可达一年、几年，其长短主要是由课题的难易程度决定的。有人把酝酿阶段称作“孕育阶段”“孵化阶段”“潜伏期”等，都是很有道理的。

总之，酝酿阶段就是用再现性思维去解决非常规问题，在原有理论、知识和技术的框架内，提出一系列假说——解决问题的各种方案，这些假说和方案不断地失败，从而为策划思维的产生准备了良好的知识、技术条件，它为策划的成功打下了重要的基础。

3. 豁朗阶段

豁朗阶段又叫形成期，因为策划思维的成果——新的理论或技术、新的商业模式、新的营销方法等，都是在这个阶段形成的。豁朗阶段又叫顿悟期或灵感期，因为灵感和顿悟就是在这个阶段出现的，解决问题的新方法、新理论、新模式多是通过灵感或顿悟而产生的。因此，这是策划思维的关键阶段，策划思维中的创新和创造就出现在这里。

要完成豁朗阶段的任务，首要环节是突破旧观念的束缚。在酝酿阶段，在原有的理论、知识和技术框架内，运用常规思维所提出的各种解决问题的办法、方案均告失败，这些教训表明，解决非常规问题，必须突破原有各种理论、知识和技术框架的束缚。如何突破这种束缚？首先要有勇气，敢于向权威挑战；其次要敢于坚持新的观念，顶住各种守旧势力的围攻和压力。这方面，科学史上的现象十分突出，如哥白尼提出太阳系说，我国古代杰出的天文学家、数学家祖冲之提出新历法等，一切重要观念的创新，在提出的当时，无不遭到旧势力的刁难和攻击，布鲁诺更是惨遭杀害。

那么，如何提出具有创新意义的新观念、新思想、新方法呢？主要是通过综合、类比、直觉、灵感等形式，开始时往往只是一些思想火花和片段，它们非常脆弱，甚至模糊不清，而且也不一定正确、可行，必须经过整理、加工、修改、完善，才能形成新的思想和方案。一个新观念的产生，往往只需一瞬间，但其加工过程却很长，少则几天，多则数十天、几个月，甚至长达数年。所以，对这种新观念的加工是豁朗阶段的一项重要内容。

总之，豁朗阶段就是要突破原有理论、知识和技术框架的束缚，通过综合、类比、直觉、灵感等形式产生新的观念，并经过整理、加工，最终形成新的解决问题的思想和方案。

4. 检验阶段

检验阶段又叫验证、鉴定、评价阶段。因为在豁朗阶段产生、形成的新观点、新假说、新方法、新模式，是否有价值，能否取得成功，只有经过检验、鉴定、评价才能确定。这个阶段有的很短，有的很长，所用的手段也是多种多样的，但总的来说都是常规思维。由于策划所涉及的领域非常广泛，其检验的方法、程序有很大的差异，不可一概而论。

策划的检验不同于科学、技术工艺的检验，难度无疑会更大，因为策划许多是从直觉、灵感所产生的火花而引起的，这些火花变成可行方案的成功率较低。许多思想火花随生随灭，有的进入思维的逻辑加工中被否决，只有很少一部分能够成为科学假说，进入最后的检验阶段。策划的检验更多的是多案比较、选择，通过专家的充分论证，最后确定一套最优方案、一套备用方案。即便如此，也很难保证策划的错误，这是创新的特殊性所决定的，因为创新就意味着风险。

二、典型的“思维过程说”

我思故我在。对于最富魅力和动力的创新思维，人类一直没有停止过总结和探索。从中国古代的学者文人，到当代西方的科学家、管理学家，都在不断研究和摸索创新思维的规律，试图整理出创新思维的特有程序，以推广和促进人类的创造实践。

以下是国内外5种比较典型和常见的阐述创新思维过程的说法：

1. “三境界法”

清代末期的国学大师王国维(字静安，1877—1927年)在代表作《人间词话》中，提出的“古今之成大事业大学问者，必经过三种境界”，用三段绝美的宋词极其形象地描述了思维求索“解决方案”的过程：

第一境界——“昨夜西风凋碧树，独上高楼，望尽天涯路”，是对目标、对象和环境的高视点、多角度、全方位的观察(搜集)、整理和分析。

第二境界——“衣带渐宽终不悔，为伊消得人憔悴”，是根据经验、标准、规律等参照系统对前阶段经过分解列举的各个关联要点进行筛选、判断，是不断地去伪存真、去粗存精的艰辛过程。

第三境界——“蓦然回首，那人却在，灯火阑珊处”，是经过不断的探索、比较、验证的思维过程，终于顿悟开朗的创新时刻。

王国维的“三境界说”被广泛地运用在很多需要创新的工作领域，不论是学习还是研究，是做行动计划还是设计广告，因为不论任何主体客体，人类思维的行进过程都是相似的。

2. 5W2H法

所谓5W2H法就是分别从7个方面去对策划创新的对象、目标进行设问。既是角度，也是分解策划对象的程序。

分解这7个方面的英文单词的第一个字母正好是5个W和2个H，所以称为5W2H法。这7个方面是：

Why——为什么需要创新？

What——什么是创新的对象？即创新的内容和达成的目标。

Where——从什么地方着手？

Who——什么人来承担任务？

When——什么时候完成？

How——怎样实施？即用什么样的方法进行。

How much——达到怎样的水平？或需要多少成本。

5W2H法是正确思维的基础，能够帮助我们的思维路径实现条理化，围绕目标，理清步骤，有助于在管理中乃至生活中杜绝思维的盲目性、随意性和资源浪费。

3. 行停法(Gonging-Stopping Method)

美国创造学家阿里克斯・奥斯本(A.F.Osbern)总结整理出的一种设问类型的创新技法。通过“行”(Go)——发散思维(提出创造性设想)与“停”(Stop)——聚敛思维(对创造性设想进行冷静分析)的反复交叉进行，注重程序，逐步接近所需解决的问题。行停法的操作步骤是：

“行”(Go)——思考列举与所需要解决的问题相关联的要点因素；

“停”(Stop)——对此进行详细的分析和比较；

“行”(Go)——对解决问题有哪些可能用得上的信息；

“停”(Stop)——如何方便地得到这些信息；

“行”(Go)——提出解决问题的所有关键点；

“停”(Stop)——判断确认最好的解决切入口；

“行”(Go)——尽量找出验证试验的方法；

“停”(Stop)——选择最佳的试验验证方法……循环往复，直至思维创新达到预期目标，获得成功答案，形成完整的策划方案。

4. 六顶思维帽法(Lateral Thinking)

牛津大学心理学、剑桥大学医学博士，法国心理学家爱德华・德・波诺(Edward de Bono，1933—)，在1980年代发明了“平行思维法”。他认为，针对一件具体事情，思维的一个小环节，在同一个时刻，人们在思考时，情感、信息、逻辑、希望、创造力等都要参与到思考之中，人们要同时控制它们。

该方法主张：要把情感和逻辑分开，将创造力与信息分开，以此类推。波诺先生形象地把各个概念比作不同颜色的思考帽，戴上一顶帽子代表使用一种思维方式。

白帽：纯白，纯粹的事实、数字和信息。

红帽：刺目的红，情绪和感觉，包括预感和直觉。

黑帽：漆黑，做错误倡导者，否定判断，代表负面因素。

黄帽：阳光的，明亮和乐观主义，肯定的，建设性的，机会。

绿帽：象征丰收，创造性的，植物从种子里茁壮成长，意动，激发。

蓝帽：冷静和控制，管弦乐队的指挥，对思维进行思维。

戴上上述不同颜色的帽子，分别从不同的倾向角度去面对问题，得出的结论会有所不同，综合这些思维结果所得出的总结论往往是最好的决策。

5. 头脑风暴法(Brain-Storming)

就像中国成语“集思广益”的意义一样，仍然是那位著名的阿里克斯·奥斯本(A.F.Osbern)于1938年在工作中发明了著名的头脑风暴法，这是激发人的大脑思维产生创造性设想的一种集体讨论方法，又称BS法。以后各国创造学家又进一步对其丰富和发展，先后提出了默写式智力激励法、卡片式智力激励法、三菱智力激励法等。奥斯本把这种方法的有效性归因于4个方面：

其一，思想的产生有赖于联想，联想能力在一定程度上依赖于不同思想的相互启发和诱导。

其二，一般人在小组讨论中比单独思考更能发挥其想象力。

其三，智力活动在竞争情况下，其产生思想的能力增强50%，其中尤其以产生灵感的能力增强最为突出。

其四，在小组中个人设想往往会立刻得到他人的鼓励、引伸和发展，从而激发自己提出更好的设想。

头脑风暴法的具体做法是：围绕某个目标明确的主题，召开一次有10人左右参加的小组讨论会。会议主持人的言辞必须妙趣横生，使场面轻松、和谐，善于引导、激励会议成员积极思考。为了使会议气氛热烈，富有成效，对到会的人员约定4条原则：

第一，不允许批评别人提出的设想；第二，提倡无约束地自由思考；第三，尽量提出新奇设想；第四，结合他人的见解提出新设想。

主要包括准备、热身、明确问题、畅谈、加工设想等5个步骤。通过这5个步骤，先把设想归为明显可行的、荒谬的和介于两者之间的3类，经评价筛选出最佳方案。

在头脑风暴法的基础上，日本学者武知考夫提出了T.T.STORM法，把创新的思维过程归结成6个步骤，具体是：集中目标、广泛思考、探索相似点、系统化、择优、具体化等。其他还有不少国内外学者专家在此方法的基础上作了改进和创新。

第五节　创新思维类型与技法

现代科学证实，人的创造性思维也是有规律可循的。其中创新思维的典型技法就是人类在不断创造的科学和社会实践中，通过摸索和总结，由创造学家们根据创新思维的规律整理和发现的一些方法和技巧。自从20世纪30年代美国创造大师阿里克斯·奥斯本(A. F. Osbern)总结命名出第一种现代创新技法至今，世界各国学者们提出的创新技法林林总总达上千种，据说有案可稽的也有300多种。

把创新技法应用于商务策划活动，通过确定相应的逻辑程序、指导原则和操作流程，帮助策划者克服心理定式和思维障碍，使其联想、发散、超前、逆向等创造性思维的能力得以顺畅发挥，以获得有价值的创新策划方案。

创新技法繁多，前面提到的300余种，每一种都有其最适宜发挥功效的特定对象和环境。其中常用的有60多种，根据它们在创新思维的过程阶段发挥功效的侧重面，大致可分为以下10种类型：

(1) 研究类创新技法。侧重于科学研究与发现，运用范围最广。如观察法、实验法、模拟法、假说法、归纳法和演绎法等。适用于策划过程的制定方案阶段、寻求问题阶段、论证方案阶段。

(2) 激励类创新技法。侧重于激发新奇构想，开拓思路出位发散。如智力激励系列方法，以头脑风暴法、哥顿法等为典型。适用于策划过程的产生动因阶段、寻求问题阶段。

(3) 取向类创新技法。侧重于围绕策划目标提出一系列相关问题或取向点，从而全面准确把握目标。如核检表法、特点列举法、希望点列举法、缺点列举法等。适用于策划过程的确定目标阶段、寻求问题阶段。

(4) 组合类创新技法。侧重于根据目标原则，将两个或以上的因素巧妙组合，从而获得具有整体功能的新成果。如形态分析法、物场分析法、信息交合法、组合法等。适用于策划过程的制定方案阶段、寻求问题阶段、论证方案阶段、产生动因阶段。

(5) 类比类创新技法。侧重于运用类比促使激励而联想，从而冲击过程系统化，适用于处理复杂问题。如比较法、分类法、等价交换法等。适用于策划过程的制定方案阶段、寻求问题阶段、确定目标阶段、论证方案阶段。

(6) 联想类创新技法。虽然几乎所有的创新方法都离不开联想，而此类技法侧重于以联想思维作为主要步骤，沟通创新思路，从而产生新的设想和构思点。如强制联想法、入出联想法、类比联想法、创新对比联想法、因果联想法等。适用于策划过程的制定方案阶段、寻求问题阶段、论证方案阶段。

(7) 设计类创新技法。侧重于新产品的开发设计，是其他创新技法的外在表现阶段。如设计类比法、设计清单法、模块化设计法、计算机辅助设计法(CAD/CAM)、模拟设计法、功能设计法等。适用于策划过程的制定方案阶段、论证方案阶段。

(8) 综合类创新技法。侧重于把创新对象的各种信息和要素统一起来进行综合观察和研究，从而在整体上引发创新成果，即所谓“综合就是创造”。如论证法、水平思考法、力行思考法、重点扩展法、移植法、分析法、综合法等。适用于策划过程的制定方案阶段、论证方案阶段、寻求问题阶段、确定目标阶段。

(9) 设问类创新技法。侧重于围绕创新对象或老产品提出各种问题设想和改进方案，从而获得创新成果构想和创新产品。如稽核问题表法、放大缩小法、颠倒逆向法、拉伸折叠法、科学艺术法等。适用于策划过程的产生动因、寻求问题阶段、制定方案阶段。

(10) 系统类创新技法。侧重于把创新对象作为一个系统进行分析，从整体上研究其发展变化规律，处理各种系统问题，强调对创新研究的整体性、综合性，是介于哲学方法与专门方法之间的方法。如系统论法、控制论、信息论、耗散结构论法、突变论法、协同论法等。适用于策划过程的制定方案阶段、论证方案阶段、寻求问题阶段、确定目标阶段。

各类创新技法都是不同角度对创新思维规律和效果的总结，在商务策划活动过程中的应用，还应有一个功效互补的问题，以谋求达到效果最佳的总体策划。

上海市闸北区和田路小学，吸收各种技法的精华又结合小学生的心理、生理与知识基础，从1979年开始，将创造心理学中的“检核表法”加以改造、提炼和通俗化，逐渐归纳出12个“一”的“和田技法”，以它的儿童化，通俗易懂的特点跻身于众多创造技法之中，多年来一样受到成年人的接受和青睐，被国际组织宣传推广，在国内外广泛传播，显示了很强的生命力。

“和田创造十二技法”包括12个“一”，即：

“加一加”——加高、加厚、加多、组合等；

“减一减”——减轻、减少、省略等；

“扩一扩”——放大、扩大、提高功效等；

“变一变”——改变形状、颜色、气味、音响、次序等；

“改一改”——改掉缺点、缺憾，改变不便或不足之处；

“缩一缩”——压缩、缩小、微型化；

“联一联”——原因和结果有何联系，把某些似乎不相干的东西联系起来；

“学一学”——模仿形状、结构、方法，学习先进；

“代一代”——用别的材料代替，用别的方法代替；

“搬一搬”——换个地区换个行业换个领域，移作他用；

“反一反”——能否把次序、步骤、层次颠倒一下；

“定一定”——定个界限、标准，能提高工作效率。

在思维创新过程中，如果按这12个“一”的顺序进行核对和思考，就能从中得到启发，获得某种提示，诱发人们的创造性设想，从而获得策划的灵感和思路。当然，“和田技法”的价值重点，不是告诉我们如何掌握创新方法的知识，而是启发我们依此养成一种思考的习惯模式。

这也是商务策划学习中，思维能力提升所追求的最高目标。

思考与训练

1. 创新与知识创新有何异同，二者有何联系？

2. 举例说明创新与发现、发明的不同，指出三者之间本质区别。

3. 为什么说策划思维就是创新思维，其基本特征有哪些？

4. 策划思维的基本过程有准备、酝酿、豁朗和检验等4个阶段，请用你策划的案例加以说明。

5. 如何提高发散思维和辩证思维能力？

6. 如何提高形象思维、直觉思维和逻辑思维能力？

7. 运用“和田技法”，对一个产品、一项工作中的问题进行逐一创新策划。

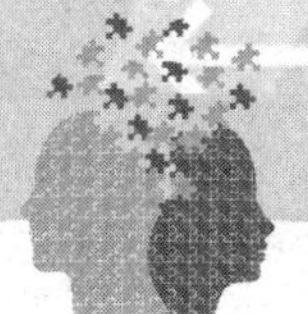

第四章 创意原理与基本规律

学习目标

系统学习由创新思维到具体创意的规律与方法，认识其发生、发展以及现实应用。

学习要求

了解：创意；规律；创意产业。

掌握：创意理论；创意规律；创意实现的原则；创意产生的3要素；创意产业的特点；创意产业的分类。

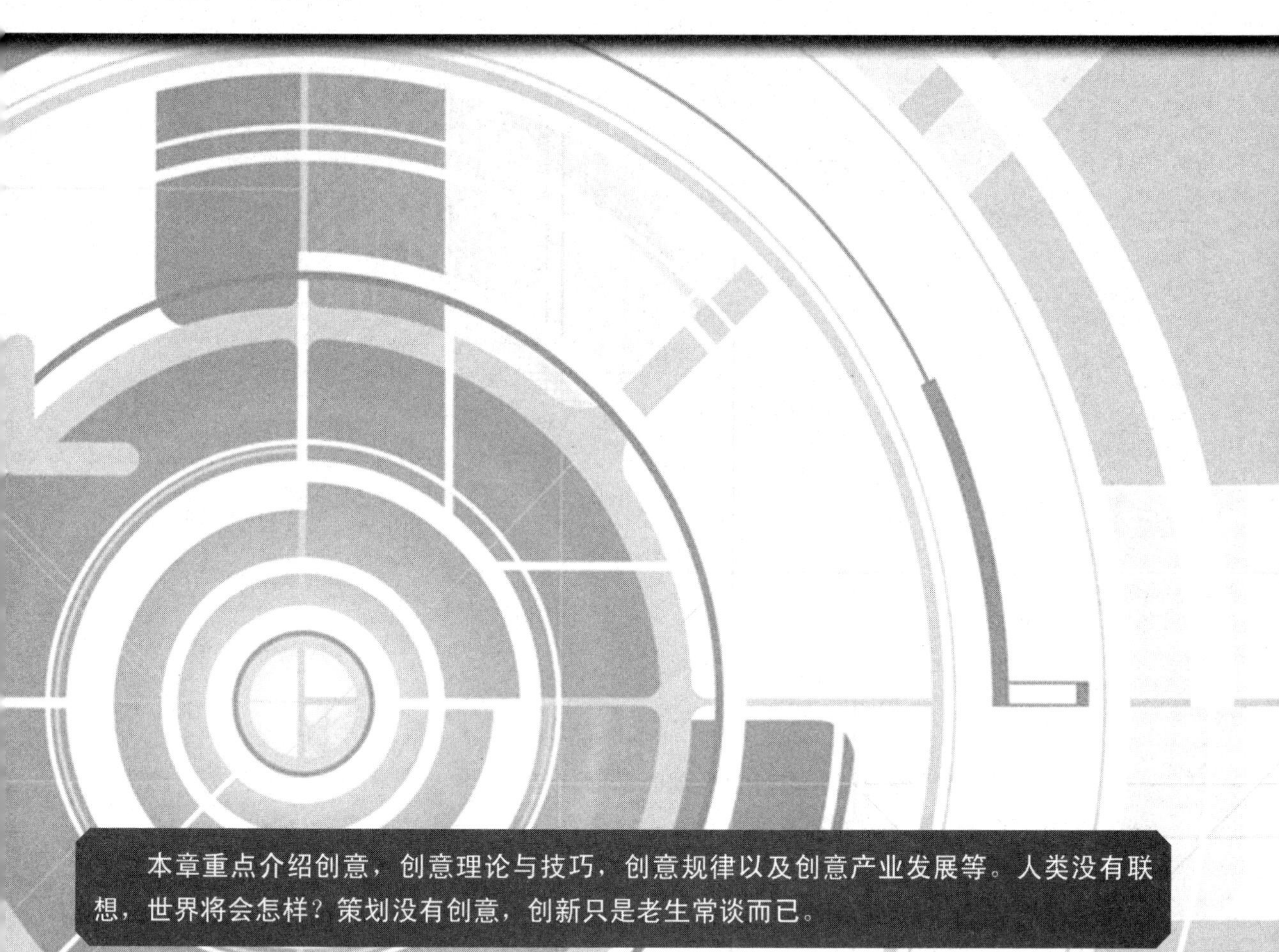

本章重点介绍创意，创意理论与技巧，创意规律以及创意产业发展等。人类没有联想，世界将会怎样？策划没有创意，创新只是老生常谈而已。

商务策划，作为注重目标与价值的创新思维过程，在搜集、整理、判断、创新以及验证的程序步骤中，最为关键也是最激动人心的环节，就是产生“创意”的时刻。

不论是在文艺创作中，还是在产品研发、广告促销的策划过程中，创意从来都是最被关注的亮点之源。在本章，我们将就创意的原理与原则、方法与规律以及作为21世纪朝阳产业的“创意产业”进行阐述。

第一节　创意的原理与特性

一、创意是什么

人类进步的第一步是火，火是宇宙赐予人类的生存之宝，同样，创意也是天人合一的火星，是延续人类文明的火种。

创意让我们把不可能变为可能，把不相关的因素联系到一起，激发出新的生命火花。创意不是艺术家的专利，创意存在于我们每个人的心中。在这个世界，创意让我们重新找回工作和生活的乐趣，让我们生存得不简单，让我们不再毫无目的地奔波，让我们的生命平衡而放松。

创意是一种能够用各种不同的角度解读人生和世界的智慧。当我们的心中有了“这样是不是会更好”的念头时，便是创意闪现、活动的时候了。

创意精灵来到我们的心中，标志着自信、勇气、耐心与智慧之神来到了我们的心中，我们的生命将因此焕发灿烂的光芒。因此可以说，创意是一种生活态度，是乐观向上、不畏艰难、面向未来、充满信心、勇于创造的人生观。

创意是传统的叛逆；是打破常规的哲学；是大智大勇的同义；是导引递进升华的圣圈；是一种智能拓展；是一种文化底蕴；是一种闪光的震撼；是破旧立新的创造与毁灭的循环；是宏观微照的定势，是点题造势的把握；是跳出庐山之外的思路，是超越自我、超越常规的导引；是智能与文化神奇组合的经济魔方；是思想库、智囊团的能量释放；是深度情感与理性的思考与实践；是思维碰撞、智慧对接；是有实用价值的奇思怪想；是投资未来、创造未来的过程。

在商务策划中，创意让我们学会一种崭新的思维方式、竞争策略，让我们能够得到一种权力，赢得机会和成功的权力。

如同诗人需要“灵感”一样，策划创新人才非常需要“创意”。创意从何而来？要准确地回答这个问题，就像回答诗人的灵感从何而来一样困难。因为每个人的头脑里都会对创意有一个自己的定义。

其实创意并不像有些人说得那么神秘，它是有一定规律可循的，也有其理论原理，并且有许许多多的方法，这些方法并不神秘，它们是人类智慧的结晶，其精巧、奇妙令人感叹。作为策划人，创意方法需要从书本上学习，更需要从实践中观察、思考，学会积累，把握顿悟。

创意作为一个全球流行词，最早出自世界著名的广告大师詹姆斯·韦伯·扬(James Webb Young，1886—1973年，美国)的经典名著*A Technique for Producing Idea*(《产生创意的方法》)，从此，“Idea ”作为创意一词，便被社会各界人士普遍认同并被传媒广泛使用。

根据詹姆斯·韦伯·扬的分析和阐述，成功的创意者、策划者、经营者应该是“通才知识(General Knowledge)”多过“专才知识(Specialized Knowledge)”。

在今天全球化的资本市场上，在决策“风投”“创投”“天使基金”的那些资本大鳄眼中，面对众多的新项目、新产业，数亿到数十亿美元资金投向的决定性因素就是：①人；②Idea。

二、创意的理论

创意是如何产生的？是与生俱来，还是后天练就？是无心偶得，还是勤奋所赐？关于创意的产生有许多理论和学术，其中影响较大的有以下几种：

1. 魔岛理论

魔岛理论起源于古代水手的传说。茫茫大海，波涛汹涌，海中岛礁，不可捉摸。当水手们想躲开它时，它偏偏出现了；当水手们想寻找它时，它却迟迟不肯露面，消隐得无影无踪。因此，水手们称这些岛为“魔岛”。实际上，“魔岛”是珊瑚岛，没有珊瑚年复一年的积累是生长不出来的。

创意的产生，有时也像“魔岛”一样，在商务策划师的脑海中，悄然浮现，神秘不可捉摸。“魔岛”理论认为，策划的创意和“魔岛”一样，在人类的潜意识中，也要经历无数次的孕育、努力和培养，才能最终获得。“众里寻她千百度，蓦然回首，那人却在灯火阑珊处！”如果你想获得好的创意，就必须像水手那样出海去探索，可能你这次空手而归，但也许下一次你就大有收获了。也就是说，创意必须通过努力才能得到。

“魔岛”理论还强调“发明”的意义，也就是“现代管理之父”彼得·德鲁克(Peter F.Drucker，1909—2005年，美国)所说的“聪明的创意”，即创意是生成的、独创的，而不是模仿的。

虽然“魔岛”理论阐明了创意的创造性和发明性，但商务策划中的创意并不仅仅是这些，它常常是“有效的模仿”“改良性的主意”或“拼凑式的创造”。因此，“魔岛”理论无法说明所有策划创意产生的原因。“魔岛”理论强调后天的努力和积累，却否认天生的灵感，所以无法解释下列现象：

不少学识渊博的学者，有时却墨守成规，食古不化，毫无创意可言；而有时大字不识的文盲却能机智灵活，创意多多。

2. 天才理论

成功者未必都是最勤奋的——与“魔岛”理论的立意角度正好相反，天才理论推崇天才，强调创意是靠天才而获得的。世界上的确存在着不少天才，如：孙武子的《兵法》

是天才之谋，曹植的《七步诗》是天才之作，达·芬奇的《蒙娜丽莎》是天才之画，凯恩斯的《就业、利息与货币通论》是天才之论，埃隆·马斯克的Paypal是天才的交易支付系统。还有其他众多的天才之想、天才之举、天才之功、天才之学、天才之用，举不胜举。

在这些“奇人”身上，“勤能补拙”的格言并不适应。天才理论认为，创意并不需要苦苦求索，天才的策划家，天生就有这方面的突出才能。

在商务策划中，不承认天赋是不行的，某些杰出的策划大师，他们的随机念头，往往比我们费尽心机抠出来的方案不知要高出多少倍。天才理论揭示了创意的部分来源，但这一理论过分强调天生而忽视后天的努力，实际上也是片面的。如果我们相信创意大部分非天才不能为，那么策划人才如何培养？大量出现在商战中的，由普通人完成的各种成功策划又如何解释？

3. 迁移理论

这种理论认为，创意是一种迁移。所谓迁移，就是用观察此事物的办法去观察彼事物，就是用不同的眼光去观察同一个现象，就是采取移动视角的办法来分析问题。通过视角的迁移，人们可以很简单地创造出众多新鲜的、交叉的、融合的、异化的、裂变的、创新的事物来。这就是创意产生的成因。

自然科学里的转基因研究，社会科学中的交叉学科和边缘学科的出现，实际上都是学者迁移观察的结果。科研是这样，产品是这样，策划更是这样。在市场实践中，许许多多杰出的策划创意都源于这类的“再认识”。“现代管理之父”彼得·德鲁克在谈到创新的来源时，也认为“认识的改变”是重要的创新来源。

4. 变通理论

创意有时候只是“概念的一扭”，只要换一种方式去理解，换一个角度去观察，换一个环境去应用，一个新的创意就产生了。这就是创意的变通理论。

某种事物的功效作为一种能量，在一定的条件下是可以转换的，如：用于战争的兵法，经过变通可用于经济，这是一种观念的嫁接；原本属于动物本能的保护色，经过变通，可用于军队的迷彩服，这是功能的变通；民用产品可以用于军需，军需产品也可以转为民用，这是能量与功效的传递和延伸。显然，上述各种能量的转换、功能的变通，对策划创意的产生是极有启示性的。同样，知识的用途可以被拓宽，如：心理学应用于管理，产生了管理心理学，成为管理者必备的知识；军事谋略应用于商战，使精明的商人懂得韬略；公关策略引入政界，成为竞选的有力武器等。

对策划来说，创意就需要这种变通，创意就产生于这种变通。“改变用途”是创意的重要源泉。策划人应该善于运用这种思路，通过改变策划对象的用途，赋予策划以新奇和独创。事物的用途能交换、转换和传递。改变人的观念与改变事物的用途一样，实际上也是一种能力的改变。以一样的眼光看待不一样的事物，或对一样的事物用不一样的眼光来看待，都是一种功能变通，都能产生新的创意。

本质上，“变通理论”是本书第三章第二节“策划思维是一种复合思维”的论述中“横纵思维”的表现。

5. 元素组合理论

在自然界，元素通过组合可以形成各种各样的新的物质，策划的创意也可产生于元素组合，即策划人可以通过研究各种元素的组合而获取新的创意。这就是元素组合理论。

商务策划师不能墨守成规，必须不断尝试和揣测各种组合的可能，并从中获得具有新价值的创意(即经济学中的“帕雷托法则”——The 80/20 Principle)。元素的组合不是简单的相加，而是在原有基础上的一种创造。能够产生创意的元素包罗万象，可以是实际的，也可以是抽象的；可以是现实存在的，也可以是虚构想象的。电视可以论斤出售、冰淇淋可以油炸、外墙涂料可以给人喝等，不一而足，都是一些超越常人思维习惯与方向的元素组合。

第二节　创意的基本规律

一般的创意就是人们常说的“好主意、好点子”，但商务策划的创意不同于“点子”，它需要具备一定的现实商业价值，即除了具有一定的虚构性外，还必须产生相对的新颖性、相对的超前性和可操作性，是一种复合性的高级思维活动。

一、创意的基本规律

研究创意思维活动的内在规律，是有组织地进行创意的要求。创意的规律主要体现在以下四个方面：

1. 择优律

择优律就是通过“择优选取”，以实现创造意图的规律。在商务策划的创造活动中，选择无时不有、无处不在，选择就是通过比较定取舍，而择优的标准就是有利于知己、知彼，有利于正合、奇胜。由于商务活动是动态系统，因此商务策划创意择优的标准不能一成不变。

优劣是相对的，是比较的结果，所以，商务策划的择优过程是永无止境的。要本着“有所发现，有所发明，有所创造，有所前进”的原则，不断总结提高。

2. 相似律

相似律即“正合中有奇处”。就是对客观事物中存在着大量相似的现象加以研究和运用，以实现创造意图的规律。相似并不是相同，而是“同加上变异”。商务活动中有很多问题存在着相似之处，对这些相似现象深入研究，了解它们之间的关系和规律，往往能产生新的创意。如企业现场管理中“看板管理”方法的产生，最初是受到超级市场供货方式的启发，创造了“看板”这种具体方式来实现生产过程组织及时、准确、按需供货。

相似律的运用，还表现在纵向的集成上，任何管理方法的发展，总是在原有的基础上一步步地改进，从量的发展，最后达到质的创新。

3. 综合律

综合律就是把解决商务问题的某些要素、方法等重新加以组合，以实现创造意图的规律。20世纪的经济学大师熊彼特曾把创新定义为“生产要素的重新组合”。根据唯物论的观点，世上一切事物，大到浩瀚宇宙，小到基本粒子，组合现象是普遍存在的，不同的组合，其效应也不同。在商务活动中，以组合为手段，以提高协作水平为标准，就可以有所创意，并取得成效。如企业内部银行的产生，就是把银行的工作制度与企业内部经济责任制结合起来，从而提高了企业经济核算工作的程序化、标准化、科学化水平。

4. 对应律

对应律就是按照事物间存在的对立性、对称性去构思，以实现创造意图的规律。一切事物都存在着对立面，对立统一规律也表现在商务活动的创新中，如少品种、大批量、追求规模效益与多品种、小批量、追求品种效益，就是两种思路完全相反的经营方法。在市场竞争中，找准标杆，别人生产矛，你就生产盾；别人以高档产品见长，你可以薄利多销取胜。总之，不能跟在别人后面亦步亦趋，要走自己的路，创出自己的特色，才能出奇制胜。

在商务策划的创意活动中，一般都是综合应用创意规律，因为它们之间相辅相成，互相渗透。

在商务策划的实践中，出色的创意既有自己的规律，也在违反着已经形成的规律。

例如文艺作品的创意：不论主人公是人还是动物，是来自东方还是西方，故事的情节似乎永远不变，都是在历经多次磨难之后，正义最终取得胜利。

这么说来，迪士尼的米老鼠就是老生常谈，毫无创新？其实不然。对于一个企业来说，创意的目的是要实现商业价值。基于此，迪士尼的可贵之处就是在于它找到了一种可以赢利的创意规律之后，会坚决地复制并有效地执行。

其实，麦当劳、可口可乐等老牌世界名牌也是一样。如果说，麦当劳创意了特许经营模式，可口可乐让世界明白了原来饮料可以是一种由意外得来的怪味道，那么，以后的这许多年，他们都是在彻头彻尾地执行这种创意。当然，过程中也要不断地有创新。不过，能起决定性作用的创意恐怕已经定格了。

从表面上看，创意似乎总是在违背一定的规律，但从根源上来说，创意一定是符合某种规律的。它是在原规律基础上融合非规律的一种创新理念，也即所谓“佛法非法非非法”。

二、创意实现的原则

商务策划创意，既要遵循创意的内在规律性，更要实现其市场的价值。在商战中，一个成功的商业创意，必须遵循符合现实市场规律的价值原则，充分打动策划对象，打动目标消费对象，才能实现创新思维的现实价值和增值效应。

综合创意界公认的原则，这里着重介绍3种：

1. USP原则

USP是由英文Unique Selling Proposition的首写字母组成的，是“独特的销售主张”的意思。它是由广告策划大师罗瑟·瑞夫斯(Rosser Reeves，1901—1984年，美国)在1961年出版的《实效的广告》一书中提出的，后来迅速成为著名的达彼斯广告公司，包括其他许多4A广告公司的策划法则。其基本要点是：

(1) 每一则广告创意必须向消费者“说一个主张(Proposition)，必须让消费者明白，购买广告中的产品可以获得什么具体的利益”；

(2) 所强调的主张必须是竞争对手做不到的或无法提供的，必须说出其独特之处，在品牌和诉求方面是独一无二的；

(3) 所强调的主张必须是强而有力的，必须聚集在一个点上，集中打动、感动和引导消费者来购买相应的产品。

该学说指出，在消费者心目中，一旦将这种特有的主张或许诺和特定的创意对象——产品或品牌联系在一起，USP就会给该策划对象——产品以持久受益的地位。例如，可口可乐是红色包装，百事可乐为蓝色包装，前者寓意着热情、奔放，富有激情；后者象征着年轻、活力和未来，突出“百事——新一代”的主题。虽然其他可乐饮料也有采用红色与蓝色作为自己的标准色，但是，它们首先占有了这些特性，因而，其他品牌就难以从消费者的心目中将其夺走。市场的经验已表明，成功的品牌在多少年内是不会有实质上的变化的。从这个意义来说，对于USP所作的改变也许是广告主的一个最大失误。

进入品牌至上的20世纪90年代以后，广告环境发生了翻天覆地的变化。达彼斯广告公司重新审视USP，在继承和保留其精华思想的同时，发展出了一套完整的操作模型，并将USP重新定义为：

USP创造力在于提示一个品牌的精髓，并通过强有力地、有说服力地证实它的独特性，使之变得所向披靡，势不可挡。并发展、重申了USP的3个要点。

(1) USP是一种独特性。它内含在一个品牌深处，或者尚未被提出的独特的承诺。它必须是其他品牌未能提供给消费者的最终利益。它必须能够建立一个品牌在消费者头脑中的位置，而使消费者坚信该品牌所提供的最终利益是该品牌独有的、独特的和最佳的。

(2) USP必须有销售力。它必须是对消费者的需求有实际意义，必须能够与消费者的需求直接相连，必须导致消费者做出行动，必须有说服力和感染力，从而能为该品牌引入新的消费群或从竞争对手中把消费者抢过来。

(3) 每个USP必须对目标消费者做出一个主张，一个清楚的令人信服的品牌利益承诺，而且这个品牌承诺是独特的。

USP原则的基本前提是，视消费者为理性思维者，其倾向于注意并记住广告中的一件事，一个强有力的声称，一个强有力的概念。由此出发，广告策划应建立在理性诉求上。具体地说，广告对准目标消费者的需要，提供可以带给他们实惠的许诺，而这种许诺必然要有理由的支持，因为理性思维者会在许诺上发问，为什么会有这样的实惠。USP的语法程序就是这样：特有的许诺加理由的支持。

达彼斯广告公司重新把USP当做传播品牌独特承诺最有效的方法，USP意味着与一个品牌的精髓所独特相关的销售主张。当然，这一主张将被深深地印刻在消费者头脑之中；USP广告不只是传播产品信息，更主要的是要激发消费者的购买行为。

在信息严重过剩的“眼球经济时代”，对于产品的市场推广策划而言，已生存近半个世纪的USP原则依然具有不可替代的指导意义，引导和造就了无数的成功策划案例，在中国市场运用最出色的莫过于“农夫山泉”系列饮料。

2. ROI原则

ROI是一种实用的策划创意指南，是世界广告大师、著名的DDB广告公司创始人伯恩巴克(William Bernbach，1911—1982年，美国)创立的一套创意哲学观点和行动法则。其基本要点如下。

(1) 好的策划创意应具备3个基本特质：关联性(Relevance)、原创性(Originality)、震撼性(Impact)。

(2) 广告与商品没有关联性，就失去了意义；广告本身没有原创性，就欠缺吸引力和生命力；广告没有震撼性，就不会给消费者留下深刻印象。

(3) 同时实现“关联”“创新”和“震撼”是个高要求。针对消费者需要的“关联”并不难，有关联但点子新奇也容易办到。真正难的是，既要“关联”，又要“创新”和“震撼”。

(4) 达到ROI必须具体明确地解决以下5个问题：

A. 策划创意的目的是什么？

B. 广告创意做给谁看？

C. 有什么竞争利益点可以做广告承诺？有什么支持点？

D. 本策划的主体有什么独特的个性？

E. 选择什么传播媒体是合适的？受众的突破口或切入口在哪里？

从以上阐述可以看出，广告创意的成功如何，首先是广告创意与所宣传的产品关联性到底如何。市场上的一些广告策划，广告人及广告主都觉得有创意，能在众多的信息中跳出来，但与所宣传的产品关联不大，消费者看了后，根本不知道在宣传什么，结果，不管其有多少创意，都是失败的，因为忘了广告本身的经济功能。

一些企业请明星做广告，很多广告就成了明星的宣传片，受众记住了明星，而不知道产品，特别是一些明星做多个产品的形象代言人时，其广告效果就更差。在强调广告与产品关联度之后，原创性是评价一项广告策划好坏的重要指标。

从消费者的角度看，原创性的东西，新异的刺激容易引起消费者的注意。人云亦云的广告只能被其他信息淹没，甚者让消费者产生东施效颦的印象，而产生反感。创意的原创性，易引起消费者的注意，但一则好广告，引起消费者注意只是广告策划目的的第一步，最终要震撼消费者，引起消费者的兴趣，产生共鸣，从而使消费者产生一种购买欲望，最终产生购买行为。

3. 共鸣原则

1998年，美国电影《泰坦尼克号》成为全世界人们讨论的热门话题，它创造了人类电影史上的新纪元。在当年的奥斯卡金像奖颁奖晚会上，该片获得了包括最佳影片在内的共11项奥斯卡金像奖。同时也创造了人类营销策划史上的奇迹，上映3个月就赢得了12亿美元的票房收入。分析其原因，《泰坦尼克号》正是迎合了人们的怀旧情结，引起了专家与观众的共鸣。这种以怀旧等方式挖掘人的情感，创造了广告策划、创意策略的重要原则——共鸣原则。

共鸣原则主张在广告创意中述说目标对象珍贵的、难以忘怀的生活经历、人生体验和感受，以唤起并激发其内心深处的回忆，同时赋予策划对象——产品特定的内涵和象征意义，建立目标对象的移情联想。通过广告与生活经历的共鸣作用而产生效果和震撼。

在感性经济体验式消费时代，共鸣原则最适合大众化的产品或服务，在拟定策划主题内容前，必须深入理解和掌握目标消费者。通常选择目标对象所盛行的生活方式加以模仿。运用共鸣原则取得成功的关键，是要构造一种能与目标对象所珍藏的经历相匹配的氛围或环境，使之能与目标对象真实的或想象的经历联接起来。

在绝大多数人群心理中，共鸣原则侧重的主题内容是：爱情、童年回忆、亲情。

建立在共鸣原则基础上的优秀广告并不鲜见，影响和传播效果非常出色的中国香港“铁时达”手表的广告就是一个典型的案例：“不在乎天长地久，只在乎曾经拥有”的广告词，配以兵荒马乱战争年代的动人爱情场面，使消费者对该品牌产生强烈的共鸣。2000年在全国各大电视媒体热播的雕牌系列广告，雕牌洗衣粉运用“中国人情”的感染力，表现下岗女工找工作很艰难，而懂事的女儿理解妈妈，主动帮妈妈洗衣服的动人场景，配以“妈妈，我能为您干活了”这样极富煽情的话语，以引起其目标消费者情感的共鸣。雕牌牙膏以现今社会热点的单亲家庭，小孩对新妈妈的抵触及新妈妈的真情付出后，小孩子情感的终于接受，配以“真情付出，心理交汇”极为动人的广告语，从而引起广大消费者的共鸣。

概括上述市场规律与原则，我们发现，商务策划思维必须始终展现出对市场对商品经济的适应性，也就是本教材作为“大学生市场适应能力提升教材”所一再强调的“商性思维”。只有以市场相对优势为导向，以为策划对象创造价值为核心，才能实现商务策划创意的现实性、价值性和可行性。

第三节　创意程序与技法

在现代社会，科技进步是生产力发展的决定性因素，组织和制度创新直接影响着经济发展。没有科技进步，一个人就是一个人；掌握了先进科技，一个人就可以发挥出无限的能量。没有组织和制度创新，先进的组织和制度形式就不会出现，就不能实现人与生产资源最有效的结合，再先进的科技也难以创造出高度发达的生产力。科技进步以及组织和制度创新，需要源源不断的创意来支持。一个社会如果创意枯竭了，其科技发展就会停滞，组织与制度就会僵化，发展与进步就难以实现。但是，创意的产生也需要依据一定的条件、遵循一定的方法。

一、创意产生的3要素

1. 环境

宽松是创意的温床。没有一个自由宽松、平等讨论的环境，创意就没有孕育滋生的土壤。容忍是创意的朋友。创意大多在“试错”中产生，没有对不同意见的容忍，缺乏对错误的宽容，人们就会因怕犯错误而不敢进行创意活动，创意就会被深深地埋藏。奖励是创意的雨露。如果正确的创意能得到回报与鼓励、承认与尊重，人们的创意活动就会增加。环境之于创意，正如春雨之于新笋。

2. 动机

人们的创意动机可能无奇不有，但重要的大致有以下几种：一是为利益、利润。当今社会，利益、利润成为人们产生创意的重要驱动力。许多发明创造都是投资的结果，一个新企业的产生也往往是创意与投资的结果。这样的创意与投资，大都有明确的目标和可计算的回报。二是好奇。好奇心是人类的天性，因好奇而要把事情探个究竟，就会萌生创意。三是质疑。不轻信他人的结论，导致创意的产生。四是兴趣。创意活动本身可能是一种享受，人们为享受创意的过程而进行创意活动。人们的创意动机越强烈，创意活动就越频繁，而这些动机又常常可以被良好的外部环境所激发。

3. 方法

不同领域的创意有不同的方法，但有些方法具有一般性，如敏于观察、勤于思考、好学多问、相互启发，不迷信、多质疑等。除此之外，也有一些较为专业的方法。比如，对现有结论的假设前提提出反假设，看能否得出新的结论；把不同专业的人集合在一起，集思广益，从不同角度提出毫无限制的多种方案方法，从中找出创意点子来。更为专业的方法则是演绎法，即从前提条件推演出结论。溯因技巧则是对观察到的现象进行原因猜想(即假说)，然后再找方法或通过实验加以证明或证伪。类比技巧加上归纳技巧，也是发明发现的有力工具。例如，魏格纳的大陆漂移说、卢瑟福的原子结构模型以及大爆炸宇宙说、生物遗传说等，其创意大都发端于类比的启发。

二、创意的过程

对于创意的产生，世界公认的创意大师詹姆斯·韦伯·扬有过详尽的论述。他认为创意也是有规律可寻的，产生创意的基本方针有两点：

(1) 创意完全是把事物原来的许多旧要素作新的组合。

(2) 必须具有把事物旧要素予以新的组合的能力。

他认为，创意思维经历的过程还应该经历6个步骤，并且绝对要遵循这6个步骤的先后次序：

1. 收集原始资料(信息)

一般来说，收集的资料(信息)应该有2种类型：

(1) 特定资料——主要是指与特定策划创意对象相关的资料和与特定策划创意对象相关的公众的资料。这类资料，大多由专业调查得到。

(2) 一般资料——这些资料未必都与特定的策划创意对象相关，但一定会对特定的策划思维有帮助。

所以，一般策划者都应该对各方面的资料具有浓厚的兴趣，而且善于了解各个学科的资讯。创意思维的材料犹如一个万花筒，万花筒内的材料数量越多，组成的图案就越多。与万花筒原理一样，掌握的原始资料越多，就越容易产生创意。

2. 仔细整理、理解所收集的资料

资料收集到一定的程度，就要对所收集的资料进行认真的阅读、理解。

这时的阅读不是一般地浏览，而是要认真地阅读，而且是要带着一个宏观的思路去认真阅读。

对所收集到的全部的资料，包括历史的、专业的资料，一般性的资料，实地调查资料，以及脑海中过去积累的资料，统统都应像梳头一样，逐一梳理，进而理解、掌握。

3. 认真研究所有资料

研究(即商务策划思维步骤中的“判断”环节)是有一定的技巧的。需要把一件事物用不同的方式去考虑；还要通过不同的角度进行分析；然后尝试把相关的两个事物放在一起，研究它们的内在关系。

4. 放开题目，放松自己

选取自己最喜欢的娱乐方式，如打球、听音乐、唱歌、看电影等，总之将精力转向任何能使自己身心轻松的节目，完全顺乎自然地放松。不要以为这是一个毫无意义的过程，实质上，这个过程是转向刺激潜意识的创作过程。转向自己所喜欢的轻松方式，这些方式均是可以刺激自己的想象力及情绪的极佳的方式。

5. 创意出现

假如在上述4个阶段中确已尽到责任，几乎可以肯定会经历第5个阶段——创意出现。创意往往会在策划人费尽心思、苦苦思索，经过一段停止思索的休息与放松之后出现。

詹姆斯·韦伯·扬在研究网版印刷照相制版法的问题时，进行完前两个步骤，他疲劳至极，睡觉去了。一觉醒来，整个运作中的照相制版方法及设备影像映在天花板上，啊，创意出现了！

阿基米德发现水中庞然大物的重量计算方法，是在极度疲劳，放开思索洗澡时，沐浴

完毕起身离开浴盆，哗哗一声水响，触动了他的灵感！从此以后，人类对浮在水面的万吨巨轮，也就是以排水量来计算其重量。

6. 对冥发的创意进行细致的修改、补充、锤炼、提高

这是创意的最后一个阶段的工作，也是必须做的工作。一个创意的初期冥发，肯定不会很完善，所以要充分运用商务策划的专业知识去予以完善。这时，重要的是要将自己的创意提交创意小组去评头品足，履行群体创意、集思广益、完善细化的程序。

概括地说，创意要遵从以上6个程序，同时要把握5个要点：①努力挣脱思维定势的束缚；②紧紧抓住思维对象的特点；③尽量多角度去思考问题；④防止两个思考角度完全重合；⑤努力克服思维惰性的影响。

三、创意的典型技法

创意思维，虽然常常被形容或强调为天马行空、无拘无束，但依然可以通过无数成功的案例、典范寻觅到其中的规律，总结其中典型、有效的创意技法。那又如何把这些技法运用到以利益为目的、以交换为过程、以货币为表现的商务活动中去呢？

我们知道，策划就是创新，而创新需要方法。“创意”没有模式，没有秘方，也没有标准答案，但必然有普遍规律。由于创意工程的复杂性、特殊性，其理论体系至今尚不能说是十分成熟，但这并不影响其开发、传播、普及和发展。据统计，全球的科学家们至今已提出的创意方法有几百种，而且仍在增加。

在互联网上，就有不少热爱创意的专业策划人员总结出了200种设计、广告创意方法，并且广为流传，因为它们简单朴实随手可用。在这里，将罗列出一些策划创意，希望能起到一定的参考价值。

【创意方法200条】

1.倒置；2.舒展；3.收缩；4.换色；5.放大；6.缩小；7.成圆形；8.成方形；9.拉长；10.缩短；11.使之可见；12.尽力挖掘；13.运用语言；14.运用音乐；15.结合语言和音乐；16.结合语言、音乐、图像；17.结合图像、音乐；18.除去语言；19.除去图像；20.使之安静、重复；

21.使之立体；22.使之平面；23.改变部件；24.变形；25.成套；26.使之成为收藏家的列物；27.以订购方式销售；28.只以订购方式销售；29.使之活泼；30.机械化；31.电化；32.使运动；33.使颠倒；34.使之貌似……；35.给予结构；36.别物；37.使之浪漫；38.加入怀乡的吸引力；39.使之看似怀旧；40.使之看似未来；

41.使之成为另一物的一部分；42.使之更强大；43.使之更精久耐用；44.运用象征记号；45.现实；46.采用新的艺术风格；47.换成摄影；48.换成图景；49.换成铅字体；50.用图注叙述情节；51.使广告看似社论；52.似社论看广告；53.采用新的广告媒介；54.发明新的广告媒介；55.加热；56.冷却；57.添加香味；58.改变香味；59.除去气味；60.使之吸引小孩；

61.使之吸引妇女；62.使之吸引男子；63.降价；64.提价；65.改变成分；66.添加新成分；67.扭曲；68.使透明；69.使不透明；70.用一种不同的背景；71.用一种不同的环境；72.使之勉力；73.运用光学效果；74.采用另一种材料；75.加入人情味；76.改变一致性；77.放入另一个容器；78.改变包装；79.使包装紧密；80.微缩；

81.放至最大；82.消去；83.使之便携；84.走极端；85.使之折叠；86.使之夏季化；87.使之冬季化；88.使之个性化；89.变暗；90.照亮；91.使灼热；92.使闪烁；93.使发光；94.使最亮；95.带微光；96.加重；97.减轻；98.与促销联系；99.举办竞赛；100.举办类似赛马的赌赛；

101.做成“低幼”型；102.使成长；103.分裂；104.轻描淡写；105.夸张扩大；106.当成代用品销售；107.找到新用途；108.扣除；109.划分；110.结合；111.用显而易见的方法；112.从新组合各元素；113.压低；114.抬高；115.分开；116.混合；117.翻译；118.加速；119.减速；120.使飞翔；

121.使漂浮；122.使滚动；123.使粉碎；124.切片；125.加入性感；126.凝缩；127.弯曲；128.配对；129.倾诉；130.悬吊；131.挺立；132.内侧外翻；133.偏向一侧；134.编织；135.使对立；136.使对称；137.戴面具；138.分隔；139.使相互对抗；140.使之锋利；

141.改变外形轮廓；142.围起来；143.点燃；144.卷起；145.注入；146.倒立；147.打开；148.拼错；149.取绰号；150.封位；151.转移；152.包装；153.浓缩；154.散播；155.交替；156.固化；157.液化；158.胶化；159.软化；160.硬化；

161.气化；162.变窄；163.变宽；164.使滑稽；165.使尖刻；166.用短拷贝(短镜头)；167.用长镜头；168.附说明书；169.找到第二种用法；170.预先构想；171.成套出售；172.净化；173.除去有害成分；174.使之更营养；175.放入瓶中；176.放入盒中；177.放入罐中；178.放入壶中；179.放入锅中；180.严密；

181.叠好；182.摊开；183.延长；184.免费提供；185.有偿提供；186.特别提供；187.给予安慰；188.提供保护；189.用不同质地；190.甜化；191.酸化；192.湿化；193.干化；194.泼水；195.冰冻；196.规划；197.使之平淡温和；198.使之富有刺激；199.简化；200.吟咏。

在创意开发和运用方面，我国香港和台湾地区走在东南亚前面，为此，这里原版收录介绍台湾地区策划界90年代盛行的“创意方法21招”，这些创意方法更加注重市场实战性和商业价值，有一定的借鉴作用。

【创意方法21招】

第一招：比较

商品必须具备清楚或突出的独特卖点(USP)，并且以锁定竞争对象(同质化商品别妄想采取此招)，本招式可直接打击竞争对手，攻占地盘，瓜分市场，又能突显本身卖点。

案例：飘柔洗发乳。

说明：一对漂亮的双胞胎姐妹花，长得非常神似，头发颜色、长度、发质当然也一模一样，因此我们将新一代及旧一代洗发乳，分别示范使用在他们的头发上，于是比较后的结果差异明显，你不得不相信新一代飞飘洗发乳的确能够带给你超凡功效！

第二招：重要讯息

指的是全新或突破性的市场信息(尤其在产品生命周期中的“导入期”商品)，要避免过于花俏的内容，应该单纯而直接地演出，来强化消费者对商品信息的理解及记忆度。

案例：德国欧斯朗(OSRAM)节能灯。

说明：欧斯朗节能灯，打破了以往台湾使用传统灯泡的习惯，影片中清楚地说明15瓦的节能灯具有一般灯泡60度的亮度，因此每个月的电费可以省下1/3，而且节能灯的寿命要比一般灯泡多出好几倍。

第三招：幽默

这是所有招式中最让人喜爱的广告手法，但当心消费者只记住有趣的部分，却忘了你在卖什么商品，因此发想幽默的创意，原创必须来自商品的主要卖点，在演出手法上也应与商品的属性有密切的关联性。

案例：春风经典面纸。

说明：春风家用面纸一般是以突出包装设计为商品卖点，这次以国宝花鸟包装为主要诉求点，因此故事以老太监向大臣们颁发圣“纸”开始，大臣们窃窃私语：“有‘鸟’就是不一样！”强调新包装特色，同时开了老太监的玩笑！

第四招：示范演出

如果你的商品的确有卖点(不一定是USP)，并且也能使消费者开心……那么就真实地表演出来吧！但是尽可能不使用剪接技巧或特效手法，以增加示范的信服力。

案例：美国SATON钍星汽车。

说明：钍星汽车最大的商品特点就是“高分子防凹侧板”，遇到外力撞击不会凹陷，而能够反弹恢复，完好如初，因此利用台湾最热门的棒球运动来实际示范他的功效，拍摄现场请来公证人员证明，在时速122千米的棒球撞击下车身仍然毫发无伤。

第五招：音效设计

“音效”在创意萌发时经常被忽略，其实音效对强化电视广告影片中的记忆点是最有效的方式，例如：紧急刹车声强调汽车的安全性；冰冻效果声在强调饮料的冰凉好喝；有时候更可以多种音效设计，来组合全新的趣味及感受！

案例：顺意汽车。

说明：这是一个提倡交通礼让的公益广告，画面虽然用的是黑羊与白羊过独木桥的寓言故事，但音效部分是以街头的嘈杂的交通环境声，再加上两部车相互按喇叭及猛踩油门的引擎声，效果极具趣味！

第六招：动画或卡通

卡通在电视广告影片中已经广泛使用，因具有特殊的趣味及演出效果，可将一些敏感话题(政治事件、性知识等)加以强化或突显出来，另外，对青少年或儿童消费者，更是能牢记卡通中的任务形象，动画也是以单格的拍摄方式，来演出一些产品的特殊功能或复杂的结构，例如：卫生棉的多层吸发体，汽车的引擎传动系统等。

案例：蜜兰诺义式点心。

说明：整个片子的人物动作是一最新的电脑特效完成的，就是动画部分以真实的人物演出经过电脑转换，当动画输入人物中，因此情绪及气氛更加顺畅优美！

第七招：后期特效

自从电视广告进入Video时代，这项技术就不停地进步，各种巧妙的电脑特效，将画面发挥得淋漓尽。

案例：雀巢成长奶粉。

说明：这部片子的制作非常令人提心吊胆，因为除了小宝宝以外全部都是用电脑绘图，虽有Line Test，但是不到最后的画面合成，很难感觉出整体效果，因此只有导演一个人知道进行状况，幸好负责的郑国伟导演有扎实的艺术底子，因此美术及透视效果都非常精致！

第八招：名人推荐

用一位推销员站在镜头面前对大众说话，是最古老也是最直接的广告方式，这种方式是否有效就要看他说的话是否吸引人注意了，如果是一位名人或有特殊身份的人，他的话就更有影响力了，通常我们会从娱乐界、体育界或政治界找这么一位具有大众形象的名人。最好的代言人应该是最能衬托商品的个性，并且有能够提升品牌印象的人。

案例：蜜斯佛陀SK II 面膜。

说明：号称亚洲第一大美女的萧蔷，拥有美丽的外形及细致的肌肤，是许多女人羡慕及模仿的对象，由她来代言的SK II 保养品当然非常适合。

第九招：消费者见证

当一位咬字并不清晰的，有一点紧张又有一点笨拙的街头消费者对镜头说：“哇，味道好极了！”“恩，真的太棒了！”反而比演技熟练的广告演员更具有说服力，而且让消费者相信商品的真实利益。因此要制作一个“消费者见证”的脚本，一定要预留空间，让导演去捕捉消费者临场的特殊反应。

案例：台新银行玫瑰卡。

说明：这是一个强调女性专属的信用卡，因此在新上市时拍摄了一位真实人物——天山农场经营花卉养殖的钱怡小姐，片中记录这位辛勤工作、生活独立的女孩，每天照顾着父亲和小弟的生活起居，但却经常忽略了自己的需要，也正是强调了玫瑰卡“认真的女人最美丽”的商品主张。

第十招：企业形象

企业形象广告，应该有清楚的市场调查资料为依据，确定企业在消费者的心目中的定位，并且以长远的目标做考查，涵盖旗下所有生产的商品类别和个性，以系统化整合行销活动的广告累积印象。因为有一个良好又突出的企业形象做后盾，消费者才会放心地购买你的商品。

案例：台证证券。

说明：台证证券在台湾已有多年的经营历史，因此电视广告影片运用两个从小到大的难兄难弟，一同爬树，一同上学，一起追女朋友，长大后在生活及工作上也相互帮助，籍以诉说台证证券与消费者的深厚关系，就像最后的企业标语——陪你一起长大的好朋友。

第十一招：感性接触

当商品同质化，缺乏买点的时候，你无法强迫消费者听你一面之词。但你永远可以想办法感动，这就是从消费者的角度切入，消费者需要一个感同身受的“动人借口”下理性的购买决定。

案例：新光三越信用卡。

说明：创意的概念是“购物是为了身边的人更幸福”，换句话说，它提供了消费者一个逛街购物最动人的借口，在温馨的配乐中，电视广告影片分成了五段故事——爷爷送的新开始，太太送的健康标准，姐姐送的大朋友(大玩具熊)，爸妈送的海阔天空，男友送的一生幸福……

第十二招：生活片段

“有天早上，王先生碰到林小姐，忽然……”这种说故事的手法是最传统的戏剧演出方式，例如：设计一个有趣的问题情况，再以商品迎刃而解，但是故事应当尽量单纯，不能太复杂，直接切入消费者的利益点。

案例：歌林冷气。

说明：在一个闷热的下午，爸爸努力修复坏掉的电风扇，累得满头大汗。突然小宝扮演起电风扇，体贴地替爸爸吹凉，并且还可以180°地左右摇摆，接着带出歌林冷气“马上冷”特有的大风口……

第十三招：生活形态

当商品属于民生消费品并且对于特定的生活形态有所影响时，可籍此手法，将商品融入消费者日常生活中，以强化商品与消费者之间的连接与重要性。

案例：雀巢三合一咖啡。

说明：台湾地区的年轻学子，为了升学压力经常要熬夜读书，因此雀巢三合一咖啡陪伴着几位年轻考生“开夜车”，不仅能够提振精神，还可以调和愉悦的气氛，让大家各自说出自己的理想和抱负。

第十四招：性感

“性”可以让万物生生不息，但用来做广告就不见得让大多数人接受，如果你的商品属于较性感的类型，香水、化妆品、流行服饰等，便有机会卖弄一下了，但需小心拿捏。

案例：签媚AB计划。

旁白：重视你的好身材，签媚AB计划，复合式配方，阻断油脂吸收，重视你的好身材，促进新陈代谢脱去脂肪就像脱衣服一样。轻松自在，Easy瘦身，无负担！

第十五招：集锦剪辑

当一部30秒的电视广告影片以40几个不同的画面快速演出时，你会感觉到它的活力及节奏，通常适用于年轻有趣的商品特征，当然所有的画面都应累积在一个“沟通概念”，或同一个“创意”之下，也就是强调广告诉求中最重要的“商品主张”，否则只会变成大家看热闹罢了。

案例：龙凤自然纤水饺。

说明：这是一种创意新的冷冻水饺，无论是外皮及内馅都是加入新鲜的蔬菜制成，因此画面将各种原料——蔬菜、南瓜、胡萝卜、花椰菜等配合活泼的舞曲，通过高速拍摄镜头，呈现意想不到的趣味。

第十六招：音乐编曲

温馨的，悬疑的，怀旧的，热情的，活力十足的……无论你想营造哪一种情绪或气氛，“音乐编曲”是最快速的方式，甚至能将商品名称及广告标语编入词曲中，配合优美的旋律，可以让消费者朗朗上口，流传千古。

案例：可口可乐中国年。

说明：这是可口可乐第一次在台湾地区拍摄的广告，运用冬季中国新年时段，强调可口可乐的本土化，期望打造中国亲情、爱情及友情的情感桥梁，创意强调回家团聚过新年的浓厚节气，音乐非常温馨、感人！歌词内容：“让脚步飞扬，让思念回航，那是走遍世界的终点，多开怀多舒畅！”

第十七招：戏剧

人人都爱听故事、看电影，因此戏剧的演出手法有相当高的娱乐性，可以降低商业气息，提高消费者的融入度，通过系列性的拍摄方式，推出续集，制造消费者的期待心理与话题性。

案例：Sonada旅行包。

说明：这是一个定位于“飞行专用”的旅行箱，因此它的尺寸大小及耐撞力都完全符合世界各大机场的登机标准，因此影片借空中小姐的故事来标范商品的特殊性，剧情共分为起飞篇、尺寸篇与耐撞篇。

第十八招：意识形态

当你的广告说服不了消费者，也感动不了消费者时，还有一种方式就是吓他一跳，至少花了大把的钞票，能让大家注意到你。

案例：阿尔卡特(Alcafel)行动电话。

说明：阿尔卡特(Alcafel)是法国第一品牌，推出的“一下指”(One Teach Easy)新型手机，是针对新时代所设计的，具有荧光效果的屏幕及按键，可变换的彩色面板……因此电视广告影片运用了各种流行符号和新一代的配乐形式，以激发年轻族的共鸣。

第十九招：恐吓

吓人一跳还有个很有效的方法，就是用“恐怖诉求”，通常用于公共安全或公益活动中。

案例：安泰人寿保险公司广告策划。

说明：利用“死神”在你还没准备好之前，随时就会出现的警告方式提醒消费者即时买保险。

第二十招：文字游戏

谁说广告一定有画面演出，大字报也是一种魅力，单以文字描述情境，甚至能放大消费者的想象空间；此外文字不只可以图形化，也可以因笔画及拼音的变化而转变意义，造成创意思维的另一种趣味。如“荣华肤贵”“清凉一夏”等。

案例(略)。

第二十一招：攻击

最后一招，叫“贱招”，也就是指名道姓地修理竞争者。中国文化悠久，以和为贵，所以相关法令法规禁止有人出此招(台湾地区的选举广告例外)。其实攻击广告对创意而言别具洞天，可以“贱”到最高点的，例如：世界知名的“百事挑战”直指可口可乐，就屡获大奖！

面对几百种创意方法，如何进行系统化的分类是一个很大的难题。这是因为：

第一，绝大多数方法都是研究者根据其实践经验和研究总结出来的，缺乏统一的理论指导；第二，各种方法之间并不存在线性递进的逻辑关系，形成统一的体系较难；第三，创意思维是一种高度复杂的心理活动，其规律还未得到充分深刻的揭示，难免出现各执一端的状况。

策划的方法是具有一定层次性的，多数创新的思维方法具有相当的普适性，应用面很广，我们把应用面广泛的策划创意方法称为“创意的通法”；把普遍适用于企业经营、商务创新、职场竞争的策划创意方法称为“创意的专法”；而把有较强的针对性的个性化策划创意方法称为“创意的特法”。

在实际工作中，使用创意方法的顺序一般是：先用创意通法，其次是创意专法，最后是创意特法。其难度由低向高，即创意通法相对来说难度较小，创意专法难度较大，而创意特法难度最大。一些杰出的策划师和商务策划实战专家之所以能取得人们意想不到的成功，正是因为他们经过长时间的接触市场一线和持续的观察、分析、研究，总结出自己擅长的特法而灵活运用，如史宪文的“OK”技法、王志纲的房地产策划、路长全的“切割营销”等。

第四节　创意经济与产业发展

创意经济，是自始至终贯穿“商务策划”的理念和方法的“策划产业”。

美国通用电气公司(GE)的首席执行官杰克・韦尔奇(Jack Welch)有过一段名言：

未来，知识将不是最重要的，最重要的将是振聋发聩的创意。创意和智慧、经验、知识一样，同具有资本的属性。

当代经济的真正财富是思想、知识以及各种各样的创造力，它来自我们的头脑。但是长期以来，人的很多聪明才智都被埋没而未能获得开发，特别是市场化的努力。20世纪末在发达国家知识经济发展的进程中，基于对新财富来源的认识越来越清晰，结果，发展创意产业被提到政府政策的议事日程上来。

根据首创“创意产业”概念的英国，以及日、韩和中国港台地区通常所采用的定义，创意产业(Creative Industries)是“那些依靠个人创意、技能和策划天才，通过挖掘和开发智力财产以创造财富和就业机会的活动”。根据这个定义，创意产业包括广告、建筑、美术和古董交易、手工艺、设计、时尚、电影、互动休闲软件、音乐、表演艺术、出版、软件等产品制造行业，以及移动互联网、电视、广播等诸多业务部门。

在编者的《快鱼不心苦》一书中，这些行业又被一个新的概念词所涵盖：智造业。

一、创意产业的概念

创意是人尽皆知的，但创意产业对大多数人来说是个新概念，在我国也是刚刚兴起。什么是创意产业？它与其他产业有什么不同？

创意产业的概念最早是在世界工业设计王国英国出现的，源自英语“Creative Industry”或“Creative Economy”。英国是世界上第一个以政策推动创意产业发展的国家。1997年英国大选之后，当时刚成为首相的布莱尔成立了“创意产业特别工作组”，并亲自担任主席。这个小组的主旨是：大力推进英国文化创意产业的发展，提倡与鼓励人的原创力在英国经济中的贡献，力争将创意产业作为国家重要产业加以重点政策支持。他还为此特别成立了文化媒体及体育部来专门管理有关的事务。

1998年出台的《英国创意产业路径文件》中明确提出了“创意产业”这一概念，这就是：“所谓创意产业，是指那些源自个人的创造力、技能和策划天分，通过知识产权的开发和运用，具有创造财富和就业潜力的行业”。这一定义方式后来被许多国家和地区沿用。

创意产业与其他产业的区别在于：

首先，创意产业不再简单地囿于过去的传统文化产业，它是适应新的产业形态而出现的新经济概念，是对产业新形态的概括、总结和发展，是全新的策划整合。英国提出的13类创意产业部类，主要包括新生的产业类别，如动漫、游戏、数字艺术、甚至软件设计、手机增值文化产品，也包括虽然仍然沿用过去的电影、电视、服装设计，但内涵已大大变化，已经是数字电影、数字电视、数字服装设计。

其次，创意产业的根本观念是通过“越界”策划促成不同行业、不同领域的重组与合作。这种越界主要是面对第二产业的升级调整，第三产业即服务业的细分，打破二、三产业的原有界限，通过越界，寻找提升第二产业，融合二、三产业的新的增长点，二产要三产化，要创意化、高端化、增值服务化，以推动文化发展与经济发展，并且通过在全社会推动创造性发展，来促进社会机制的改革创新。

需要特别注意的是，创意产业一方面是在过去总体的文化产业基础上发展起来的产业概念，另一方面又是不同于过去文化产业的新的产业形态。创意产业往往是在制造业充分发展、服务业不断壮大的基础上形成的，是第二、第三产业融合发展的结果。创意产业中既有设计、研发、制造等生产活动领域的内容，也有传统三产中的一般服务业，更有艺术、文化、信息、休闲、娱乐等精神心理性服务活动的内容，是城市经济和产业融合发展的新载体，是现代服务业的重要组成部分。

创意产业的本质是“智造”而非“制造”，其根本观念是通过“越界”“越习”促成不同行业、不同领域、不同业务模式的重组与合作。在总体服务业的业态中，通过越界与整合，寻找提升和融合制造业的新的增长点，开拓艺术型、精神型、知识型、心理型、休闲型、体验型、娱乐型的新的产业增长模态，培育新的文化消费市场。

实际上，几乎所有的产业都需要创造性，那为什么还要提出创意产业呢？在一些传统的行业或领域中，创造性只是一种附属品而不具有产品的核心地位。同时这种创造性或创意还是泛化的一般概念，如过去我们熟悉的特指艺术创作中的艺术家的独创性。而按照后标准化时代的创意理念，创意或创造性成了特指的市场趋向的产业方式的核心。也就是说，二产制造业卖产品、卖机器，创意产业卖设计，卖理念，卖精神，卖心理享受，卖增值服务。这样，创意就成了当代产业组构中的一种特殊的设置，它决定了产业的性质，并由此决定了产业的管理与操作。

第二产业的发展靠机器、厂房、资源和劳动力，创意产业不同于制造业的汗水产业、劳动力密集产业，创意产业的发展靠创意阶层，靠创意群体的高文化、高技术、高管理，以及新经济的“杂交”整合优势。特别是创意阶层中最富创造性的高端创意人才，现代财富的创造更多集中在这些最优秀的创意人才上，他们对社会和经济发展的影响已超出了人们的想象，例如“知识英雄”比尔·盖茨，“电影印钞机”大导演詹姆斯·卡梅隆，丁磊、陈天桥、马云、李彦宏等“IT新锐”“网络精英”，奥运会“实景演出”张艺谋等。

二、创意产业的特点

从产业运作模式上看，创意产业的发展更加动态化，它是市场经济运行的高端方式，更加远离过去的计划经济方式，更多地依靠市场和消费自身的推动，同时又不断地设计市场，策划市场，涵养市场，激发市场。

也就是说，在当下的全球化消费时代，市场的全球性，传播的全球性，需求的精神化、心理化、个性化、独特化，消费的时尚化、浪潮化，使得创意作为产业，从根本上改变了过去固化的稳态工业发展模式：常规结构，常规模式，常规营销，常规消费；而代之以不断变动的创意策划、创意设计、创意营销、创意消费。它在不断关注市场中，创造消费惯例、涵养消费人群、引导消费时尚潮流。它不断在创意中寻找热点、利润和机会，以一种动态的平衡模式替代或提升过去的稳态工业发展模式。因此，它高度依赖策划，依赖人才，依赖变化，眼睛每时每刻盯着市场哪怕微小的变动，捕捉机会，放大机会，展开新一轮竞争。它的活力在于每个企业都有机会也有风险，每个企业都要面对竞争也面对失败，每个企业都要殚精竭虑面对生存挑战。这就是创意社会的主旋律和大逻辑。

从经济学角度进行研究，哈佛大学的著名经济学教授凯夫斯(Richard E. Caves)在其《创意产业经济学》中，为创意产业归纳了7个特点：

(1) 创意产品具有需求的不确定性；

(2) 创意产业的创意者十分关注自己的产品；

(3) 创意产品不是单一要素的产品，其完成需要多种技能；

(4) 创意产品特别关注自身的独特性和差异性；

(5) 创意产品注重纵向区分的技巧；

(6) 时间因素对于一个创意产品的传播销售具有重大意义；

(7) 创意产品的存续具有持久性与营利的长期性。

三、创意产业的发展

创意产业是商务策划在后工业时代的新生儿，随着城市快速发展，土地资源越来越少，老企业产品技术含量不足，都市工业机制存在一些问题，商业消费发展缓慢，经济增长能力已逐渐减弱。要支撑城市经济快速增长，必须发展以“三新(新技术、新业态、新方式)、三高(高人力资本含量、高技术含量、高附加值)”为特征的现代服务业，使产业体系的产业链尽快从低端地位走向高端地位，以求生产结构与资源储备结构相协调，而文化创意产业正是由于它特有的知识、文化与创新含量，以及大幅提高产品附加值的能力和通过设计、展示及广告等手段提供商务中介服务的能力，使它能够在日益发展的现代服务业及产业升级过程中扮演不可或缺的重要角色。

从国际经验来看，文化创意产业完全可以成为一国的支柱产业。据国际知识产权联盟的研究报告《美国经济中的版权业：2002年报告》公布，2001年美国核心版权产业(包括电影、电视、广播、商业和娱乐软件、书籍报刊、音乐和录音、广告等)创造的增加值达5 351亿美元，占美国GDP的5.24%；一部分与版权有关的产业，指在生产、销售中要用到或部分用到与版权有关的产业，如电脑、收音机、电视机、录像机、录音机、音响设备等产业，创造的增加值达7 912亿美元，占美国GDP的7.75%。1997—2001年，美国版权业在GDP中的比例增长比美国其他产业高2倍。2001年美国核心版权产业的外贸收入和出口额约达889.7亿美元，再度领先于化学及相关产业、汽车制造业、装配业和航天业。

英国创意产业2000年创造了GDP的7.9%。1997—2000年期间，该产业的年平均增长率为9%，而同期英国的经济增长率仅有2.8%。此外，英国创意产业2000年创造了87亿英镑的出口额，相当于英国所有货物和服务贸易出口的3.3%。1997—2000年期间，该产业出口的年增长率高达13%，而同期服务贸易出口增长率为9%，所有货物和服务贸易出口累计增长率仅有5%。

澳大利亚在1994年就已提出“创意之国”(Creative Nation)的口号，发达国家的创意产业已经普遍成为21世纪特别着力发展的希望产业。

中国香港特区政府以9个月的时间研究并完成了《香港创意产业基线研究报告》，并于2003年正式发表宣布发展香港创意产业。2004年香港政府拟订的“香港创意指数”也宣告完成，拟定了5Cs为香港的创意指标，即：创意效益、结构/制度资本、人力资本、社会资本与文化资本。

创意产业的精髓是人的创造力，广义的创造力可以存在于技术、经济和文化艺术3方面，即技术发明、企业家能力和艺术创造力。技术发明和艺术创造需要有企业家才能获得创新，也就是变成产品和实现价值。

创造力必须有知识产权保护才能创造财富。20世纪末以来，IT产业在美国和英国成为增长最快的产业。在美国，在1977—1997年期间IT产业增长6.3%，而同期整个经济增长只有2.7%。1998年前它的雇员400多万人。在英国，版权产业(那些通过版权保护而不是经过专利或商标的产业)的雇员在1990年代增加32%。据估算，全球的IT产业在1999年为2.2万亿美元，到2005年已超过5万亿美元。主要输出国为美国、日本和德国。与生物技术等高技术创新一起，那些具有版权的产品，包括书、电影和音乐的出口能够获得比服装和汽车等制造业出口更多的利润。

创意产业包括新思想、新技术和新内容。创意产业提到政策层面上来，是数字技术和文化艺术交融和升华的反映，也是技术产业化和文化产业化深入发展的结果。数字艺术(或“数字内容”)依托数字化技术、网络化技术和信息化技术对媒体从形式到内容进行改造和创新。数字艺术产业以数字媒体内容设计和制作为中心，涵盖影视特效、电脑动画、游戏娱乐、广告设计、多媒体制作、网络应用、电子教育等领域。

在发达国家，随工业化的发展和后工业化社会的进步，包括在教育和研发、文化、金融等众多领域的创意人群在人口中所占的比重正在增加。这些人喜欢到什么地方去工作就成为城市和区域发展所要考虑的首要问题。过去，人们在一个地方工作，花大量时间在上下班的路上，频繁更换工作只是为了上班地点离家近一些，只有在度假时才到另一个地方旅游和休闲。现在工作节奏快，工作之余需要就近休闲，甚至“上班是一种享受，工作就是度假”。

在中国的一、二线城市，越来越多的精英们开始追求高品质的“慢生活”“OFF生活”。

发达国家的上班族很多人认为，在什么地方工作(工作地点)比为哪个公司工作(公司老板)更能显示人的高贵。从这个意义上说，城市和区域的行为主体就不仅是企业，而且是企业中的人。经济活动的区位就是人所喜爱的区位，企业的战略和城市、区域的战略也就是人的战略。

美国卡耐基·梅隆大学教授佛罗里达教授(Richard Florida)2002年用美国有创造力的人在区位选择方面的证据，说明过去是公司区位吸引了人，现在是有创造力的人吸引公司。公司将会搬到有创造力的人乐意居住的地方。他的研究表明，在美国有创造力的高收入人群，喜欢住在对技术(Technology)、人的才能(Talent)和宽松愉悦的环境(Tolerance)三因素(即所谓“3T”)排名很高的城市。

为此，城市要从高效率城市向具有创造力的城市提升，而宜人的快乐的环境，即时尚的文化生活环境就是创意城市的必需。如此看来，文化产业就自然地和创意产业交融在一起。也就是说在“3T”因素的第三个T(宽松愉悦的环境)就离不开创意的文化产业。在这种情况下，文化产业作为创意人群发展创造力的需求就往往成为创意产业的代名词。但是需要说明的是，不能把创意产业等同于文化产业，只是创意产业的内涵和文化产业的内涵有交叉的部分。

工作的地理区位和旅游休闲的地理区位相结合的趋势，即在工作的地方附近旅游休闲，以及选择生活环境好的地方去工作，成为发展创意产业的机遇。创意人群喜爱有创意产业的城市和区域，而从创意产业定义出发，从事创意产业的人又只是创意人群的一部分。

四、我国创意产业发展现状

近年来，我国创意产业也有很大发展，尤其是香港、台湾地区，创意文化产业正在以前所未有的速度迅速崛起。上海、深圳、成都、北京等地积极推动创意产业的发展，正在建立一批具有开创意义的创意产业基地。上海是我国创意产业发展最为迅速的地区，据统计，目前上海市文化创意产业产值已经占到全市GDP的7.5%。2005年4月28日，上海市首批18家“创意产业集聚区”由市经委正式授牌，近30个国家和地区的400多家各类设计创意企业入驻在这些园区内，集聚了1万多名创意人才，为上海开创了一个新型的充满无穷潜力的新产业。南京等市各中心市区均依托各自人才、区位以及资源优势，争装“创意引擎”，设立各种创意产业基地和园区，欲抢占创意产业发展战略高地。

但总的来说，我国创意产业才刚刚起步，对创意产业的研究也刚刚开始，因而有关创意产业的概念、创意产业的界定都还不十分明确。

在我国，有学者认为，创意产业至少应包括以下几个方面：教材编写、建筑设计、(包括室内装潢等)、服装设计(不包括制造)、工业产品设计、广告、出版、电影、电视、唱片、首饰、玩具、博物馆、画廊、图书馆、文化旅游等。

也有学者把我国创意产业划分为以下4类：

(1) 为组织或个人提供专业服务，包括金融服务、咨询、公关、广告、法律服务、调查业、会展等；

(2) 满足个人物质生存需求之外的需求，如娱乐、文化等，包括手机、电影、流行音乐、表演艺术、娱乐、体育、电脑与网络、游戏、报纸、电视、出版等；

(3) 满足社会性需要的新组织，如民间机构、最近兴起的社会企业以及一些政府机构；

(4) 与文化及科技进步相关，包括文化研究、科学研究、艺术、时尚、教育等。

对我国创意产业的分类，本教程推荐北京科学学研究中心、中国创意产业研究中心所作的界定，其研究课题——《中国创意产业发展报告(2006)》将我国创意产业分成8个大类，分别是：

第一类：工业设计类。即依靠人的创造力进行设计以用于生产交换的规划、设计工作，如手机、可穿戴电子产品。

第二类：影视艺术类。即以影视为载体的创造性产业。包括艺术表演、创作、交易，以及艺术品、古董的开发交易等活动。

第三类：软件服务类。即以计算机为载体，具有创造性的知识产权保护为主要方式的网络智能、软件服务类活动。

第四类：流行时尚类。即可以给人以美感愉悦的时尚流行类生产行业活动。

第五类：建筑装饰类。即对城市、建筑、景观进行的前期设计、后期装饰、室内外装修设计等活动。

第六类：展演出版类。即对各种介质的出版物进行的创作、出版(不含印刷)活动，在各种场合进行的以赢利为目的的展览、演出等活动。

第七类：广告企划类。即对广告、知识产权服务、企业管理、咨询等进行的策略规划、提供的服务等活动。

第八类：运动休闲类。即以休闲娱乐为主要目的，能够提高人民生活品质而进行的各种服务。

纵观国内外，创意产业是全球化条件下，以消费时代人们的精神文化娱乐需求为基础，以高科技技术手段为支撑，以网络等新传播方式为主导的，以文化艺术与经济的全面结合为自身特征的跨国跨行业跨部门跨领域重组或创建的新型产业集群。它是以创意为核心，向大众提供文化、艺术、精神、心理、娱乐产品的新兴产业。它改变了过去时代的产业发展的静态平衡，而趋向于一种发展的动态的平衡。

创意与行业无关，与岗位无关，与职务无关，与条件无关，只与人的观念、意识、智慧、勇气有关。

我们所见到的一切产品都起源于创意，然后才有创新，才有策划，再然后才有持续不断的重复制造。创意、创新是创造性劳动。劳动光荣，创造性劳动更光荣。

创意、创新能够使一个落后国家变成先进国家，也能够使一个落后企业变成先进企业，更能够使一个普通的大学生成为出色的人才和精英。

商务策划人才是经过系统的智慧激励和职业技能训练的优秀创新人才，是职业的创意人，在创意经济蓬勃兴旺的21世纪，可谓生逢其时。

思考与训练

1. 举例说明如何在策划实践中应用创意的5种理论？

2. 什么是创意规律？它对创新工作有和指导意义？

3. 从创意产生的3要素出发，谈谈如何才能使自己产生具有商业价值、有正向意义的创意思想。

4. 试为手机、家用电脑和休闲娱乐或餐饮业各做3个创意设计，这些创意遵循、运用了哪些理论和创意规律？

5. 为什么说创意是策划的灵魂？试举一例说明创意和策划的关系。

6. 以头脑风暴的方式集体讨论：创意思维过程的“3步说”“4步说”“5步说”哪一个更贴切？

7. 从国内外比较和发展趋势看，我国创意产业正处在起步阶段，请结合某个行业，写出一份发展创意产业的初步策划方案。

第五章 策划思维分析与运用

学习目标

系统学习商务策划思维结构、程序与方法，结合实例分析，认识其发生、发展以及现实应用。

学习要求

了解：思维结构；脑图；四维策划模型。

掌握：策划思维结构；策划思维程序；思维脑图；四维策划模型；四维策划模型的定性分析；四维策划模型的定量分析。

本章重点分析策划思维的结构、程序、思维导图，及其整合在商务实践中的实际运用。以商务策划的实战案例帮助读者深刻认知策划思维的创新与竞争作用。

策划思维是一种整合型的创新思维，它比常规思维更具复杂性。为了更好地思考问题、解决问题，我们需要了解这种来自我们人类自身的创新思维的基本结构，并结合实例进行分析，从而深刻掌握。其实人的思维并无具体形状，也不可能有固定的运行路线，但如果能建立一套假想的模型，将其无影无形的“游走”变成可以参照、理解的视觉图形，那么人们思考问题将变得直观起来。

当然，任何模型都不过是一种分析工具，它只能引导人的思路，形成程序习惯，虽然不能直接解决实际经营问题，但能帮助我们“把事情想对”。

第一节　策划思维的结构形态

一、思维结构

思在行前，策划是产生行动方案的过程，这个方案也许只有一个，也许有多个。策划就是用思维来选择，决策哪一个方案。

用盖建大厦打比方——从思维过程来看，策划就好比是建筑设计，而决策的过程就像是确定设计方案，决策的结果就是确定最终要建造什么样的大厦。无论是设计、确定设计方案，还是建筑施工都需要一个过程，都需要若干要素组成。

既然策划思维的过程相当于建筑设计的过程，那么完成这一过程需要哪些要素呢？需要哪些材料、以怎样的方式和过程构建起这座关于未来行动的“大厦”呢？这个问题就是策划思维结构状态问题。

一般情况下，人的思维受到其自身的经验、阅历、知识、性格习惯，以及环境、社会等内外因素的影响和支配，这些因素在大脑运动过程中的位置分布，相互的关联、作用，及其运动过程，表现为一个结构性的问题，其结构、流程是否科学，是否有序，是否顺畅，都直接影响着思维的能力和结果。

人的创新能力之所以不同，本质上是人的思维结构、思维方式、思维程序的不同。我们知道，同样是由碳元素组成，因为分子的结构不同，自然界就产生了石墨和金刚石这两种截然不同的物质。

策划思维是在一定的头脑状态下，思考和设计如何“做正确的事”和“正确地做事”。如何“做正确的事”是看问题的角度，而如何“正确地做事”是做事情的程序，它们是认识论和方法论的高度统一，在生活、工作、经营管理中，二者缺一不可。

所以，策划的思维结构是：状态、角度、程序、统一等4个要素的组合。

1. 状态：即策划人的思维框架

当策划人面临所要策划的对象时，首先是要明确状态和关系，即把所要面对的问题分别进行“知己、知彼、目标”等3个方面的分析和概括，从中可以得出基本结论：有无必要和有无能力解决当前的问题。

知己(自我)：代表策划的主体，是策划人或决策者的主观条件；

知彼(对象和环境)：代表策划的客体，是策划人或决策者的客观条件；

目标(要求)：代表策划的企图和要达到的目的，是主客观条件共同作用的结果。

知己知彼，是明确人与社会环境关系状态的定位。

2. 角度：即对问题的认识和立场

看问题既有着眼点、出发点，也有途径和目的性。对看待问题角度的正确把握是“做正确的事”的前提和保证，如果找不到解决问题或有利于问题解决的正确角度，那么策划就不能进行下去。

3. 程序：即做事情的步骤及先后次序

做任何事情一般都要有认识步骤和行动步骤，这些步骤有些是前人在长期的实践中总结和提炼出来的，也有些是策划人的想象和发挥，甚至是无中生有。但不论它们怎样而来，总是应该“以终为始”——先在心脑中有，才可能在现实中有。

可见，程序既有客观的一面，也有人的主观意志的一面。

4. 统一：即把角度和程序有机结合起来的过程

角度和程序二者相互影响，只有角度正确，即从“做正确的事情”认识出发，程序才有意义，这时候“正确地做事”才有价值。

反过来，如果程序出了问题，即不知道如何“正确地做事”，那么无论角度如何独到、如何符合“做正确的事情”的立场和原则，也不会产生实际的策划效果。

只有把角度和程序两者高度统一起来，才可能实现策划方案由可能性向可行性、有效性的真正转化。

二、思维程序

一切运动都有其特定的程序，程序决定运动的状态，进而影响运动的结果。思维是人的大脑的运动，策划思维是人类思维的高级运动。那么进行策划时，思维本身又应该是一个什么样的状态呢？

在上一章里，我们详细介绍了策划思维的基本过程——准备、酝酿、豁朗、检验，所有的创造性思维都应遵循这一基本过程，当然这也是策划思维的一般过程。

我们把策划形象地比喻为对建筑物的设计，那么这种设计需要哪些工序，每道工序有何要求？把它们有机地组合起来就是策划思维的程序，它与策划思维的基本过程有一定的重叠和对应，但策划思维程序对解决问题来说更加简洁、快速。这个程序是从大量策划实践中总结出来的，可以简单概括为：搜集、整理、判断、创新。

(1) 搜集：利用各种信息获取手段，最大限度地将需要解决的问题的资料和相关信息进行完整的“打捞”。

(2) 整理：对搜集到的全部资料进行有序的排列，实事求是地反映客观事实，清晰实用，无须搀杂任何情感因素。

(3) 判断：在整理的基础上，对问题首先作出定性化的判断。判断是认定优势和劣势因素的过程，也是决定策划是否值得展开或继续的前提。

(4) 创新：一旦判断策划可以展开或可以继续，就必须克服劣势因素、发挥优势因素，进而形成新优势资源，为问题的解决寻找新的方案。

一般来讲，创新是指新事物以及产生新事物的过程，包括新角度、新思想、新实践、新事物。

创新与发明最大的区别在于创新是经济行为，而发明是技术行为，简单地说，创新是发明的商业化过程或商业化结果。

现代科学研究证实，人的创造发明也是有规律可循的。为此，专门研究创造的学问——“创造学”因此应运而生。创造学包括3个主要领域：创造科学、创造性科学和创造工程。创造科学作为创造学的基础理论，主要是研究创造活动与创造过程，揭示创造的规律；创造性科学则着重研究人的创造性，应用于培养和开发人才；创造工程则着重研究创造技法，直接应用于创造发明活动。

创造、创新行为中的搜集与整理工作，是策划思维的前导程序，其本质是对策划对象所处的环境，以及策划对象的关联资料甚至是非关联资料的最大化的占有。它位于策划思维的基础环节，其实用工具就是思维导图(或称概念图)。国内也有一些商务策划的学术体系和书籍称之为“脑图”。

第二节　思维导图及其运用

一、思维导图

思维导图(Mind Mapping)，是著名的英国学者“世界记忆之父”托尼·博赞(Tony Buzan，1942—，英国)在20世纪70年代初期所创。他在研究心理学、头脑的神经生理学、语言学、神经语言学、信息论、记忆技巧、理解力、创意思考及一般科学的基础上，发现人类头脑的每一个脑细胞及大脑的各种技巧，如果能被和谐而巧妙地运用，将比彼此分开工作产生更大的效率。这个看似微小的发现，却产生了令人意想不到的满意结果。

他将人的大脑皮层关于文字与颜色的功能技巧合用，发现了因为做笔记的方法的改变，而大大地增加了至少超过百分之百的记忆力。其后，整个架构逐渐形成，将放射性思考(Radiant Thinking)具体化为一种方法。

放射性思考是人类大脑的自然思考方式，每一种进入大脑的信息、现象，不论是感觉、记忆或是想法——包括文字、数字、符码、食物、香气、线条、颜色、意象、节奏、音符等，都可以成为一个思考中心，并由此中心向外发散出成千上万的挂勾，每一个挂勾代表与中心主题的一个连结，而每一个连结又可以成为另一个中心主题，再向外发散出成千上万的挂勾……这些挂勾连结可以视为记忆，也就是个人思维数据库。

人类从一出生即开始累积这些庞大而且复杂的数据库，大脑惊人的储存能力使我们累积了大量的资料，经由思维导图的放射性思考方法，除了加速资料的累积量外，更将数据依据彼此间的关联性分层分类管理，使资料的储存、管理及应用因更有系统化而增加大脑运作的效率。同时，思维导图善用左右脑的功能，借助由颜色、图像、符码的使用，不但可以协助我们记忆、增进我们的创造力，也让思维导图更轻松有趣，且具有个人特色及多面性。

思维导图的创始人托尼·博赞因此以“大脑先生”(Mr. Brain)而闻名国际，他是英国头脑基金会的总裁，身兼国际奥运教练与运动员的顾问，也担任英国奥运划船队及西洋棋队的顾问；又被遴选为国际心理学家委员会的会员，是“心智文化概念”的创作人，也是“世界记忆冠军协会”的创办人，发起心智奥运组织，致力于帮助有学习障碍者，同时也拥有全世界最高创造力IQ的头衔。到目前为止，已经有超过100个国家用32种语言在出版他的图书。

图5-1就是用“思维导图”画出的著名管理决策方法——六顶思维帽子：

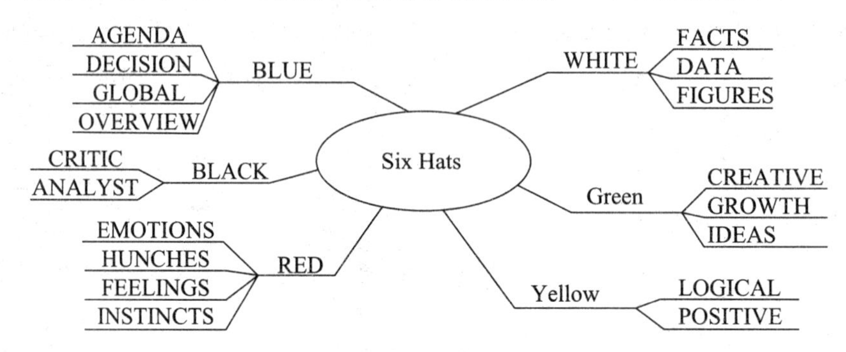

图5-1　六顶思维帽子概述

在托尼·博赞的《思维导图——放射性思维》一书中阐述的，思维导图的最大特色，就在于充分运用各种有助记忆及想象的视觉元素，如图像、数字、颜色和空间感知等，帮助我们更有效地学习、更有效地思维。下面是原书中所列的制作思维导图的规则技法总结：

(1) 突出重点——一定要用中央图；整个思维导图中都要用图形；要用3种或者更多的颜色；图形要有层次感；要用通感(多种生理感觉共生)；字体、线条和图形尽量多一些变化；间隔要安排合理。

(2) 使用联想——在分枝模式的内外要进行连接时，可以使用箭头；使用各种色彩；使用代码。

(3) 清晰明白——每条线上只写一个关键词；所有的字都用印刷体写；印刷体都要写在线条上；线条的长度与词本身的长度一样；线条与线条之间要连上；中央的线条要粗些；边界要能“接受”分支概要。

(4) 形成个人风格——布局；突出层次；使用数字顺序。

正确使用思维导图，使思维的结构、过程更加可感化、清晰化，可以为我们进行策划、创新属性的思维运动带来显著的益处，主要有以下4个方面：

(1) 使用大脑所有皮层技巧，利用了色彩、线条、关键词、图像等，因此可以大大加强回忆的可能性。

(2) 通过动手绘制思维导图可以激发大脑的各个层次，使大脑处于警醒状态，在记忆的时候更加有技巧。

(3) 整个思维导图就是一个大的图像，是整个知识和信息的整体架构，使大脑希望回到它们中间去，因而又一次激发自发回忆的可能性。

(4) 反映了人们创造力思维过程，使得我们的思维过程可视化和可操作化，因此也就同时加强了创造性思维技巧。

二、其他脑图

自从托尼·博赞教授开创了图示化人脑思维结构过程的方法，更多的中外学者专家，也开始运用这一直观的方法研究创新思维的角度与表达，进而总结变化出更多的、反映策划创新的思维图，也被学术界统称为“脑图”。这里简单介绍两种在目前企业管理、策划界流传较广的“脑图”。

1. 因果图

因果图又叫“石川馨图”，由日本杰出的质量管理大师石川馨(Kaoru Ishikawa，1915—1989年)发明，也称为“鱼骨图”、特性要因图等。是一种用来说明思维对象、策划对象、工作对象的各个构成要素点的特性，以及影响各对象的主要因素与次要因素三者间关系的图形，层次关系分明，界限清晰，由于其整个图形形状类似鱼骨，故又称为“鱼骨图”，目前已经被广泛地应用在企业和个人的商务策划及管理实践中。

“鱼骨图”分析法是在不断提出问题的过程中，使问题得以有效地逐个解决，一般比较适合于运用在商务策划思维的开始阶段。

因果图有3个显著的特征：

(1) 是对所观察的效应或考察的现象有影响的原因的直观的表示；

(2) 这些可能的原因的内在关系被清晰地显示出来；

(3) 内在关系一般是定性的和假定的。

图5-2是一个分析润滑油产品营销存在问题的因果图：

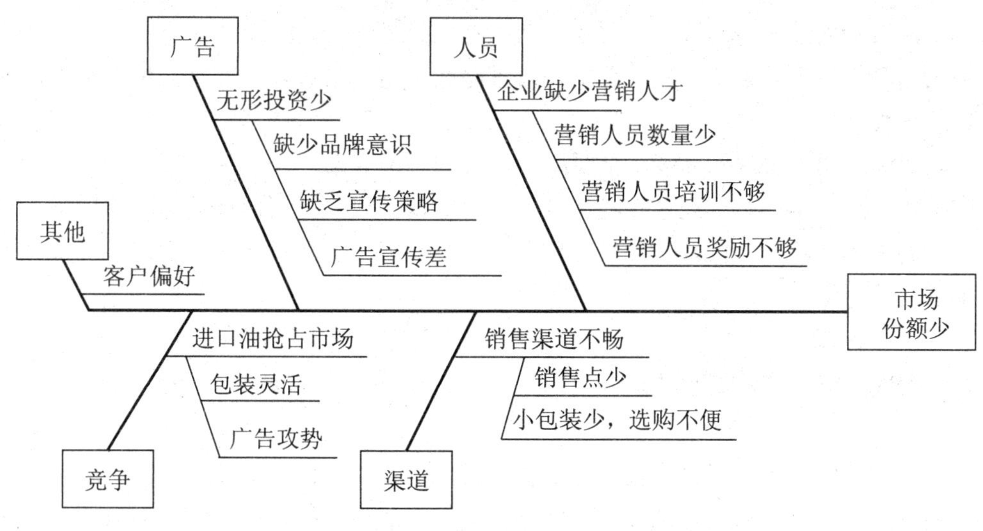

图5-2　润滑油产品营销存在问题的因果图

2. OK图(OK Strategic Thinking Model)

OK模式是由中国策划思维专家、WBSA世界商务策划师联合会轮值主席史宪文教授于1996年创造的。该方法把策划思维的结构和思维的过程整合为一个形象的整体，形成了一个系统思维的模型，因该模型抽象起来像加上一条加了底线的英语单词OK，因而得名，如图5-3所示。

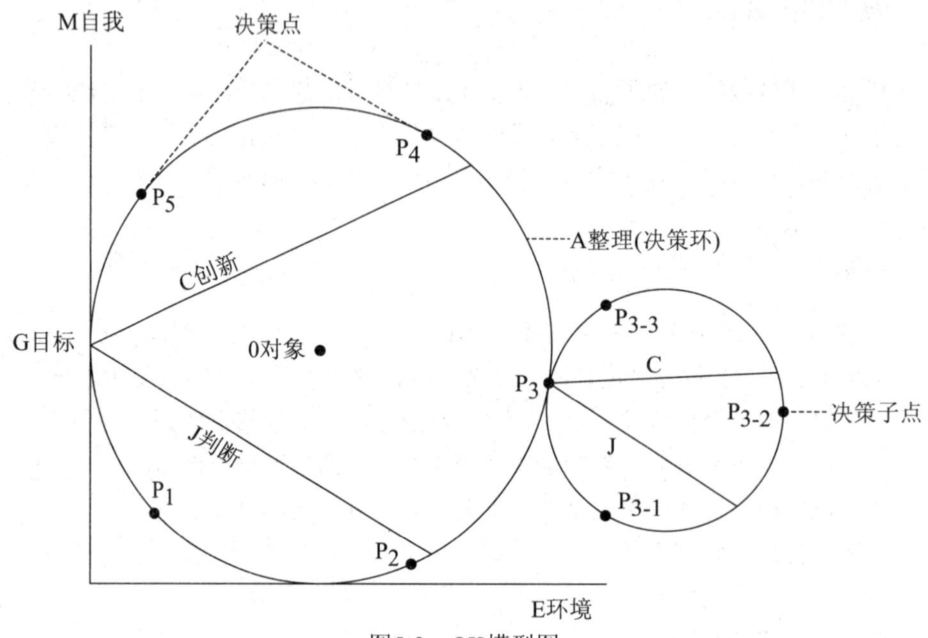

图5-3 OK模型图

该模式主张：

第一，策划思维是建立在头脑状态基础上的，头脑状态是由经验、知识、信息、思维模式四大类要素和自我与环境两大方面构成的，组合起来，形成了一个既十分复杂又十分有序的整体。

第二，策划思维是沿着整理、判断、创新3个主导阶段进行的。

第三，策划思维每进行一步，都要在思维结构上留下痕迹，每前进一步都不能破坏已经形成的思维结构。

第四，策划思维每深入一步，都要继承已有的思维成果。

该模式的优点是：把策划者自我也纳入了策划课题研究范围内，具体地体现了“天地人合一”的哲学思想；确保每一个思维环节都在整体思维框架下完成，实现了“胸怀整体思维局部”的思维原则。

三、思维导图运用方法

学习运用思维导图能够帮助我们把事情归类，变得简单；用形象的方法产生联想。在商务策划过程中，可以明确策划思路，找到关键词，清晰策划程序。那么如何才能建构一幅思维导图呢？

以下9个步骤可以帮助我们建立一个完整的思维导图系统。

(1) 认定中心主题：辨清你希望利用思维导图了解的策划对象的焦点，以及所涉及的知识概念。用这个中心主题作导引，找出10～20个与中心主题相关的概念，并列表。

(2) 将概念排序：将最笼统、最富涵盖性和抽象的概念放置在最高位置。可能偶尔会在拣选最高层概念时遇上困难，反思中心主题的引导方向可以帮助如何进行概念排序。这个过程可能会需要我们重新思考、修正或重改概念图的中心主题。

(3) 将其余概念一层一层地排放在列表上。

(4) 开始制作思维导图：将最笼统、最富涵盖性和抽象的概念放置在导图的最高位置。在最高层的位置通常只会有2～3个涵盖性的概念。

(5) 随后将往下的2、3、4层的“子概念”放置在思维导图上。留意不要让每个概念带有多于4个子概念。若发现任何概念同时带有6～8个概念时，就可以将这些概念重新排序，找出一些较有涵盖性和较仔细的概念并建立起上下层的关系。

(6) 将概念写在连线上。在连线上写上合适的连接字。连接字必须清晰表达两个概念之间的关系，使之可以成为简单、有效的句式，有连接制造意义。当我们将大量的概念进行连结并形成层次，可以看到对应某一对象、事物、过程核心的意义架构。

(7) 重新整理思维导图的结构。这包括为思维导图进行概念的加减或改变上下层关系等。可能需要进行数次整理，而正是这些整理的过程为我们带来新的启示和有意义的学习。

(8) 为配置在不同分支的概念，寻找有意义的“横向连接”，并在线上用连接字写上关系。横向连接能有效地帮助我们在某知识范畴内看到新的关系和带来创意的工具。

(9) 仔细、具体的例子可以用简图或代表符号附在概念上，不需要图圈来代表。知识或问题的表达不只一种形式：对应同一系列的概念，可以有不同结构的思维导图出现。

图5-4和图5-5是两个思维导图的范例。

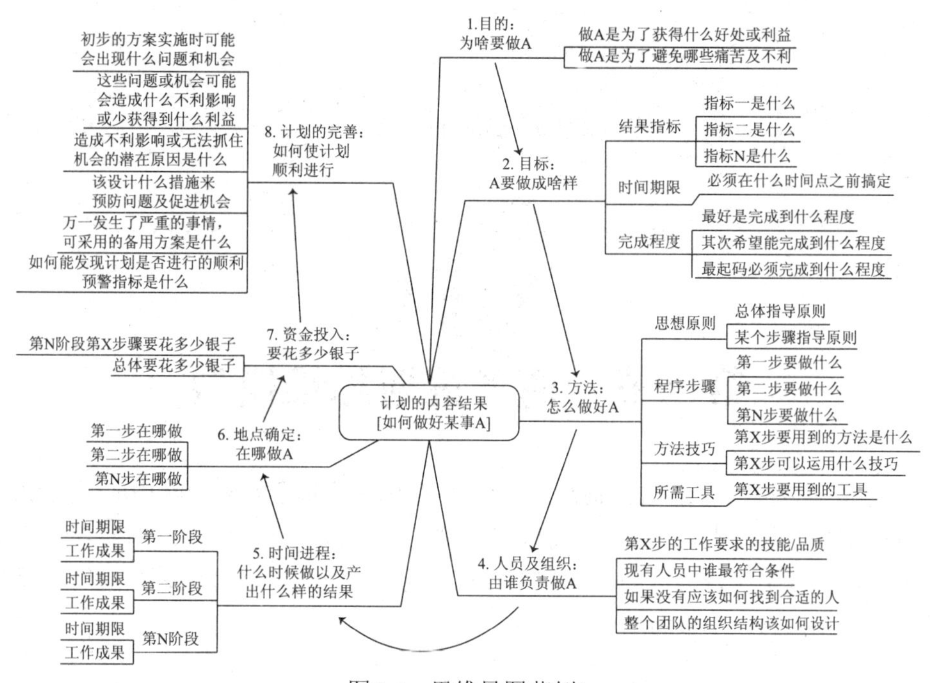

图5-4　思维导图范例1

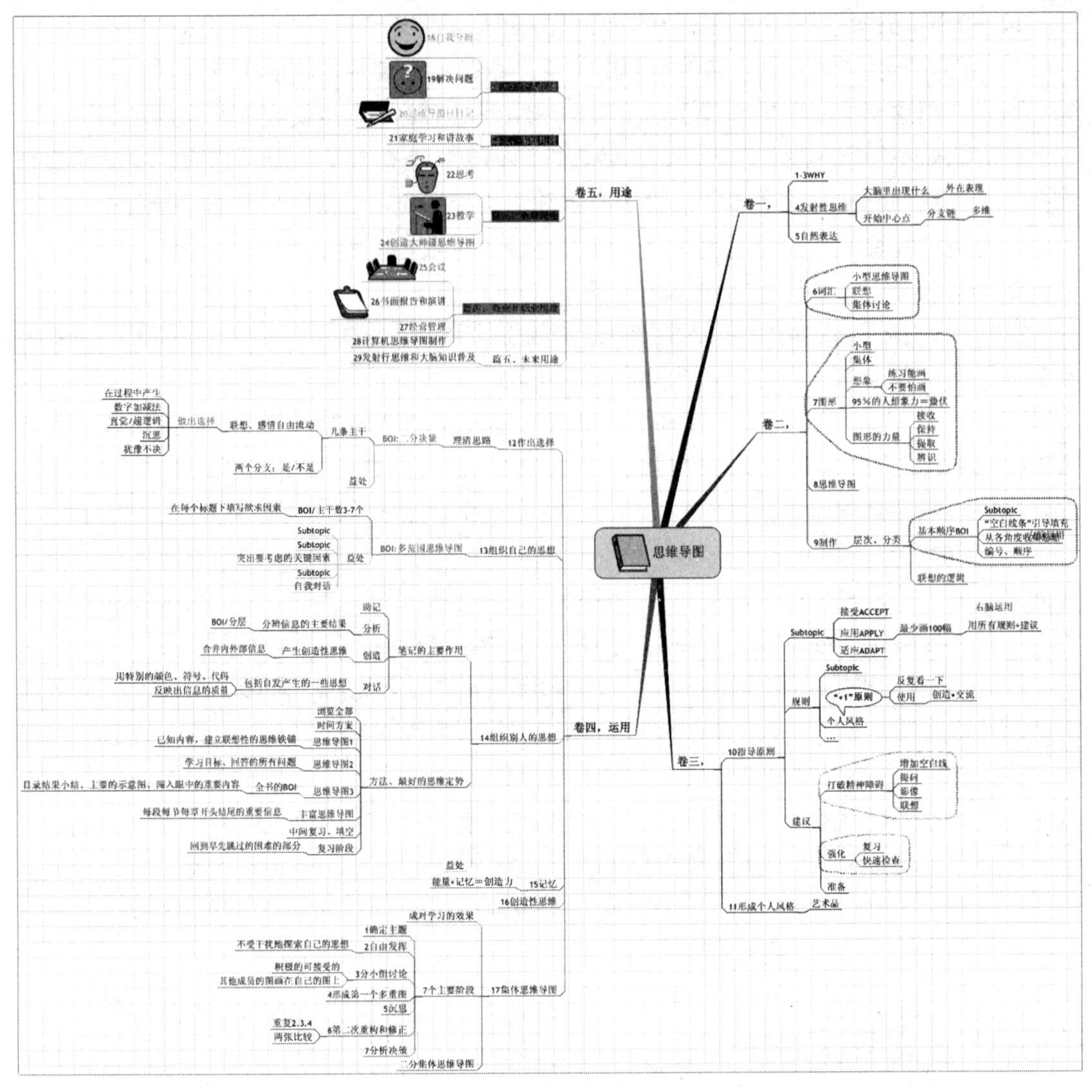

图5-5　思维导图范例2

第三节　商务策划思维模型

把策划思维结构与思维过程整合为一体，并用图形表达出来，就构成了策划思维模型。思维模型能够帮助人们，尤其是初学者直观、简化地快速了解重点的要素、过程。但是，人的思维是复杂的智力运动，很难绝对具象化、数学化、物理化、重复化，所以，各种思维模型都是假想、不全面的简单示意。

过分夸大某些方法、模型的功用，处处套用，把人的思维用模型来框限、定格，甚至直接把抽象模型绝对地运用在具象、多变的商务活动策划中，是对学习和运用商务策划、商务管理的一种误导。

由于策划人的思维结构与思维过程的差异性，策划有多种思维模型。近年来，我国策划学科建设开始加快，涌现了一批学贯中西的策划理论专家，他们创造的各种思维模型和思维方法均得到了成功的应用。

其中比较典型的有：创意策划学专家陈放提出的“东方太极奇门模型”，商务策划专家史宪文提出的“OK策划思维模型”，营销策划专家刘秉均提出的“三力营销思维模型”，策划思维专家万钧的“三位一体”策划流程模型，中国人民大学张利庠博士提出的“联动优化框架模型”，山东滨海学院聂慧与策划专家张大林等提出的“策问-策动-策应”流程模型等。

针对中国企业管理的特点和文化特性，汲取《孙子兵法》等中国古代策划智慧和西方战略管理的精髓，CBSA中国商务策划师培训总部周培玉教授研究总结出一种更加直观、形象的模型——四维策划模型(也可称“兵法思维模型”)。

该模型的核心思想是《孙子兵法》的著名论断——“知彼知己，百战不殆”“凡战者，以正合，以奇胜”，同时吸收西方战略管理营养，运用数理技术方法进行定性、定量分析。“四维策划模型”将“知己、知彼、正合、奇胜”统一为一个整体，系统地运用主体、客体、资源和创新方法解决策划问题。该模型的突出作用是，用系统观点对策划问题进行时空多方位的审视和分析，对策划的难易程度、是否可行一般能够给出明确的意见。

一、思维策划模型的含义

“四维策划模型”是一种策划分析工具，“维”是空间的概念，在这里表示方向、要素，“四维策划模型”即由4个要素构成，分别是：知己、知彼、正合、奇胜。为便于理解和使用，首先给出平面示意图(如图5-6所示)。

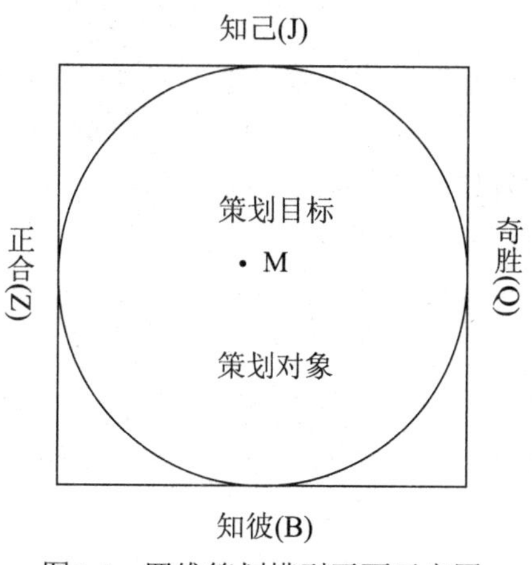

图5-6　四维策划模型平面示意图

在平面示意图上，四维策划模型由方框和圆形构成，方框代表策划的四大要素，圆形代表策划的对象。其思想的内核是中国式的，中国文化倡导：做人要外圆内方。但做事呢？则要中西结合，外方内圆。

具体图形和符号含义。

□：表示策划思维的框架，框架越大说明策划力越大，策划的把握性越大。它由4个面(4大要素)组成，分别是：知己、知彼、正合、奇胜。

○：表示策划的对象，它被放置在一定的思维框架中，圆形越大，说明策划问题的难度也越大，策划的把握性越小。

决策目标(M)：表示策划的企图和目的。

知己(J)：表示策划的主体。

知彼(B)：表示策划的客体。

正合(Z)：表示商务策划师或决策者的资源及优势。

奇胜(Q)：表示策划的创新手段和能力。

(1) 知己(J)——策划的主体：包括经验、知识、关系、信息等4个因素。在这些因素中，稳定性最好的是经验，知识、关系次之，信息最不稳定。

(2) 知彼(B)——策划的客体：有时是指外部宏观环境，主要包括政治、经济、科技、文化等4个方面的因素；有时是指具体的竞争对象，它是策划必须克服或战胜的因素；有时两个方面兼而有之。

(3) 正合(Z)——商务策划师或决策者的资源和优势：资源分有形资源和无形资源，优势又分显在优势和潜在优势。正合是“明修栈道”的实力，是商务策划师或决策者拥有资源多寡及其掌握、运用的能力。

(4) 奇胜(Q)——商务策划师或决策者的创新手段和能力：创新手段主要指方式、方法，而创新能力主要是预见力、创意力和应变力。奇胜是“暗度陈仓”的保证。

二、四维策划模型定性分析

在实际应用中，为进一步方便操作，使思维工作流程化，策划工作能够迅速展开，可以将四维策划模型平面示意图分解成两个二维坐标图进行定性分析。即一个是知己、知彼——反映策划主体和策划客体的二维坐标；另一个是正合、奇胜——反映策划主体资源条件和创新能力的二维坐标。

通过这两个二维坐标，可使我们更加清晰地了解策划思维的要素内容，以及策划有无能力进行和是否有继续的必要。

从“知己、知彼”中确定策划的必要条件(如图5-7所示)。其含义如下：

J轴——知己线，反映商务策划师或决策者的内在决策能力，它是经验、知识、关系、信息的综合指标。

B轴——知彼线，反映策划的客观环境或竞争对象状况，它是政治、经济、文化、科技或竞争对手的综合指标。

M——策划目的或决策目标，是商务策划师或决策者所要达到的最终目的。

通过“知己、知彼”各项因素的客观排列和分析，研究策划的必要条件是否具备。从图形上看，J轴上的知己指标和B轴上的知彼指标能否满足策划对象的需要，能则具备策划的必要条件，不能则需创造条件或推迟、放弃策划。

从“正合、奇胜”中确定策划的充分条件(如图5-8所示)。

图中的含义如下：

Z轴——正合线，反映商务策划师或决策者的资源和优势，它是正面出击和与竞争对手抗衡的实力和潜力的综合指标。

Q轴——奇胜线，反映商务策划师或决策者的创新方法和能力，它是出奇制胜能力的综合指标。

通过“正合、奇胜”各项因素的客观排列和分析，研究策划的充要条件是否具备。从图形上看，Z轴上的正合指标和Q轴上的奇胜指标能否满足策划对象的需要，能则具备策划的充要条件，不能则需创造条件或推迟、放弃策划。

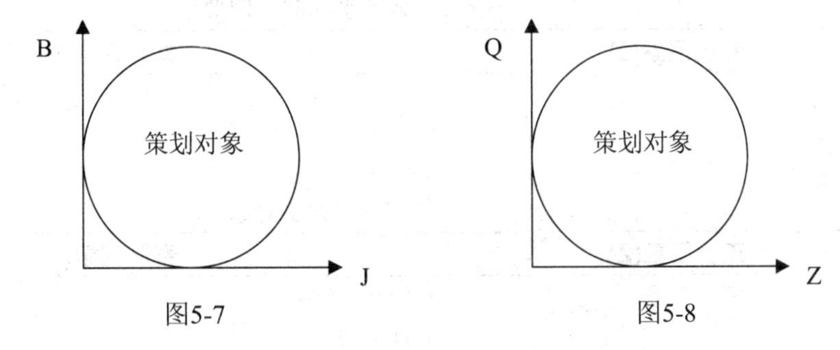

图5-7　　图5-8

以上是一个简单易行、定性式的策划分析，其突出的作用是：

(1) 当一个策划问题出现时，可迅速通过此模型了解策划的难易程度和对策划要素的掌握情况；

(2) 防止策划的盲目性。

三、四维策划模型定量分析

按空间物理学的概念，由一个方向确立的空间模式是一维空间，一维空间呈现直线性，只被长的一个方向确立。由两个方向确立的空间模式是二维空间，二维空间呈面性，被长、宽两个方向确立。

同理，三维空间是体性，被长、宽、高3个方向确立。四维空间呈时空流动性，被长、宽、高和时间四个方向共同确立。

“四维策划模型”借用上述概念，即策划的成功与否由4个方向的要素(知己、知彼、正合、奇胜)所决定。其4大要素构成的四维坐标图，如图5-9所示。

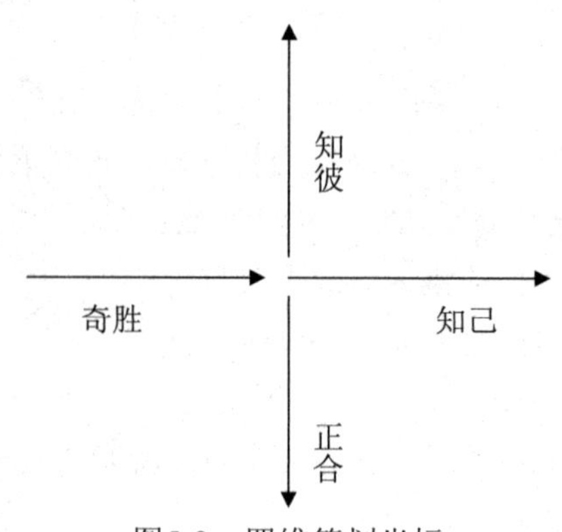

图5-9　四维策划坐标

在掌握策划的二维坐标定性分析应用要领后，可在策划的四维坐标上进行定量分析，具体应用时可按以下步骤进行：

(1) 确定各维坐标的关键要素。学习和应用SWOT分析法，列出各个要素的关键点，每个要素的关键点一般不超过4个(如表5-1所示)。

表5-1　各维坐标的关键要素

知己因素(J)	知彼因素(B)
经验 知识 关系 信息	政治 经济 科技 文化(或竞争对象)
正合因素(Z)	**奇胜因素(Q)**
有形资源 无形资源 显在优势 潜在优势	创新方法 预见力 创意力 应变力

(2) 分别在这四维坐标上按+10至-10进行刻度。知己、知彼、正合坐标上的各要素按0至+10进行刻度，各关键点(决策点)总刻度值为10，其中，知己、知彼坐标上每个关键点刻度值为2.5；奇胜坐标上的要素按－10至0进行刻度，各关键点(决策点)总刻度值也为10，每个关键点刻度值为2.5。

(3) 根据实际情况对每个要素的各个关键点进行评定，即确定各个要素的总刻度值绝对值的大小。总刻度值绝对值越大，反映该要素状况越好，反之则越差。

(4) 按各关键点的重要程度加权并求各坐标的代数和。假定每项要素总刻度值绝对值为6以上方可进行策划，即4项要素总刻度值绝对值须>24且不能出现任何一项要素的总刻度值绝对值为0的现象，否则策划需补充条件，或推迟或放弃。

(5) 根据上述结果进行策划定位和评价，将会出现多种组合结果，典型的有以下4种。

① 完美策划：各要素的绝对值加权代数和均为10(极理想状态)，策划力图形(虚线构成部分)为矩形(如图5-10所示)。

② 不确定策划：4项要素中有一项绝对值加权代数和为0或极小，策划力图形(虚线构成部分)为三角形或近似三角形(如图5-11所示)。

③ 可行策划：4项要素的绝对值加权代数和>24，策划力图形(虚线构成部分)为不规则的面积较大的四边形(如图5-12所示)。

④ 不可行策划：4项要素的绝对值加权代数和<24，策划力图形(虚线构成部分)为不规则的面积较小的四边形(如图5-13所示)。

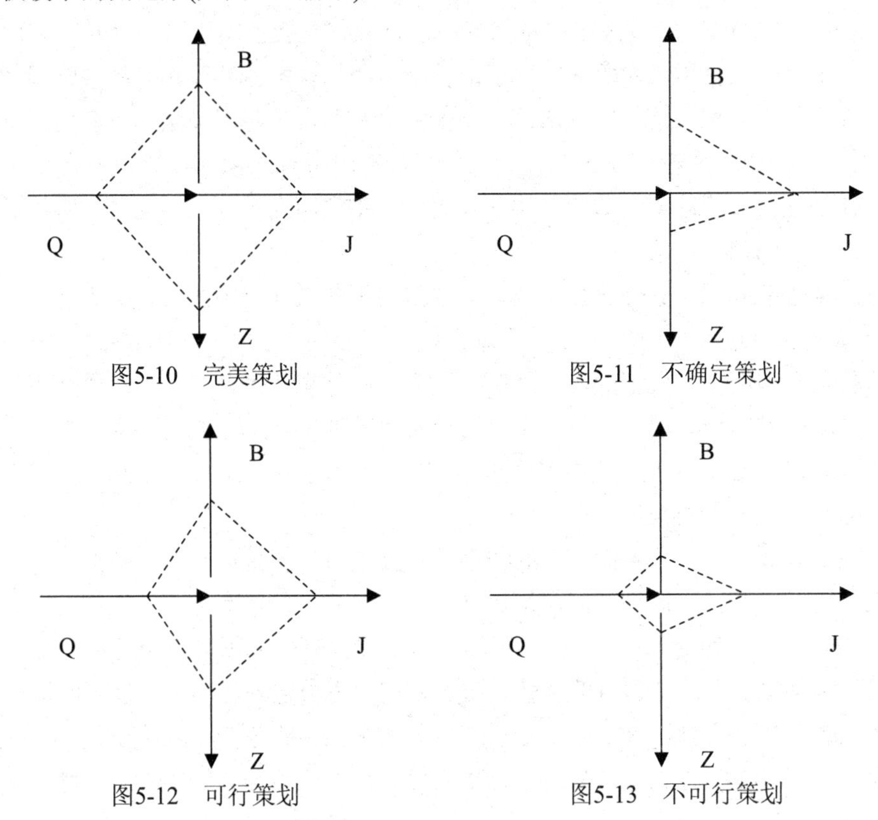

图5-10　完美策划

图5-11　不确定策划

图5-12　可行策划

图5-13　不可行策划

综上所述，“知己、知彼”是策划的前提，而“正合、奇胜”是现代创新决策思维的基本法则。利用此模型不但能够迅速进入策划状态，而且可以有效防止商务策划过程中的漫无边际和无效性。

第四节　商务策划实战案例

一、个人生涯策划

作为谋求利益与优势的商务策划，可以运用在各类经营活动中，个人的事业策划出色，一样可以创造奇迹。

在竞争激烈的春秋、战国时代，有许多享誉当时、流芳后世的成功人物，总结他们的思维与行为方式，无一不揭示着商务策划的原理与规律。像春秋五霸，像孙武、孙膑，像吕不韦，秦始皇，还有像大名鼎鼎的张仪、苏秦，发生在他们身上的故事，或大或小，无一不是出色的策划案例。

战国时期，秦国在商鞅变法之后，一跃成为七国中实力最强的国家，对其他六国(楚、齐、燕、韩、赵、魏)构成了严重的威胁。从此，社会上出现了一种从未有过的长期紧张局面。于是，以秦国为对象，产生了两种崭新的但也恰恰针锋相对的战略思想和外交政策：一种是合纵对抗政策，即围堵政策，主张从北到南，各国缔结军事同盟，共同抵御秦国的侵略，秦国如对某一国家发动侵略，即等于向所有的盟国侵略，各国同时出兵作战；另一种是连横和解政策，即和平共存政策，主张从西向东，各国同时与秦国签订友好条约，保持双边的和平关系。

当时，东方的齐国与秦国旗鼓相当，双方都在不断兼并周围弱国、扩大势力范围，诞生了“合纵”和“连横”两个中心——以齐国为中心的“合纵”和以秦国为中心的“连横”。这就是我国历史上所谓的“合纵”“连横”的外交斗争。实际上，“合纵”和“连横”都是争取暂时同盟者的一种外交手段，目的都是进一步兼并土地，扩张领土。

“合纵”和“连横”是两幕精彩的历史剧，他们的导演就是“合纵”的代表人物苏秦、“连横”的代表人物张仪。

苏秦在研究社会局势和各国君主的心理后，提出对秦国采取合纵对抗的政策。苏秦先后跑到六国进行游说，六国完全同意签署这个盟约，并一致任命苏秦为他们的宰相，让他担任“纵约长”——南北联盟组织的秘书处。公元前333年，围堵政策完成，第一次“合纵”形成，纵横家苏秦的个人目的也就达到了，成为古今中外任职国家最多的宰相。

在拆散齐楚盟约之前，其实张仪把“连横”的政治主张第一个献给了楚王，他想在楚国谋个官位，但楚王一点也不感兴趣。官虽未当上，但张仪却凭一张不烂之舌，在楚国赚了一大笔钱。

那时候张仪很不得志，生活穷困潦倒，于是跑到楚国游说，因得不到楚王的赏识，生活日益拮据，同去的人都在埋怨，嚷嚷着要回家去。

张仪听说楚王正宠爱两个美人，一个是南后，一个是郑袖，于是眉头一皱，计上心来。他对同去的人夸下海口说：“只要让我见到楚王，我包管大家吃山珍、穿绫罗。如若不然，你们敲掉我的门牙。”

过了几天，张仪终于见到了楚王。楚王对他那一套连横主张毫无兴趣。张仪不慌不忙地说：“如果大王真的不喜欢我的话，请准许我离开这里，去晋国跑一趟。大王不想从晋国要点什么东西吗？”

楚王听了，态度很冷淡，说：“金银珠宝、象牙犀角，本国多的是，晋国的东西没什么稀罕的。”

“大王不喜欢那边的美女吗？”

这句话像电流一样触动了楚王的神经，他连忙问：“什么？你说的是什么？”

“大王，我说的是晋国美女。”张仪假装正经、绘声绘色地说：“晋国的女人个个貌若天仙，粉红的脸蛋，雪白的肌肤，说起话来脆如银铃，走起路来如风摆杨柳。”

楚王听得心花怒放，立即命令张仪去办。

张仪回到住处故意叫人将这个消息传到南后和郑袖的耳朵里。两人听了，慌作一团，连忙派人去和张仪疏通，并献上黄金千两。张仪向来人表示，他一定推辞去晋国，不让两位美人失望。

起程前，楚王为张仪饯行。张仪对楚王说："如果楚王叫最信得过的人给我斟酒，我将三生有幸，把楚王交办的事办得更好。"于是，楚王把南后和郑袖请出来，轮流给张仪斟酒。张仪见了南后、郑袖，故作惊讶，扑通一声跪在楚王面前，连说："死罪！死罪！我对大王说了谎话。"

"这是怎么回事？"楚王奇怪地问。

张仪说："我的足迹遍及列国，但从未见过像大王两位爱妃这样绝色的美人。上次我对大王说要把晋国的美女献给大王，那是因为没有见过大王两位爱妃的缘故。我对大王说了谎，罪该万死！"

楚王松了一口气，说道："原来是这样，那你就不必去晋国了。我一向认为天下没有比我的两位爱妃更漂亮的女人，你的话就是最好的验证嘛。"

就这样，张仪凭他的如簧巧舌，在楚王面前玩了一回"空手道"，白得黄金千两。

二、项目经营策划

你能想象出来，一个人能办奥运会吗？但美国人尤伯罗斯就办到了。

1978年11月，就在洛杉矶市获得第23届奥运会主办权后一个月，市议会通过了一项不准动用公共基金办奥运会的市宪章修正案。洛杉矶市政府只好向美国政府求助，但被美国政府拒绝，并表示不会提供一分钱。

万般无奈之下，洛杉矶政府破天荒地提出设想，能否由民间私人来主办这届奥运会。可是，这么大的赛事、这么大的风险谁承担得起呢？前几届奥运会全都亏损，且数额巨大，如1976年加拿大蒙特利尔第21届奥运会，亏损达到10亿美元；1980年苏联莫斯科第22届奥运会亏损更多，达几十亿美元。恰在这时，一个名叫彼得·维克多·尤伯罗斯的人站了出来，他卖掉自己的旅游公司，筹得1 040万美元作为启动资金，但这点钱怎么能举办无底洞似的奥运会呢？且看尤伯罗斯的创意和智慧是如何策划展开的：

主创意——提高奥运形象的竞争意义，接受企业赞助，帮助他们提高产品知名度。主创意产生了——奥运会的商业模式，前所未有！策划的思维裂变点随即发生。

创意一：立即派出大批工作人员到美国、日本等经济发达国家，广泛搜集那些有实力和意向通过赞助奥运会提升知名度的企业，这样的企业很快就有了12 000家。

创意二：先在其中的10多个有名的企业里散布同行业竞争的计划和出资数额，挑起同行业之间的竞争。然后，爆炸性地宣布了招标计划：第23届奥运会的赞助单位仅招30家，多一个也不要，每个赞助企业至少出资400万美元，少一分都不行，并且每一种行业只选一家。这样做的目的是造成能够赞助本届奥运会的企业相互竞争，结果，各大厂商纷纷抢先行动，互争席位，将赞助额越抬越高。如百事可乐和可口可乐这对欢喜冤家就首先掉进了陷阱。1980年的奥运会，百事可乐占了上风，并以此为契机，完成了企业形象和利润的双重飞跃，开始与可口可乐分庭抗礼。不甘就此认输的可口可乐于是下定决心要在这届奥运会上挽回面子。

当尤伯罗斯向这两家大公司抛出400万美元的底价时，百事可乐因没有思想准备而犹豫不决，而可口可乐为了一举击败百事可乐，报出了1 300万美元的天文赞助数额。果然，百事可乐没有还手，放弃了竞争，而可口可乐成为第23届奥运会饮料行业的独家赞助商。

就这样，通过30家赞助单位筹集了2.8亿美元；通过出售奥运会指定商品专卖权，引起各大公司竞争，集资3.85亿美元。

创意三：将奥运会实况电视转播权作为专利拍卖，通过成功地策划美国广播公司和全国广播公司的竞争，最终与全国广播公司达成了2.5亿美元的协议。

创意四：奥运会开幕前，要从希腊的奥林匹克把火炬点燃空运到纽约，再蜿蜒绕行美国32个州和哥伦比亚特区，途径41个城市和1 000个镇，全程1.5万里，最后通过接力传到洛杉矶，并在开幕式上点燃。尤伯罗斯发现，参加奥运火炬接力长跑是很多人梦寐以求、引以为荣的事情，于是，历史上从未有过的、只需交纳3 000美元就可参加美国境内奥运火炬接力跑的办法出台了，这一商业化火炬传递又筹集到3 000万美元。

创意五：实施“赞助计划票”，制作各种纪念品出售等，筹集数千万美元。

最终，“一个人办奥运会”取得了前所未有的成功，而尤伯罗斯更是从这届奥运会上赚到了2.5亿美元的巨额财富。

当策划的能力发展到一定阶段后，它所积累、聚合的各种主客观资源及创新思维习惯、实战经验就会产生“核裂变”，不断衍生出新的创意、新的概念、新的模式。

2012年轰动中国的文化产业品牌《中国好声音》，在创新思维的整合效应下，让明星选草根，也创造出空前的项目运营奇迹。

近年来，中国整个流行乐坛陷入低迷，虽然各种选秀节目此起彼伏，但新生代好歌手好作品匮乏，社会和行业市场一样焦急，急需注入一股振奋人心的力量，越想振奋人心，就越需要正本清源。需求主导商业创意，《中国好声音》适时应运而生。

2012年7月13日，《中国好声音》在浙江卫视正式开播，首集《中国好声音》便拿下了1.477的收视率，位列全国第二。其后的13集，收视率一直高高在上，直至5.036%的奇迹巅峰。

那英、刘欢、庾澄庆、杨坤四位导师的个性鲜明：为了争夺学员，互相吐槽，互相“打压”，面对学员的情感故事，他们分享自己的人生经验，让观众看到了他们性格中活泼生动的侧面。

其实《中国好声音》就是一个文化商业项目整合创新的案例，它在主题概念、赢利模式、市场定位、价值链整合方面都有成功的展现。

创新点之一：悬念式只闻其声

《中国好声音》不以貌取人，只用声音打动人，而明星导师们选取学员的标准也一律以“好声音”为评判。

抵制了国内的多年以来，选秀节目以“恶俗、毒舌、冷酷、拜金、富二代、造假”等吸引观众眼球节目形式，显示出更贴近生活、朴实无华的感动。

创新点之二：共享式制播分离

《中国好声音》是中国电视节目历史上真正意义的首次制播分离。中国到目前为止，各大卫视的“制播分离”划分了三种模式：

第一种模式是电视台的劳务输出。电视台把一部分工作交给电视台以外的人来做，但是总的控制权在电视台，有时还会下派导演负责。

它只是把一些纯粹劳务，包括剪辑师、编导等基层工作请外人完成，但核心技术和节目内容都是电视台掌控的。

第二种模式是电视台负责审查、付费和播出，制作公司全职生产，这种模式是目前的主流。由某制作公司负责创意、理念、制作，独立完成一档节目。制作公司先拿出一个样片，交由电视台的审片委员会审查，他们会预估这个节目的收视率和广告吸附力，再考虑是否购买。

第三种模式是《中国好声音》创新出的一种制播分离模式：制作方和电视台共同投入，共担风险，共享利润。根据报道，制作方和电视台之间有一道线的约定，低于这道线，制作方赔偿，高于这道线，二者分红。

制作方为了更高的收视率，必须提高节目的品质，必须请非常专业的明星、制作人员。这种制播分离的模式，制作成本上不会吝啬，而要想办法把节目质量提高。

创新点之三：共赢式艺商合股

《中国好声音》不同于以往的节目对明星导师们采取付费的方式，那英、刘欢、庾澄庆、杨坤四位导师的收入模式是技术入股，彩铃分红。不像以往的节目邀请嘉宾的方式较为简单，节目组打包报价或是按照场次计算，嘉宾每做一期节目算一场报酬，此前就有消息称：《中国好声音》花费2 000万酬劳邀请四位明星导师。

《中国好声音》则是把整个导师团队跟节目后期的市场开发捆绑在一起，导师在节目当中的参与和投入作为投资。制作方与中国移动有很好的合作，尝试把音乐类的后期开发，把所有学员的现场演唱制作成彩铃，提供给全国的手机用户来下载。

学员们的收入也将来自彩铃下载，学员通过彩铃下载得到认可之后，还可以从中分红，形成良性循环，共赢互利。明星导师们也共同投入，明星导师无疑也会利用自己的资源帮助进行全产业链的打造。

创新点之四：链环式收益开掘

在项目的策划上深挖收益点，除进行广告、付费下载创收，还向后续业务延续，打造全产业链。

《中国好声音》开播的前三期节目收视率分别为超过1.5%、2.8%、3.093%。据保守统计，浙江卫视10场《中国好声音》的软、硬广告收益约在2.508 8亿～2.708 8亿人民币。

制作方和电视台除了传统的广告收入分成、向视频网站征收的版权费之外，还把目光投向了整个音乐产业链。制作方把选手签约这一环以及签约后的商业演出等项目也收归自己所有，纵向开发，全价值链运作。加上一系列为选手定制的商业演出、活动(国内大型连锁酒吧的定期室内演唱会，国内、国际商业演出，音乐剧以及中国移动付费彩铃下载)，不仅延长了选秀选手的生命力，也建立了《中国好声音》品牌的持续赢利能力。

节目策划人表示：“《中国好声音》对后端产业链的开发也有助于让中国乐坛的现状得到改变。”《中国好声音》中明星导师共同打造产业链的模式让明星们长期共同投入，使得明星效应发挥出了更大的作用。

把本节的两个案例概括起来分析，洛杉矶奥运会和《中国好声音》的策划创新思维分别是对项目资源的横向和纵向发散，实现价值链的效益最大化。

三、产品经营策划

宝洁公司目前是世界上最大的洗涤和护肤保健品制造商，旗下拥有潘婷、OLAY、SK-II、伊奈美、飘柔、海飞丝、沙宣、伊卡璐、威娜、舒肤佳、卡玫尔、吉列、护舒宝、朵朵、佳洁士、帮宝适等300多个品牌，是目前全球最大的日用品公司，是2011年美国《财富》杂志“世界五百强”第80位，同时是财富500强中十大最受赞誉的公司之一。

在同类产品、行业市场空前激烈的中国市场上，面对众多产品力强大的国际品牌，如庄臣、雅芳、安利、强生、露华浓、高露洁、雅诗兰黛、吉利、联合利华、汉高、威娜、妮维雅、欧莱雅、资生堂、高丝、花王，还有策划力强大的舒蕾、风影、飘影、好迪、拉芳、雅倩、丹芭碧、彩诗、美加净、索芙特、纳爱斯、六神、舒婷、中华、田七、立白、奇强、雕牌等本土品牌。依靠持续的创新思维的整合运用，宝洁公司的产品营销策划成为快速消费品市场上，最成功的经典策划系统案例之一。

(一) 产品策略

1. 品牌策略

品牌是有形产品的一个重要组成部分。它是一种联结产品生产线内部物体和强调产品个体性的方式，也是公司表现的一个重要行为之一。

公司一般有两种基本品牌策略：一种是下属品牌，如吉列下属系列产品；另一种是多品牌策略，如宝洁公司的海飞丝、潘婷、沙宣等品牌。宝洁认为，在竞争经济中，与其让对手开发出新产品去瓜分自己的市场，不如让本企业各种品牌的产品分别占领市场，以巩固自己在市场中的领导地位。其次，利用一品多牌，可以满足不同层次、不同需要的顾客需求，从而培养消费者对本企业的品牌偏好，提高顾客忠诚度，同时减少竞争对手的销售渠道。

基于上述原因，宝洁在中国采取多品牌产品策略，但并不是简单地把一种产品贴上几种商标，其品牌发展的重点是品牌的系列化和差别化，每个子品牌都有准确的市场定位，同类产品的多种品牌，相互竞争又各有所长。以洗发水为例，有效地加大产品线的深度，从而满足不同层次、不同需要消费者的需求，提高顾客忠诚度，这是单个品牌所无法达到的。

宝洁的多品牌产品策略成功于：①多品牌产品吸引不同细分市场的顾客并且满足顾客

的多种需求。②多品牌产品可以在超市占据更多货架，有效增加其产品销量。

2. 新产品开发策略

企业不是处于一个静态的环境中的，而是不断地受技术变革、顾客喜好的改变和竞争者产品范围改变的影响。现有产品处在其产品生命周期的不同阶段，都可改良以最大限度发挥潜力，同时用新产品来取代成熟期和衰退期的产品。宝洁1998年更与清华大学合作建立它的全球第18个技术中心，利用宝洁的技术优势不断生产更多符合中国消费者喜好的新产品。

新产品开发有六种策略：产品革新、新产品线、产品线延伸、现有产品的改进或改变、重新定位和削减成本。宝洁大量投资于研发，保证在中国市场每半年就推出一个新产品。

宝洁公司产品策略帮它成功地树立良好的公司形象，其众多品牌如飘柔、海飞丝、舒肤佳、玉兰油、汰渍等，已经成为日化市场无可抗衡的品牌领袖。

(二) 价格策略

宝洁的定价策略主要采取价值定价。所谓“价值定价”，是指尽量让产品的实际价值，以合理的定价提供合适的质量和良好的服务组合的方法。旨在取消给经销商的各种促销的折扣奖励或回扣等，降低产品单价，大幅降低促销资金。初期，这种改变行业规则的做法遭到强烈反对，甚至90%的以特许经营的零售企业反对。随着宝洁公司不断说服零售企业和对产销协作的极力推行，新兴“天天平价”的零售商——沃尔玛开始与之合作，市场份额逐步回升。它与沃尔玛共享信息，利用数据库，宝洁可以得知沃尔玛仓库和各自店铺里自己产品的销售情况和库存情况，以利于双方的补货供货，从而达到降低成本、提高效率的目标。

其次，通过价值定价策略将价格掌控在自己手中，断绝分销商对折扣定价的依赖性，同时，消费者对宝洁产品的价格形成较为完整的预期，提高对宝洁品牌的忠诚度。

(三) 广告策略

广告，即广而告之，是传播信息的一种方式，其目的在于推销商品、劳务，影响舆论，或引起刊登广告者所希望的其他反应。

宝洁公司的广告特点表现在：以利益诉求和情感诉求为广告导向；描述法、比较法、专家法等表现手法的灵活运用；持续的广告攻势；制造概念并强化概念的广告传播策略。

1. 诉求策略

宝洁部分产品广告诉求，正由利益诉求转向情感诉求。利益诉求就是从品牌的功效来演绎概念；情感诉求则从与消费者的情感联系中演绎概念。如洗发水：2000年之前宝洁洗发水广告主要诉求于利益，强调“健康”“去屑”“柔顺”等产品功能；2000年之后开始尝试情感诉求，将情感元素融合到广告当中。飘柔曾经推出过自信的概念、潘婷也在泰国以“你能型”为广告主题进行宣传。

2. 表现策略

宝洁公司的广告多采用描述法、比较法、专家法来进行广告画面表述。描述法就是用动画的手法来演示产品作用的过程，可以形象生动直观地展示产品的特色，表达产品的定位。如潘婷的广告演示了“含丰富的维他命B_5，能由发根渗透至发梢，补充养分，使头发健康、亮泽”；比较法是将自己的产品与竞争产品相比，突出其优越性。舒肤佳广告将洗手前后的效果与竞争产品对比；专家法就是通过专家建议来解决问题的方法，专家的权威性往往是功能的最有效证明。佳洁士牙膏在推广时就是采取这种方法。

宝洁公司采用这样的表现方式很直观地突出其产品的功效，向消费者提供一个或多个利益点，来直接阐述商品的特点，用产品的特殊功能来打动消费者。

3. 投放策略

宝洁的广告是常年无间断进行的。我们几乎每天都可以在电视上看到宝洁的产品在进行宣传。这与其他品牌不同，其他品牌一般使用跳跃式的广告或是在产品市场导入期及销售旺季到来之前进行广告宣传。宝洁常年的广告首先使消费者认知宝洁的品牌，长期的广告也会引起消费者尝试购买的欲望，加之产品的较高品质使消费者对产品产生认同感，逐渐使消费者成为宝洁的固定消费群，宝洁的市场占有率进一步提升。

宝洁在有新的产品推出时，广告宣传也会变得丰富，广告投入费用也大增。在新产品进入市场的初期，宝洁进行大量的广告投入，以达到较高的广告覆盖度。在消费者知晓与接受了新的品牌之后，宝洁公司再由强大的广告攻势转为广告与其他促销方式的同时并用，综合运用，为形成消费者的购买习惯、提高品牌忠诚度，继续做坚持不懈的努力。

促销是他们经常采用的方式：打折、赠品或买送活动。同时直邮广告也是常用方式：时尚类杂志、超级市场及大卖场或是普通消费者的信箱，是宝洁公司赠送小包装的试用品的主要投放地点。采用这样的宣传方式，可以说是宝洁广告宣传的特点。在推出新产品时或在商品的销售旺季来临之前，把商品直接送达消费者，让消费者亲身使用，让其对产品产生一定的评价，决定是否购买。同时这种宣传方式相对也是比较节省广告费用的。

4. 知识营销

所谓的知识营销，是指企业在营销过程中注入知识，帮助广大消费者增加商品知识，提高消费者素质，从而达到销售商品、开拓市场的目的。宝洁的知识营销是很典型的，在营销过程中打造一系列的概念。在洗发、护发类产品中，这一营销理念被应用到了极致，每个品牌都赋予了一定的知识，打造一个概念，从而给每个品牌赋予以个性。

例如，“海飞丝”的个性在于去头屑；而“潘婷”的个性在于对头发的营养保健；至于“飘柔”的个性则是使头发光滑柔顺；“沙宣”则定位于调节水分与营养。在广告宣传上，知识、概念的运用也表现得淋漓尽致。

看看海飞丝的广告：海飞丝洗发水，海蓝色的包装，首先让人联想到蔚蓝色的大海，带来清新凉爽的视觉效果，“头屑去无踪，秀发更干净”的广告语，更进一步在消费者心目中树立起“海飞丝”去头屑的信念；看看潘婷：“含丰富的维他命原B_5，能由发根渗透至发梢，补充养分，使头发健康、亮泽”；突出了“潘婷”的营养型个性，维他命原B_5，偏偏不用大众化的称呼：维生素B_5。

飘柔"含丝质润发，洗发护发一次完成，令头发飘逸柔顺"的广告语配以少女甩动如丝般头发的画面，深化了消费者对"飘柔"飘逸柔顺效果的印象。通过准确的市场细分与定位，有效地阻击了竞争对手的进入；而实施知识营销，则使品牌具有了鲜明的个性，增强了品牌的核心价值。

(四) 渠道策略

1. 分销策略

营销渠道是促使产品或服务顺利地被使用或消费的一整套相互依存的组织。2003年至今，宝洁通过改进与完善渠道组织结构，逐渐形成现有的渠道管理模式。基本形成"经销商(或称为分销商)+大卖场直供"整体渠道格局，以及具有宝洁特色的分销商的营销管理机构。

2. 数字营销策略

数字营销 (Digital Marketing) 是使用数字传播渠道来推广产品和服务的实践活动，从而以一种及时、相关、定制化和节省成本的方式与消费者进行沟通。数字营销包含了很多互联网营销(网络营销)中的技术与实践，但它的范围更加广泛，还包括了很多其他不需要互联网的沟通渠道。因此，数字营销的领域就涵盖了一整套元素(A Whole Host of Elements)，如：手机，短信/彩信，显示/横幅广告以及数字户外广告等。

宝洁的数字化营销主要包括4步，分别是捕捉、连接、接近、持续。

第一步，捕捉，也就是如何找到并获得企业的目标客户或消费者。在抓住和吸引吉列旗下锋隐品牌的受众时，宝洁发现女性会非常耐心地上网搜索，男性不是积极主动的学习者，但可能会受到非常酷的名人的影响，于是宝洁就在网上利用名人试用效应，把男士对湿式剃须刀传统误解扭转过来。宝洁还发现80% 的年轻男士与媒体接触都是在互联网，于是宝洁研究了搜索引擎当中的"湿式剃须"的关键词，发现有几千万条结果展示给年轻男士，宝洁把他们的搜索与吉列锋隐网站进行对连，结果发现确实有很大的流量被导入到其中。

第二步，连接。通过一些数字化的工具，让客户参与到企业的活动当中去，把产品和消费者联结在一起。吉列锋隐品牌在中国推广前，宝洁找到不同行业有影响力的150名男性试用，包括公司的CEO、娱乐明星、设计师、主编、体育运动的评论人士等，体验以后请他们通过微博、博客、视频网站等网络数字的平台广泛进行分享，使得该产品在推上市场前就已经有1 000万次出现展示的机会产品推向市场以后，这些名人被邀请作为舆论的引导者在网上进行体验的分享，结果得到了3 500万条网友的进一步反馈。另一个例子是，赞助了"中国达人秀"的海飞丝，成功地创造了一种数字化的品牌，所有的消费者可以把他们的才能通过"海飞丝实力擂台"的线上方式来进行展示，同时访问者可以对线上他们最喜欢的技能进行投票，进一步拓展了品牌和客户之间的联结。

第三步，接近。消费者购买宝洁的产品，会把网上的产品和"达人秀"联系在一起，宝洁在实体店也可以告诉消费者宝洁有网上品牌。在网上，宝洁和顶级的电子商域进行合作，包括淘宝商城，为客户设立一些量身定做的计划，这样网上的商品购物平台和零售店相互促进，不但网上销售上涨了8倍，实体店的销售也提高了15倍。

第四步，持续。企业在销售了产品以后，怎么样进一步保持和客户的关系，与客户形成一种相互的虚拟良好的互动。海飞丝的例子是，在与“中国达人秀”一起合作时，微博上不仅有“中国达人秀”的账户，也有海飞丝的账户，现在相关粉丝的数量要比通常平均数多了3倍，效果是在海飞丝基础本来非常雄厚的前提下，业务量上涨了40%。

在宝洁2011年的销售额中，其35%的份额均来自于以中国为首的发展中国家，而这一部分市场成熟度不高，处于不断上升发展之中，因此未来宝洁发展的潜力应在以中国为首的发展中国家。

四、企业经营策划

组织和企业经营，利益和发展是资本永恒的目标，在过剩、竞争的市场环境下，没有创新求异的策划支撑经营战略，想实现生存都是很大的困难；几乎在所有的著名企业品牌的背后，都闪烁着一个个策划的精彩。

1999年开始起步的蒙牛完全是白手起家，典型的“三无企业”——无工厂、无奶源、无市场。短短6年时间，蒙牛销售收入从1999年的0.37亿元飙升至2005年的108.28亿元，年平均发展速度高达323%！在中国乳制品企业中的排名由第1 116位上升为第2位，创造了在诞生之初的1 000余天里平均一天超越一个乳品企业的发展奇迹！

蒙牛从无到有，从小到大，从大到强，凭什么能够屹立于奶制品的华山之巅，并成为中国企业发展的一面旗帜？除了产品品质优良、企业管理有方、政府支持等因素之外，蒙牛的飞速发展还得益于其极为成功的营销策划。可以说，牛根生和他的蒙牛是中国企业中运用整合原理最为杰出的典范。

巧妙的整合可以实现1+1远大于2的系统功能。蒙牛深谙此道，自2003年以来，通过两次营销大整合和事件营销手段，实现了企业发展的飞跃和爆炸式的增长。

一次是在2003年获得“央视标王”后，经过大胆、精心的策划，蒙牛决定参与“神五飞天”这一重大事件。“神舟”五号载人航天，在中华民族史上是一件开天辟地的大事。在此之前，世界上发射过载人飞船的国家只有两个：前苏联和美国。两个超级大国在冷战年代，用载人飞船震撼了世人。今天，一个第三世界的国家——中国，也要涉足载人航天，这是全世界最大的新闻，各种宣传机器开足马力，自然吸引了全球的眼光。有什么事件能调动这么多的媒体？有什么信息能牵动这么多的人心？用营销的眼光来看，拿广告的尺度来量，这是花几个亿、几十个亿甚至上百亿都无法达到的宣传规模和效力。要是有企业能够搭上这趟飞船，那么企业腾飞的高度是多少呢，岂止一千米、一万米？

这样史无前例的机会牛根生和他的蒙牛居然敢抓，并且通过整合各种关系最终抓住了。蒙牛当然首先要考虑自己能为国家做点什么，从什么地方切入。经过公关活动，他们了解到，首批航天员候选者共14人，全部是万里挑一的空军精英，航天员身体比金子还贵，他们的食谱规定就达8页之多，其保健之严格，不亚于一国总统。对，就从这里入手！于是，蒙牛人开始卧薪尝胆，接受多次极为严格、仔细的筛选，接受一系列物理的、化学的检验，最终蒙牛牛奶从众多品牌的牛奶中脱颖而出，并于2003年4月被确定为“中国航天员专用牛奶”。

2003年10月16日6时46分，随着北京指挥控制中心宣布“中国首次载人航天飞行取得圆满成功”，蒙牛的“为中国喝彩”的电视、报纸广告立即如雪花似地飞向中国，一个重大的谜底揭开了：蒙牛，“中国航天员专用牛奶”！从此，蒙牛品牌一夜成名，销售额迅速大增，一举扭转了与同行“拼价格”“拼渠道”“拼促销”的被动局面。据AC尼尔森发布的统计数据，蒙牛液态奶销量自2003年10月—2004年7月，连续10个月居全国之冠。也就是说，从“神舟”五号飞天当月起，蒙牛牛奶便开始荣登榜首，踏上了领跑中国液态奶行业的轨道。

蒙牛的另一次营销策划大整合是在2005年2月，与湖南卫视宣布共同启动“2005超级女声”。“超级女声”是湖南卫视推出的一档娱乐栏目，受众面广，影响力大。2004年，湖南卫视的“超级女声”节目首战告捷。据湖南卫视公布的《2004超级女声影响力分析》显示，2004年湖南卫视的平均收视率位列同时段全国所有卫星频道第二，仅次于央视一套。蒙牛从中嗅到了商机。他们敏锐地看到，“超级女声”节目对其酸酸乳产品而言是个很好的整合营销良机，于是便从这年的9月份开始筹划介入“超级女声”。

在此次营销策划活动中，蒙牛展开了强大的宣传攻势。继双方宣布共同启动“2005超级女声”新闻发布会之后，蒙牛的电视广告、路牌广告等一系列广告宣传会便骤风暴雨似地全面铺开。蒙牛将酸酸乳的目标消费群体定位在12～24岁的女孩，并选择首届“超女”季军张含韵为形象代言人，发布以“酸酸甜甜就是我”为号召的广告，充分表达了个性、前卫的广告诉求，彰显了消费者的个人魅力与自信。另外，每件蒙牛酸酸乳产品包装上都印有“超级女声”的宣传信息，它们本身就是一个很好的宣传，在提升“超级女声”知名度的同时，也为自己造了势。

借助“超级女声”之势，蒙牛还设立了“超级女声”夏令营：凡购买酸酸乳夏令营六连包即有机会参加抽奖活动，中奖者可以免费去长沙观看“超级女声”总决赛，还有机会享受长沙游。此活动进一步与终端销售进行结合，将活动影响力转化为产品销售力。

“超级女声”整合营销策划的成效是惊人的：仅酸酸乳一个产品半年销售即达20多亿元，实现净利润2.5亿元。2005年，蒙牛总收入跨过百亿大关，实现利润4.56亿元。可以说，“超级女声”整合营销起了决定性的作用，而蒙牛为“超级女声”的广告宣传投入只有区区1 800万元。

蒙牛大手笔的整合营销策划不但使自己名利双收，而且为“超级女声”活动推波助澜，使之商业价值大增，如今“超级女声”之类的“平民选秀”活动正在不断推陈出新，向多个领域进军，诸如“快男”“型男”“小鲜肉”等，谁能说后面的跟进者没有受到蒙牛整合大策划的启发和影响呢？

企业的经营往往总是和主导产品的经营策划密不可分，在今天的全球电子市场上，最广为流传的神话大概要数那个“被啃了一口的苹果”所标识着的企业和产品了。苹果的经营创新策划，颠覆了音乐、手机和出版行业，挑战行业一切标准，违背时代潮流，创造了空前的商业奇迹：

1. 偏执的创新

其实所有这些成绩的取得就在于乔布斯将他的旧式战略真正贯彻于新的数字世界之中，采用的是高度聚焦的产品战略、严格的过程控制、突破式的创新和持续的市场营销。

1997年重回苹果后的乔布斯，采取的第一步骤就是削减苹果的产品线，把正在开发的15种产品缩减到4种，还裁掉一部分人员，节省了营运费用。之后，苹果远离那些用低端产品满足市场份额的要求，也不向公司不能占据领导地位的临近市场扩张。

2. 特色

苹果素以消费市场作为目标，所以乔布斯要使苹果成为电脑界的索尼。1998年6月上市的iMac拥有半透明的、果冻般圆润的蓝色机身，迅速成为一种时尚象征。在之后3年内，它一共售出了500万台。而如果摆脱掉外形设计的魅力，这款利润率达到23%的产品的所有配置都与此前一代苹果电脑如出一辙。

3. 结盟

同宿敌微软和解，取得微软对它的1.5亿美元投资，并继续为苹果机器开发软件。同时收回了对兼容厂家的技术使用许可，使它们不能再靠苹果的技术赚钱。开拓销售渠道，让美国领先的技术产品与服务零售商和经销商之一的CompUSA成为苹果在美国全国的专卖商，使公司的产品销量大增。

总之，乔布斯真正的秘密武器是他具有一种敏锐的感觉和能力，能将技术转化为普通消费者所渴望的东西，并通过各种感性营销、饥饿营销等市场手段刺激消费者成为苹果“酷玩产品”俱乐部的一员。

4. 前卫

随着个人电脑业务的严峻形势，前瞻性的乔布斯毅然决定将苹果从单一的电脑硬件厂商向数字音乐领域多元化出击，于2001年推出了个人数字音乐播放器iPod。到2005年下半年，苹果公司已经销售出去2 200万台iPod数字音乐播放器。

在iPod推出后不到一年半，苹果的iTunes音乐店也于2003年4月开张，通过iTunes音乐店销售的音乐数量高达5亿首。在美国所有的合法音乐下载服务当中，苹果公司的iTunes音乐下载服务占据了其中的82%。与此同时，苹果也推出适合Windows个人电脑的iTunes版本，将iPod和iTunes音乐店的潜在市场扩大到整个世界。通过iPod和iTunes音乐店，苹果改写了PC、消费电子、音乐这3个产业的游戏规则。

尽管已经从最初对技术的一无所知变成今天的亿万富翁，但乔布斯做事情的热情始终未变，他对创新的热情就如他最喜欢的《全球概览》停刊前的告别词所写：Stay Hungry. Stay Foolish.(求知若渴，大智若愚。)

每当有重要产品即将宣告完成时，苹果都会退回最本源的思考，并要求将产品推倒重来。以至于有人认为这是一种病态的品质、完美主义控制狂的标志。波士顿咨询服务公司共调查了全球各行业的940名高管，其中有25%的人认为苹果是全球最具创新精神的企业。

低廉的技术创新。研发费用高，技术创新就多，这似乎是个正确的命题，但日前的一则消息彻底打破了这一说法。据国外媒体报道，苹果公司在过去3年的研发费用相当的低，仅为Google的一半左右，而与微软公司相比的话，仅是微软的15%左右。但是，苹果公司的股票市值在2012年7月已经成功超越了微软，成为世界IT产业的龙头。

苹果的股票市值超过了微软，而在决定企业未来的研发领域，微软的开发支出居然多出苹果那么多，这是一个令人吃惊的数据，我们由此可见苹果公司创新效率之高。业内人士认为，苹果的战略是："发现有关产品、工艺和服务的新技术，并应用这些知识创造和改进产品、工艺和技术，以满足市场需求。"

《纽约时报》的一篇题为《新的技术之王：苹果超越微软成第一》的文章中提到，苹果超越微软的原因在于：苹果不断创新，而微软却故步自封。文章称："苹果CEO乔布斯很早就预见到，硬件和软件需要融合到无需用户费力的设备上去。他看得比微软超前多了。"

苹果是奇迹的创造者，现在，iPod掀起了音乐播放器革命，iPhone重新定义了智能手机概念，iPad则让平板电脑成为一种潮流。一个公认的事实是，苹果的产品普遍比微软更有灵性，更符合用户需求。

苹果公司，尤其是其领导者乔布斯的思维过人之处，不仅在于它为新技术融进了时尚的设计，更重要的是它让新技术真正为消费者服务。在回归苹果伊始，乔布斯做了一道减法——把原来的30多个产品线砍到了4个。更多的产品并不意味着更大的公司，乔布斯首先让苹果重新回归专注——贴近用户的需求。苹果的满足用户需求还是紧跟时代的满足，我们会看到iPhone等产品尽管年年都有新一代的产品面市，但是很多情况下都是小幅度的升级。

其实很好理解：真正好产品的创意，不是在实验室获得的，而是来自用户的不断反馈。技术是为社会的需求、为市场和用户服务的，绝不能为了技术而做技术，如果做的技术不是这个市场需求的，那就没有价值，研发投入再高也获得不来效益。

我们再来研究一下，为什么微软的花费那么高？产品线太长是一个原因，另一个原因是弯路走得多，大部分钱都是被浪费了，Xbox，Pc，Mobile的系统都是独立开发的，干同样的事，要花3倍的钱。另外，微软研究院的很多研究没有投入到商业化中或者商业化失败。

一些巨型公司之前太成功了，以至于没有时间来检索现实世界发生了什么样的变化。苹果无须创造技术和市场，而只需将技术产品大规模转化为消费品，就可以领得先机。乔布斯掌控的正是市场化的力量。

当年微软公司的首席架构师雷·奥兹宣布退休时，临走前他劝解微软应当从一家以计算机为导向的公司转型，去构想一个依赖无线设备和互联网的"后PC时代"。他的这些言论意在激励老东家。而这一时代，乔布斯早就预料到了，更是早就进行了相应的产品开发。目前，微软在快速发展的手机和平板电脑领域已经落后苹果和谷歌，而这两个业务板块被许多人视为未来的关键。

在高速变化和高速策划的时代，面对科技和演技的博弈，《华尔街日报》这样总结：

乔布斯和苹果改变了我们“玩”的方式，把聪明的数码与极致美学专注结合在一起，苹果的每一样东西都承诺和带来改变生活的体验。他不光看到未来的发展趋势，还知道如何将未来整合于产品之中，让产品成为心理学、行为科学和哲学等各领域的前沿结晶。

只有善用策划，才能应对变化。

五、资本经营策划

和多数的企业经营、市场营销相比，资本向外投出的每一元，都更充满着深谋远虑的策划，其中包容的策略与争斗，更加让安分守己的普通民众惊心动魄。

【娃哈哈与达能之斗】

10年前，中国饮用水市场群雄并起之势，让雄心勃勃的娃哈哈有了一种强烈的危机感，这个时候，娃哈哈急需一个伙伴，来扫清它争夺“天下第一”的障碍。这个念头，与已觊觎中国饮料市场近10年的达能不谋而合。娃哈哈的当家人宗庆后可能忽略了这样一个规律——资本是贪婪的，衣冠楚楚觥筹交错冠冕堂皇的背后，唯一真实的是利益和策划。

合资之初处处能看到娃哈哈的慷慨，如若按正常估价，当时年营业额已达数亿，网点遍布全国的娃哈哈，仅商标价值就应该超过10亿，仅投入了4 500万美金的达能和后来破产的百富勤公司，无论从哪个角度，都不可能拿到51%的股份，但是，当初娃哈哈与二者之间的合资，却只按实有资产进行了评估，巨额的品牌价值作为一个合作筹码，只作了象征性的估价。一时疏忽所留下的隐患，让市场的常胜将军宗庆后在10年后，不得不强迫自己去咀嚼“可能被强行并购”这枚苦果。

1987年，宗庆后带领两名退休老师，依靠14万元借款，创办了娃哈哈公司的前身——杭州市上城区校办企业经销部，宗庆后亦是这所小学的校工。这个经销部主要给附近的学校送文具、棒冰等。1988年，宗庆后组织专家和科研人员，开发出了第一个专供儿童饮用的营养品——娃哈哈儿童营养液。

到1991年，娃哈哈销售收入达到4亿元、净利润7 000多万元，完成了初步的原始积累。1992年，娃哈哈以8 000万巨款兼并了杭州罐头食品厂，利用其厂房和员工扩大生产，3个月将其扭亏为盈，第二年销售收入、利税就增长了1倍多。1992年5月，娃哈哈向内部职工募资融得资金2.36亿元，组建杭州娃哈哈美食城股份有限公司。并购，让宗庆后尝到了的甜头，之后，并购几乎成为娃哈哈异地扩张的主流手段。1994年12月，娃哈哈和重庆涪陵区政府各出资4 000万元，承包了涪陵糖果厂、涪陵罐头食品厂等3家特困国有企业，目前这些企业的总资产已经超过了3亿。

不过，宗庆后并没有满足。20世纪90年代的中国，外资如潮水一样涌入国内，让宗庆后油然生出一种强烈的危机感：国外企业大量进入中国市场，竞争更激烈，如果能引进资金，对设备更新换代，无疑是一条快速扩大规模的捷径。于是急于找伙伴的娃哈哈，与正在中国饮料市场四处寻找机会的达能一拍即合。此时，是达能进入中国的第9年，娃哈哈是它进入的第四家中国公司。急于战略扩张的达能，在1996年先后完成对武汉东西湖啤酒、深圳益力食品公司(益力矿泉水生产商)的收购。与如日中天的娃哈哈的合资，更让达能喜出望外。

达能的总部在法国，成立于1966年，最初是一家玻璃制品公司，名为“BSN”。从成立之初，并购就成为其战略和经营的手段，正是基于这样的理念，短短几十年时间，通过并购，达能成为欧洲饮料巨头之一，甚至连它今天的名字“达能”，都是当初并购的企业的名称。1995年，经百富勤公司牵线，达能与娃哈哈开始接触洽谈合资意向。

1996年3月28日，娃哈哈和达能、香港百富勤公司宣布合资成立5家公司：杭州娃哈哈百立食品有限公司、杭州娃哈哈食品有限公司、杭州娃哈哈饮料有限公司、杭州娃哈哈保健食品有限公司、杭州娃哈哈速冻食品有限公司，按照合同，他们合作的期限是50年。而合作方式是娃哈哈食品集团公司与娃哈哈美食城股份有限公司以现有厂房、设备、土地出资，香港百富勤与达能以现金出资组建5家合资公司。在正式签订合资公司合同时，改为百富勤与达能在新加坡组建的金加投资公司投入，形成娃哈哈占49%，金加公司占51%的合资公司。由百富勤的梁伯韬先生出任首届董事，达能方秦鹏与杜海德出任董事。1996年百富勤改派霍建华为董事。此次娃哈哈合计引进外资4 500万美元。

4 500万美元为娃哈哈的发展起了一定的推动作用。到1998年，娃哈哈在资产规模、产量、销售收入、利润、利税等指标上一直位居中国饮料行业首位。2003年，娃哈哈公司营业收入突破100亿元大关；2006年，娃哈哈公司销售额突破200亿元，利润超20亿，总资产88.7亿元，成为世界第6大、中国第1大食品公司。

与此同时，2006年，娃哈哈的非合资公司总资产也达56亿元，利润10.4亿元。过去的10年间，达能与娃哈哈共同合资设立了39家新公司，双方都名利双收，被公认为引进外资的经典案例。对于双方的合作，宗庆后曾不无得意地说，“娃哈哈与达能的合作模式是子公司与达能合作，而不是像乐百氏那样母公司与达能合资，造成现在乐百氏被外资控制的局面”“在国际化竞争中，国际品牌可能是‘狼’，也可能是‘纸老虎’，关键是看本土企业能不能扬长避短”。

没想到，这场曾被公认为引进外资经典案例的完美“婚礼”，10年后会成为中国外资并购大潮中最为轰动的“离婚纠葛”，当年宗庆后眼中的“纸老虎”，会想着把他20年来苦心经营的娃哈哈一口吞进自己的胃里。

冰冻三尺，非一日之寒。为今天决裂埋下伏笔的，是来自娃哈哈与达能公司合资时签署的商标转让协议，这份协议涉及商标的使用有这样一个条款。

“根据本协议的条款，甲方应该在下列条件的基础上，将商标及受法律保护的一切权利，所有权和利益，包括在商业名称和公司名称中使用娃哈哈字样的权利，和赋予商标的商誉，转让给乙方”，该协议中方的签名是宗庆后总经理，外方的签名是批皮耶尔。同时记者通过有关渠道了解到，1996年双方原始合同复印件显示的相关内容为：“根据本协议的相关条项，甲方(娃哈哈集团有限公司)应在下列条件将商标作为甲方对乙方(娃哈哈美食城)的注册资本的部分出资，其余价值为5 000万元的商标将由丙方(达能控制的金加集团)向甲方购买。”这份原始合同中规定，商标使用许可的三类公司分别是娃哈哈合资公司、为合资公司加工产品的公司、生产和经营与合资公司不竞争的公司。此合同在1996年2月17日被浙江经济贸易委员会批准，2月18日颁发了营业执照。

对此，宗庆后在2007年4月8日做客新浪网时也表示，“对方提出把娃哈哈商标转让给合资公司，我们感觉是娃哈哈转让到娃哈哈，然后娃哈哈是一个合资公司，我们还占了大股，所以感觉也没有问题。后来转让，商标局没有批准，就改签了商标使用许可合同。我认为因为以前是转让，后面变成我们还可以用这个商标生产其他产品，但要经过合资公司董事会同意，当时也没有感觉到什么太大问题，因为当时也不懂什么叫资本运作，所以现在变成一个大问题”。

1998年4月，百富勤的董事突然改由达能方派出的董事替代，此时的娃哈哈才知道，香港百富勤由于亚洲金融风暴的影响，已将股权出售给了达能，金加投资公司变成了达能独家控股公司，娃哈哈与达能的合资公司也就顺理成章地变成了达能控股公司。合资公司内部股权的转让，是否要经董事会批准？达能收购百富勤的股权又是否合法？娃哈哈集团一位不愿透露姓名的高管在电话里表示，百富勤出售股权给达能时，由于涉及公司的控制权转移问题，按公司法是应该公开交易的，百富勤私下转让举动并不妥当。

达能跃升到了51%的绝对控股地位后，立刻提出将“娃哈哈”商标权转让给与其合资的公司，但遭到了国家商标局的拒绝，因此后来双方改签了一份商标使用合同。改签的这份商标使用合同内容是“中方将来可以使用(娃哈哈)商标在其他产品的生产和销售上，而这些产品项目需提交给娃哈哈与其合营企业的董事会进行考虑，不经过合资公司董事会等同意，不能将商标给予其他使用”。这一条款简单说，就是娃哈哈要使用自己的商标生产和销售产品，需要经过达能同意或者与其合资。

正是这一项看似不经意的改动，让今天的娃哈哈陷入了被“并购”的危机之中。也是基于条款的限制，此后10年，娃哈哈相继又与达能合资建立了39家合资公司，占目前娃哈哈集团下属公司总数的39%。2006年，娃哈哈销售收入185亿元，达能所占近一半，这在达能11.86亿欧元的中国销售收入中所占比重非同小可。

这些合资与非合资公司都在使用着一个共同的品牌——“娃哈哈”。根据1996年与后来改签的商标权转让及商标使用合同，达能真正拥有了“娃哈哈”的使用主动权，娃哈哈的非合资公司未经合资公司董事会同意就使用这一品牌，是“非法”的。这就产生了一个问题。娃哈哈的非合资企业，始于与达能合作前的1994年，也就是说，在与达能签订合作协议和商标使用协议前，这些公司都在使用“娃哈哈”商标，根据二者签订的商标使用内容看，达能显然认同了这一既定事实。即非合资企业使用娃哈哈商标的合法性。

基于这样的历史渊源，有专家认为：达能现在要想并购娃哈哈的非合资企业，显然是在否认这一历史因素。而如果否认这一历史因素，带来的最直接的法律后果可能是：彼此合作的初始条件没得到双方认可，而这也无疑动摇了协议有效性的基础。

事实上，即使在合作之初，双方各有各的算盘的情况也相当明确，也都没有回避当事的另一方：娃哈哈非合资企业快速增长到了61家，而达能也不顾娃哈哈反对，强行收购娃哈哈的对手乐百氏。时至今日，当初与达能合资部分的企业已经发展至39家，此外达能还收购了广东乐百氏饮料公司98%的股权、深圳益力矿泉水公司54.2%的股权、上海梅林正广和饮用水公司50%的股权，汇源果汁22.18%的股权，蒙牛50%的股权，以及光明乳业20.01%的股权。而宗庆后领导的娃哈哈集团，以“多元化”的名义发展的新兴业务公司则已经达到61家，总资产达56亿元，2006年的利润更高达10.4亿元。

有媒体报道，从2006年11月开始，娃哈哈的经销商除了继续与合资公司下属的销售分公司签订合同之外，还需与一家名为杭州娃哈哈食品饮料营销有限公司(简称“营销公司”)签订合同，并要求各经销商除办理销售公司金卡账户外，尚需在营销公司开立金卡账户，经销商所有的货款都将分别打入两个不同的账户。

这样的财务操作，显然是为了把非合资公司和合资公司的经营分开，把非合资公司的销售账目独立结算。为了解决同业竞争问题，达能提出了自己最拿手的解决措施：收购股权——出资40亿元，收购51%股权。但宗庆后坚决反对，面对达能的步步紧逼，他愤怒地斥之为“低价强买”。于是，从合资到并购，这个曾被誉为“引进外资经典案例”的饮料界航母，在10年后就为此画上了句号。对于达能来说，并购是获取高利润最直接的策划，因此达能和娃哈哈的并购与反并购，其实就是一场资本市场的典型博弈。

达能给娃哈哈带来了什么?

“我们陷入了它精心布置的圈套。”宗庆后对世人这样解释与达能的纷争，他给记者算了一笔账：10年来，达能在娃哈哈共投资了1.7亿美元，连买设备建厂房的钱都不够，至今缺口尚达16.04亿元人民币，全靠娃哈哈的资金在周转，而这10年来，达能已获分红3.8亿美元，折合人民币31.39亿元，此外合资公司的资产还增值了51%。“10年来的合作证明，达能公司来中国，扮演的是一个财富瓜分者的角色，而非一个善意的合作者和财富的共同创造者。”宗庆后说，中国饮料业十强，达能并购5家实质构成了外资垄断。

在与达能的纷争中，喊着“中国人民已经站起来了，八国联军侵略中国的时代一去不返了”的宗庆后，显然占据着舆论上的主动，这也显示他极具个性。从42岁还是小学校工，到今天的全国劳动模范、“五一”劳动奖章获得者、全国优秀企业家、2002CCTV中国经济年度人物、优秀中国特色社会主义事业建设者、全国人大代表，宗庆后的确有着“传奇”的资本。也许正是这样的传奇背景，使处在风口浪尖上的宗庆后屹立不倒，坚强“反击”。

早在2005年初，就有媒体报道出宗庆后对娃哈哈与达能合资的评价：“开始也有摩擦，当时我们有两条瓶装水生产线，我要增加7条线，他们说最多加2条，我没有听他，自己就买了，当时一条线投资也要七八百万美元，结果一投放市场，当年就成功了，效益一下子上去，他就没话说了。第二个事情就是我要推非常可乐，他们也不同意，我还是做了，最后还是成功了。”

“西方一些观念和我们不太一样，他是对中国市场不太了解，达能在中国投资的时间比我们创业的时间还早，一直没做起来，直到和我们合作才做起来。”

“我跟外企10年的合作，我总的感觉对我们帮助不大，他的优势主要是水啊、奶啊、饼干产品，对饮料也不是很熟悉。另外国外企业有个毛病，他有核心技术也不会给你，所以‘市场换技术’实际上是失败的。”

从1996—2007年，达能进入娃哈哈的10年，究竟给娃哈哈带来了什么？是生产方面的专业知识？市场经验还是现代化的销售渠道？娃哈哈产品及市场的本土化似乎没有达能技术的因素，娃哈哈经销商集体支持宗庆后的声明，更在说明娃哈哈的销售渠道靠的是中国人，没达能什么事。自己创造的品牌自己却无权使用，而达能在获分红3.8亿美元后，却要君临天下，强行低价实现对娃哈哈整体“绝对控制”！

外资不是天使。

国家从1992年开始明确提出“以市场换技术”——允许外商进入中国市场，但要带来先进技术。在15年后的今天，中国引进外资是否真的换来了技术？北京大学中国经济研究中心日前公布受国家统计局与国务院第一次全国经济普查领导小组委托所做的研究报告显示，大量的外国直接投资(FDI)不仅难以换来内资企业的技术进步，反而会妨碍内资企业通过努力研发，自主创新。回顾娃哈哈的20年创业，娃哈哈对于中国的产业发展作出的贡献是不可否认的。达能与娃哈哈这场关于并购和反并购的纷争，也更让国人再一次领教了资本的本性。

今年“两会”期间，前国家统计局局长李德水就跨国公司在华投资方式中出现的新情况、新特点总结出三个“必须”——必须绝对控股、必须是行业龙头企业、预期收益必须超过15%。这三个“必须”，是一些跨国公司目前在华并购战略的基本要求。当我们在关注哈娃娃与达能并购与反并购的争吵时，纵观达能在中国20年的发展战略，是符合这个三个“必须”的，正如宗庆后所说：“(达能)扮演的是一个财富瓜分者的角色，而非一个善意的合作者和财富的共同创造者。”这让我们不得不面对一个问题：外资的列车在带领我们飞速发展的时候，它的“终点站”究竟哪里？国务院发展研究中心最近发表的一份研究报告指出，在中国已开放的产业中，每个产业排名前5位的企业几乎都由外资控制；中国28个主要产业，外资在21个产业拥有控制权。

不可否认，在开发了近30年后，跨国公司投资已成为拉动我国经济发展的重要力量，外资的进入，扩大了我国经济的总体规模，提供了不少就业需求，造就了一大批参与现代化管理的国际人才。但跨国公司的负面影响也显而易见。除了随着大批跨国公司的进入，我国的产业安全受到威胁外，一些跨国公司甚至还将污染严重、耗费资源多的企业或生产环节转移到中国，跨国公司进入中国的首要目的并不是来帮我们实现共同富裕，而是为了追求高额利润。

2006年10月，某报在关于《跨国公司在华污染调查》中，一份“污染企业黑名单”牵出33家知名外企，这些外企，多家母公司位列“世界500强”，包括松下、百事可乐、雀巢、3M等。在被曝光后，这些企业都用“巧合”“疏忽”和“意外”进行了解释，但上述解释并不被环保人士接受。他们认为，这只能说明那些公司的环保管理体制出了问题。一些在华跨国公司很快具有“中国特色”，执行低于母公司的环保标准，由此使得这些公司本身拥有的环保制度可靠性降低。

“一方面是跨国企业没能遵守全球一致的环境承诺；另外，中国环境执法力度很弱。还有，世界的产业也存在污染的梯度转移——在产业结构转移的过程中，将那些污染重、环境影响恶劣的生产环节，转到发展中国家。这些国家因为迫切需要经济增长，往往也接受。”上海市环保局一位官员称。

据商务部统计，截至2005年底，在所有外商投资企业中，有一半以上处于亏损状态。而且长久以来，外商投资企业中一直存在着“长亏不倒”和“越亏损越投资”的现象，这与正常的商业逻辑相悖。这一“谜局”背后究竟隐藏着什么？国家税务总局一名反避税官员判断，2/3以上的外商投资企业的亏损，是为避税而人为制造出来的。近几年来，仅外商投资企业的非法避税，每年给中国造成的税收损失就在300亿元人民币以上。恶意并购、转移污染、非法避税，是跨国公司给发展中国家带来的三大顽疾。

前国家统计局局长李德水在2007年的两会期间说，如果听任跨国公司的恶意并购自由发展，中国民族工业的自主品牌和创新能力会逐步消失，甚至作为建设创新型国家的主体——一大批骨干企业也将不复存在。那样，我们将会出现核心技术缺乏症。跨国公司只会将商品生产中最没有附加利润的部分，比如组装环节，最耗费能源和原材料、最易造成污染环境的环节放在中国。而公司利润和新创造财富的绝大部分将会被跨国公司拿走。在国际产业分工的总体格局中，我们就只能充当打工者的角色。

目前，国际啤酒巨头已把中国啤酒企业和市场瓜分得差不多了；可口可乐通过品牌战略，已使其饮料、浓缩液在我国市场占有很大份额；宝洁在中国的公司除上海沙宣是合资企业外，其余9家已全部独资；欧莱雅只用50天就整合了中国护肤品牌“小护士”；我国大型超市的80%以上已被跨国公司纳入囊中。近年来，跨国公司已开始大举进军我国大型制造业，并购重点直奔我国工程机械业、电器业等领域的骨干企业、龙头企业。此外，长安汽车、一汽轿车、熊猫、美菱电器、哈药、华凌管线、华北制药、熊猫电子、广州药业、海南航空等中国各产业的领导企业，也先后走入国退洋进的征程。

10年前，娃哈哈与达能的合作，曾被誉为“引进外资的经典案例”。10年后，原娃哈哈集团的一纸声明，却暴露出了这一合作的另一个真相，从“宗庆后后悔了”，到2007年娃哈哈经销商集体力挺宗庆后，到达能简短的声明，再到现在双方不约而同的缄默。扑朔迷离的争斗背后，演绎出的是另一个版本的资本策划故事。

【以上案例内容均来源于互联网相关信息，编者对相关文章和资料进行了整理】

资本是逐利的，一相情愿地以为资本代表的是进步、发达、甚至历史主流方向，在商务策划中忽视、轻视、短视资本的负面危机，可能迟早会走进一个被围猎的圈套。

引进外资就得与狼共舞一说，并非危言耸听空穴来风。对于达能而言，并购是快速进入目标市场、获取高利润最直接的方式，是资本强者的经营策划导向。从当初的完美联姻，到现在的高调决裂，达能和娃哈哈彼此演绎的，实际是一场典型的资本博弈。

纵观二者之间的策划与反策划，虽不难判定谁是天使谁是猎物，但这个判定，却无法修改资本市场残酷的竞争规则。

市场人、社会人的理性和感性，都难以改变商务策划与生俱来的商性。

思考与训练

1. 研究策划思维结构有何现实意义？试用策划思维结构说明自己思维的特点。
2. 策划思维程序与策划思维基本过程有何异同，它们之间是否矛盾？

3. 试提出一个新产品上市的策划问题，按策划思维基本过程和策划思维程序进行解析。

4. 两人一组，相互充分交流，然后画出对方的思维导图。

5. 试用四维策划模型的二维坐标，帮助一家民营企业分析市场竞争地位。

6. 从家电、汽车、房地产、家具等行业中列出12种产品，分别用和田创造12技法为其策划，每种产品采用一种技法，检验自己的创意或策划能力。

7. 结合第四节里的实战案例，召开一个全班讨论会，就“危机感”进行议论。

第六章
商务策划的方法

学习目标

系统学习商务策划的实用方法，认识其内在联系，选择应用适合自己的方法。

学习要求

了解：方法；商务策划7法。

掌握：方法的特性；方法论；方法论的策划意义；策划的一般方法；策划的专用方法；策划的特殊方法；策划方法的分析与整合。

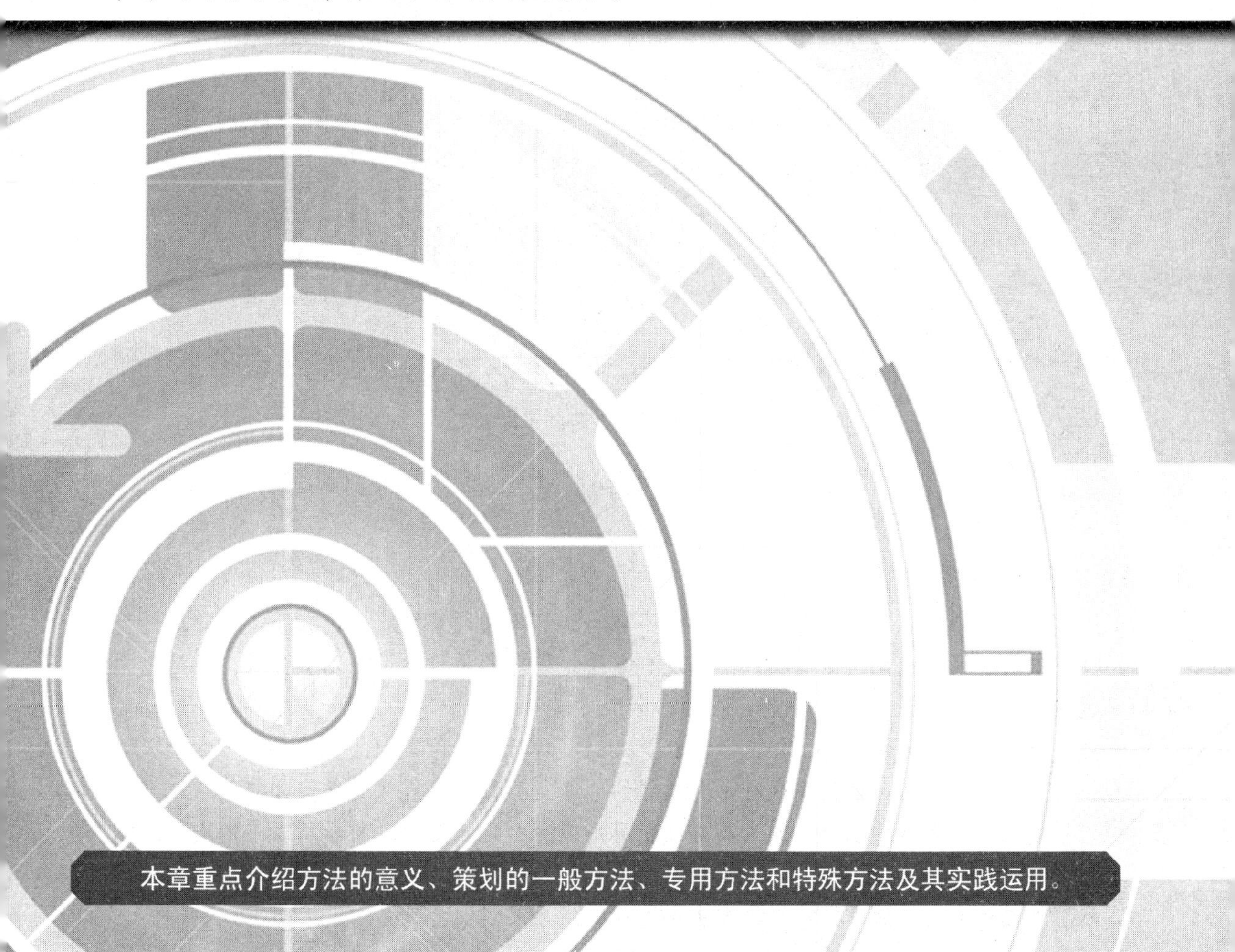

本章重点介绍方法的意义、策划的一般方法、专用方法和特殊方法及其实践运用。

凡事都需要讲求方式方法，策划也一样。没有方法，策划就不能有序、有效地进行；没有方法，策划就无法传播和借鉴；没有方法，策划的学科建设难以上台阶，最终也无法适应创新的需要。

策划是创新思维活动，任何活动都是人的一种行为，而策划的行为在更多的情况下是一种超常规的行为。如何使这种不受羁绊的创新行为做到有规律可循，如何使常规思维可以切换到创新思维，使更多的人具备创新思维能力？这正是策划科学所面临的问题。方法是做事的程序和途径，而方法论是认识世界和改造世界的方法理论。掌握策划的方法可以从容地面对市场，而掌握策划的方法论则可以指导策划创新。

第一节　方法的特性与策划意义

方法，作为一个最常用的词语，《现代汉语词典》的解释是：关于解决思想、说话、行动等问题的门路、程序等。如果做进一步的解释，方法就是人们为了达到一定的目的而进行的认识活动和实践活动所采取的方式、技巧、手段或遵循的途径。人们在分析研究客观世界的实践过程中，在了解外部变化、掌握科学真理时，必然要进行一系列的思维和实践活动，这些活动所采取的各种方式、手段、技巧、途径，被统称为方法。

人类一切的活动，包括思维与策划，都存在着一个基本的方法论的问题，所谓方法论，就是关于科学的一般研究方法的理论，探索方法的一般结构，阐述它们的发展趋势和方向，以及科学研究和实践工作中各种方法的相互关系问题。

就商务策划而言，方法论有广义与狭义之分。狭义的仅指商务策划实践中的一般方法，如逆向法、移植法、捆绑连接法等。广义的则指哲学方法论，即研究一切科学的最普遍的方法。20世纪随着自然科学的发展出现了许多新方法，如控制论方法、信息方法、系统方法等，促进了方法论研究的高度发展。科学方法论愈来愈显示出它在科学认识中确立新的研究方向、探索各部门的新生长点、提示科学思维的基本原理和形式的作用。唯物辩证法是从人类的实践中总结和概括出来的正确的哲学方法，是指导人类正确行为的普遍的方法论。它对任何科学研究和社会实践(包括商务策划)的一般研究方法起指导作用，并将随着科学实践的发展而发展。科学方法论的历史形态，从科学发展的整个历史来看，有4种形态：自然哲学方法论、哲学方法论、逻辑方法论和理论方法论。

一、方法的特性

方法是有结构的思维过程。总的来说，方法由5种要素构成：即目的、知识、程序、格式和规则。这5种要素在方法中分别占有不同的地位，具有不同的功能作用：

(1) 目的是方法的灵魂和主旨，它决定着程序、格式和规则，其他要素都是为目的服务并随目的的改变而变化；

(2) 知识是方法的基础和前提，它为目的、程序、格式、规则提供经验和理论，并可以直接转化为方法；

(3) 程序是实施方法过程的规定，它标志着方法所经过的途径；

(4) 格式是目的由一种程序过渡到另一程序的中介和桥梁；

(5) 规则是方法中诸要素的法约，它规定着方法的适用范围，从总体上全面规范着主体的行为。

从方法的概念和其内在结构出发，可以发现方法具有如下3个特性：

1. 目的性

方法为人所用，人是主导，任何方法都是为一定目的服务的，所以目的是第一位的，方法是第二位的。

也就是说，目的决定方法。

2. 主观和客观的统一性

方法的客观性表现为：一方面，由于方法和目的之间具有客观上的联系，所以运用一定的方法可以达到一定的目的；另一方面，客观因素也制约了方法，只有具备一定的客观条件时，人们才能制定出响应的方法。但是，我们在强调方法客观性的同时，也不能忽视主观性的一面。方法的主观性表现为：一方面，方法是为实现主观目的而制定的；另一方面，为实现某一目的往往同时存在着多种方法，需要进行主观上的判断和选择。

3. 层次性

就方法而言，既存在普遍适用的一般方法(可称为通用方法)，又存在解决某类问题的方法(可称为专法)，还存在解决某个问题的个别方法(可称为特法)。

方法的上述3个层次不是各自独立的，而是相互统一的。以策划方法为例，它既有属于第一层次的方法，但更多的是属于第二和第三层次的方法。比如，用模板模仿法(即模仿的形式)解决某一项目或某一产品策划的问题就属于第一层次的通用方法；用USP(独特的诉求形式)解决广告策划的问题就属于第二层次的专用方法；而用四维策划模型(周培玉教授创造的策划分析方法)解决企业战略策划则属于第三层次的特法。

二、方法论的策划意义

什么是方法论？

《辞海》中用一段较长的话来对其加以解释，其中最关键的话为：方法论是“关于认识世界和改造世界的根本方法”“用世界观去指导认识世界和改造世界，就是方法论”。

我们这里所说的方法论，就是在一定的世界观指导下从事策划活动的方法、手段和途径。由于现代商务策划是一门新兴科学，而任何科学都必须有科学的方法论指导，所以方法论对策划实践的意义非同寻常，这也是现代策划与传统策划的根本区别，现代策划强调科学和艺术的结合，策划是一个系统工程，需要专家团队的配合，而传统策划则强调点子和智慧，更多的是个人单打独斗。

了解一点科学发展史，我们就会更加清楚地认识到方法论对策划的深刻意义。在科学史上，由科学方法论决定科研成败的事例不胜枚举。古希腊“最博学的人物”亚里士多德是一位动摇于唯物主义与唯心主义之间的哲学家和科学家，尽管他的思想长期在欧洲处于统治地位，但由于唯心主义的影响，加上当时的环境和条件的限制，他对许多科学问题的认识并不正确。到了中世纪，他的一些错误观点被教会加以利用，成为人们的思想桎梏。

生活在文艺复兴时期的意大利科学家伽利略对亚里士多德的一些错误观点发起了冲击，他使用的就是实验科学的方法。他所做的摆动实验，否定了亚里士多德所作出的“单摆经过一个短弧要比经过一个长弧所用的时间短一些”的结论。他所做的落体运动实验否定了亚里士多德“落体的运动速度与重量成正比”的结论。他还通过实验观察，支持和发展了哥白尼的“太阳中心说”，否定了亚里士多德的“地球中心说”。伽利略所创立的实验科学的方法，成了后来的科学工作者最基本的研究方法之一。

古希腊的数学家欧几里得，是以他的《几何原本》而著称于世的。其实，他的这部巨著的主要内容都是前人经验的积累，欧氏的贡献在于他从公理和公设出发，用演绎法把几何学的知识贯穿起来，揭示了一个知识系统的整体结构。直到今天，他所创建的这种演绎系统和公理化方法，仍然是科学工作者不可须臾离开的东西。后来的科学巨人牛顿、麦克斯韦、爱因斯坦等，在创建自己的科学体系时，无不是对这种方法的成功运用。

出生于19世纪的俄国化学家门捷列夫并未发现过一个新元素，但他却用分析和归纳的方法，把当时已经发现的63种元素排列出一张周期表。人们利用这张表，不但改正了一些元素原子量的测量错误，而且指导发现了一些新元素。门捷列夫创立的方法论，同样给了后人以极大的启迪，是一种有着普遍意义的研究方法。

上述事例说明，科学方法论对于科研工作有着极端重要的指导作用。正确的方法论有可能导致正确的研究结果，错误的方法论则可能使科研归于失败或造成谬误。牛顿是一位因创立了牛顿力学而蜚声世界的科学家，但他研究自然科学的方法却带有浓厚的形而上学的色彩。他孤立地、绝对地看待“质量”与“力”，企图把一切自然现象都归纳为机械运动，正是这种机械唯物论的思想方法和宗教环境的影响，最终把牛顿推入了唯心主义的泥潭，使他在后半生热衷于神学，而在科学上一事无成。

上述事例也说明，正确的科学方法论是构建知识体系的必不可少的要素。它不仅能把零散的科学知识构建成宏伟的知识大厦，而且能扩展和深化人们的认识能力与认识水平。欧氏几何学大厦、门捷列夫周期系理论，都是由他们相应的方法论所支撑的。没有公理化方法论体系，就不会有欧氏几何学系统；没有门捷列夫的周期系方法论，那些物质元素便只是一堆杂乱无章的符号。可以说，科学方法论是贯穿于科研工作始终的一条红线，与科学知识相比较，科学方法论有着更本质和核心的意义。

当今世界，科学正以前所未有的速度进入一个新的“临界期”，各学科既高度分化，又高度融合，一大批边缘学科和交叉学科应运而生。科学的大发展，必然孕育着科学方法论的大创新。商务策划既是边缘学科，也是交叉学科，必须探究和总结其科学的策划方法论，否则学科的建设和行业的发展都会受到极大的限制。

自古以来，策划始终有一种神秘的色彩，以至许多人羡慕、崇拜那些策划大师，觉得这些人非常神奇，似乎无所不能，难道策划大师们真的比别人多长一个脑袋吗？当然不是！其实，他们策划成功的秘密只是掌握了先进的方法(包括原理、程序、步骤、原则等)，结合其丰富的经验，并加上科学的应用。那么，什么是策划的方法论呢？结合我国长期的策划实践，这里给出一种思路。

在阐述策划方法论之前，应该首先清楚几个概念：第一，元科学与亚科学；第二，元方法论、亚方法论和季方法论。

1. 元科学与亚科学

一般来讲，自然科学分为两大类别：

一类是物理理论科学，如物理学、化学、光学、力学、原子理论等，可见，这里所说的物理科学是大物理的概念，而并不仅仅指物理学一门学科。物理科学的研究对象是研究自然界普遍存在的规律，是一种纯粹的理论科学，同时也是其他学科的基本理论基础、“理论之源”，因此我们称物理科学为“元科学”。

另一类就是办事的科学，即研究如何办事的一类学科，如军事、政治、经济、外交、管理等方面的学科。这类学科的研究对象是如何具体运用基本科学理论，因此相对于“元科学”，办事科学就是“亚科学”。

商务策划是为企业经营创新服务的，要解决创新就存在一个“方法”问题，即如何才能把事情办好？如何做到以最小投入获得最大产出？如何变不可能为可能等。

2. 元方法论、亚方法论和季方法论

这里借用一般比赛的排名来对策划的方法进行定义。一般比赛的排名可分为冠军、亚军和季军，根据策划的理论，我们将策划的方法论分为元方法论、亚方法论和季方法论。

所谓元方法论就是指最普通的方法在策划中的应用方法。最普通的方法就是哲学、辩证法、系统学、数学、物理等。所谓季方法论就是具体科学在策划中的应用方法，如军事中的统帅、指挥、兵法等，管理学中的职能管理、人力资源、资本运营等，广告中的设计、投放、效果等。而亚方法论就是介于元方法论与季方法论之间的一种方法论，也就是策划的方法论。亚方法论是在吸取了普通方法与具体方法的优点和特点基础上的一种创新方法体系，更多地表现为具有创新特色的策划专用方法和特殊方法。

第二节　策划的一般方法

自古以来，策划都是人类的基本活动之一，它也总是和一定的方法联系在一起的。对策划的一般方法进行科学研究，不在于对某一个体策划的个别方法研究上，而在于研究策划方法中的共性方法，这种共性方法的地位决定了它不是孤立存在和发生作用的。对其进行科学研究时，必须掌握和遵循以下3种关系：

第一，策划的一般方法属于类方法，从属于一般方法。一般方法是从各种类方法中概括出来的，它渗透于各种方法之中，通过各种类方法而发挥其作用。所以，从层次上来说，一般方法高于类方法。类方法必须接受一般方法的指导，其具体内容不能违背一般方法的原则。这样，也就形成了一般方法和类方法的统一。所以说，策划方法要以一般方法为指导和依托，在一般方法的基础上运用策划的专门方法来进行具体的策划活动。而这种一般方法包括：系统方法、综合分析法、逻辑法等。

第二，策划方法要与现代科学方法论统一。现代科学方法论为策划活动的科学化、程序化、专业化提供了可能。商务策划要积极吸收、借鉴数学、运筹学、统计学等科学门类和科学方法。一切创造要从科学出发，科学是策划的前提，只有掌握了科学的研究方法，才能真正掌握科学的策划方法。

第三，策划方法要与科学思维方法统一。我们知道，策划的本质是人脑的一种理性思维活动，必须遵循思维的规律，采用科学的思维方法。在现代科学思维方法中，既有群体性的思维方法，如头脑风暴法、集思广益法、德尔菲法等；更有个体性的头脑闪电法，如创意法、灵感法等；同时也有逆向思维法，如回避法、反策划法等。

以下着重介绍几种基本方法在策划中的运用，它们也是学习和掌握商务策划一般方法的基础。

一、系统分析法

系统分析策划法是把将要研究的目标策划问题当做一个统一的整体，并把这个整体分解为若干子系统，在提示影响子系统的环境、社会、经济、文化等各项因素及相互关系并对获取的信息进行综合、整理、分析、判断和加工的基础上，选择出最优方案的策划分析方法。

世界著名咨询机构美国兰德公司对系统分析所下的定义是：系统分析是一种研究方略，它能在不确定的情况下，通过对问题的调查，找出其目标和各种可行方案，并通过直觉和判断，对这些方案的结果进行比较，帮助策划人在复杂问题中作出最佳的科学策划。

系统分析策划法的主要特征是：从事物整体的角度提示出整体下各局部所产生的影响和相互关系，从而找出系统整体的运动规律，并分析达到目的的途径。其突出的要求是，通过明确一切与问题有关的要素同实现目标之间的关系，提供完善的信息资料，以便策划人选择最为合理的解决方案。

运用系统分析方法解决策划问题，通常要按如下步骤进行：

第一步，确定目标。

从项目系统整体的要求出发，提出需要解决的中心问题，确定策划行为必须达到的目的与希望达到的目的。

确定目标要满足4个条件，即目标的唯一性、具体性、标准性和综合性。

(1) 目标的唯一性：是指对目标含义的理解必须是唯一确定的。对目标的表达，要求尽可能采用定量的数字语言，避免采用定性式的自然语言。

(2) 目标的具体性：是指达到策划目标的各项措施要具体。具体性可以通过“目标结构分层”的办法来实现，即清理上一级总目标与下一级分目标之间的层次体系和各层次的范围，通过层层分析构成一个完整的分层目标结构体系，制定出落实各级目标的具体措施。

(3) 目标的标准性：是指给目标规定一个达到某种程度、可量度的标准，以便了解目标实现的程度。

(4) 目标的综合性：主要针对多目标而言。有时各目标之间相互联系，甚至重叠，若不妥善处理，可能会出现主次不分或顾此失彼。所以，要从整体的观点对多目标进行综合处理。其办法有两种：一是精简目标；二是合并目标。

第二步，拟定方案。

即根据既定的策划目标，制定出可以实现目标的各种方案。拟定策划方案应遵循两个基本原则：一是提供两个以上备选方案，防止出现越权和代替方案。例如，兰德公司在一般情况下，会向项目委托人提供多达5个策划选择方案，并将每一种选择在政治、经济、社会、公共关系等方面可能产生的后果及利弊，一并忠告用户，为用户提供科学、客观、公正而全面的策划建议。二是在多方案的情况下，坚持各方案间相互排斥性原则，即要么A，要么B。不同原则的方案是不能重合的，即鱼与熊掌不可兼得。

第三步，评价方案。

即通过各种分析方法，对提出的各种备选方案进行比较和评估，以找出各种方案的优缺点。在对诸多方案进行分析评估时，应掌握策划方案的价值标准、满意程度和最优标准。

策划方案的价值标准是指一个方案的作用、意义和收获。确定价值标准同确定策划目标一样，完全取决于策划的需要，受客观条件的限制，又具有一定的主观选择的因素。

衡量评价策划方案的满意程度和最优标准的条件，应包括下列方面：

(1) 策划目标的最优性；

(2) 策划备选方案的完全性；

(3) 策划执行结果的可预测性。

评价方案常用的方法有：经验判断方法、数量化方法和模拟方法。

经验判断方法有淘汰法、排队法、归类法等，适用于策划目标多、方案多、变量多、标准不一的情况。数量化方法是运用数字方法、运筹学方法等对可供选择的多个方案进行定量的分析和测算，提出数据结果，供策划人加以权衡和选择。模拟方法则是通过设立模型来揭示原型的性质、特点和功能，通过结构或功能的模拟寻找出最佳的方案，或对已经产生的方案作出修订或调整。

第四步，方案优选。

通过上述分析、比较和计算，从诸多备选方案中选择出最优化的方案。根据系统和局部效益相结合、多级优化和满意性等原则，由策划人向策划委托部门提出书面策划报告，委托部门根据策划人提出的若干方案或建议权衡利弊，最终作出决策，选择最优方案，同时开始组织实施。

第五步，跟踪实施。

这是系统策划的最后一个步骤。由于策划是预测性的活动，在实际工作中，方案的实施不可避免地会遇到策划时无法预见的问题，所以，策划委托部门还要求策划人给予协助，继续跟踪方案执行情况，以便及时发现问题，修改或补充原方案，使方案的实施结果能够始终朝着策划的目标前进，最终保证策划目标的实现。

系统方法是综合哲学观点与专门学科而进行的，就是要求从系统的一个方面或几个方面或整体出发，对其进行整体分析和研究，找到解决问题的方案。具体可采用以下几种方法：

1. 逻辑法

事物各要素及相关事物间总有一定的逻辑顺序、关系。从这些关系入手，找出规律，作为分析问题的依据，而后再根据实际的条件、问题进行策划。

2. 预测法

同样需要找出事物发展的线索或规律，再根据以前的资料及目前的情况预测其发展趋势，然后根据预测的结果进行策划。预测法中最著名的是德尔菲法。

德尔菲法(Delphi Method)，20世纪40年代由美国著名智库(思想库)兰德公司——名称是英文“研究与发展 (Research and Development)”两词的缩写——首创和使用的一种策划方法。德尔菲是希腊被列为世界文化遗产的一座城市，因阿波罗神殿而驰名。在古希腊神话里，因为阿波罗有着高超的预测未来的能力，故“德尔菲”一度成了预测、策划的代名词。

所谓德尔菲法，是指采用信函、电话、网络等方式，反复咨询专家们的意见，然后由策划人作出统计。如果结果不能趋向一致，就再征询专家们的意见，直至得出比较一致的方案。这种方式的优点是：专家们互不见面，不会产生权威压力。因此，可以自由地发表自己的意见，从而得出比较客观的看法。

3. 抓主法

抓主法，即抓事物主要矛盾方面。我们知道，事物间的联系存在是由众多矛盾相互交错构成的，抓住其中主要的方面，就可事半功倍，这样的策划省时、省力，非常实际。

4. 取向法

取向法是抓主法的逆向思维。在找出事物内部及外部的关联因素并进行分析之后，有时并不一定只选取主要方面，而是根据实际问题的侧重点不同，选取一个或多个，将这些因素结合起来进行策划。

5. 类比法

有时策划的项目没有资料和事例作参考，这需要在找出内外部关联之后，与其相类似的项目进行比较，具体分析各因素的关系与地位，从而对本事物有一个清晰的认识，最终找到解决问题的方案。

二、综合分析法

综合分析法是策划主体全面地、完整地认识策划目标客体的各种关系，从而真实地把握策划客体的一种策划方法。

综合分析法建立在系统分析策划方法基础之上，具有全方位的特点，能够使策划主体更加真实、客观地接近、掌握策划客体，所以它是策划人必须掌握并且需要将其真正贯彻于策划活动始终的一般策划方法。

要真正认识事物，就必须把握和研究它的所有方面、所有中介和所有条件，这就是综合分析策划法的主要内容。

1. 把握所有方面的策划法

我们知道，任何策划客体都是由实体和属性两大方面构成。而实体又由多种要素构成，因而一个策划客体就具有多方面的要素、多方面的特征。所以，要真正认识策划客体，就必须具有分解各方面关系的能力，并在此基础上进行关系综合，从而全面地、完整地掌握它。这种策划方法有助于防止用客体某个方面的关系代替全部关系，防止用客体的局部认识代替整体认识。

2. 把握所有中介的策划法

把握所有方面实际上是把握策划客体诸方面的联系，但是现实中策划客体的诸方面不仅有直接联系，而且有间接联系，同时该客体与其他客体也存在间接联系。认识这种间接联系也是认识客体的重要方面，而这种间接联系是通过中介来实现的。所以把握了中介，就扩大了客体联系的范围，对客体的认识就更加完整、准确。由于客体的一切差异都在中间阶段融合，一切对立都经过中间环节互相过渡，中介成为事物关系网上的关节点，因此所有中介是认识事物的重要方法，具有重要意义。

把握客体中介有两种途径方法：一是把握客体之间的联系环节；二是把握客体转化的中间环节。

3. 把握所有条件的策划法

任何客体的存在和发展，都受一定条件的制约，被条件所决定。条件所表明的是客体同影响它存在和发展的其他客体的关系。所以，只有把握策划客体的所有条件，才能正确认识其存在和发展的环境，才能准确认识策划客体和进行科学有效的策划。所以，在开展策划时要充分认识客体，要尽可能地把握各种条件，把策划实践的目标、计划、措施建立在对条件综合分析的基础之上。

总之，综合分析策划法是以把握所有方面、所有中介和所有条件为内容的一种全面研究策划问题的基本方法。

三、逻辑分析法

逻辑分析策划法是把策划客体的发展进程在思维中以逻辑的形式表现出来，演绎推理，从而制定策划方案的方法。用这种方法考察策划客体，就是从对象的、纯粹的、概括的状态上考察客体发展的必然性，在揭示其内部逻辑的基础上再现其发展。

逻辑分析策划法具有最明显的两个特征：

(1) 典型性。它可以摆脱策划客体发展的自然线索，从最能体现策划客体的本质和规律性的东西入手，对其进行研究。

(2) 抽象概括性。逻辑分析策划法是以抽象的、理论上前后一贯的形式对策划客体的发展进行概括研究。事物发展是曲折的，它的必然性是通过无数偶然性开辟其前进道路的，它的本质常常为纷繁的现象所掩盖。逻辑分析策划法就是从纯粹的、抽象理论的形式上来揭示策划对象的本质，通过概念、判断、推理等思维方式来完成策划。

关于逻辑分析法在商务策划中的有效运用，可以参考《策划思维与创意方法》(周培玉、万钧、刘秉君著，中国经济出版社，2007年4月版)一书，对于策划思维的细密周全有更详细的阐述和分析。

四、人文法

人是策划的执行者，如何发挥好人的优势，利用各种人才的互补与激励来提高策划的效果非常重要，这种方法本身就是一种策划。典型的人文法主要有3种：

1. 集思广益法

针对某个策划问题，请大家来发言，提出自己的见解，所有人都不得提反对意见，然后把大家的意见综合提炼就可得到一个策划方案。这是一种把个人智慧集中起来的做法，选择的人最好是这方面问题的内行或专家。

2. 调查法

针对某个策划问题，由策划人组织适当范围的调查，得到相关方面的信息，然后对这些信息进行分析得出结论，最后根据调查的结论进行策划。这种方法体现了策划的客观性，策划的直接依据是通过调查所得到的第一手资料。

3. 经验法

针对某个策划问题，策划人根据自己多年的策划经验，努力找出与本次策划背景相似的一些案例，然后结合本次策划的对象、环境、资源等因素的不同而进行新的复制性策划。这是策划人最常用的一种方法，策划需要丰富的经验和在经验基础上的不断翻新。

五、体式法

体式法是我国学者陈火金从实践中总结出的一种策划方法。体式法即整体策划法，即把策划的过程看做一个整体，对整个策划项目进行全方位的、由点及线及面及体的策划，这与策划的整体原则要求是完全一致的。

体式法是一种战略策划法，即从策划整体战略高度来考虑策划对象和目标，带有全局性和长期性的策划方法。

体式策划包括点式策划、线式策划和面式策划3种形式。点式策划即出点子，是出主意、当顾问的角色，这种策划解决的都是一些比较简单的问题；线式策划即对某一问题的某一方面所做的策划。此时的问题比较复杂，它是由多点问题组成的某一个方面的问题；面式策划则是对某一问题所做的全方位的策划，包括点、线策划在内。

一般来说，策划一个项目，作为一个整体，它都是由点、线、面组成的。策划人在策划之前，首先要将这些点、线、面分析出来，然后再系统地针对各点、线、面的具体问题展开策划。

第三节　商务策划的方法

由于商务策划的主要目标对象是企业和市场经营活动，所以作为以经济利益为目的的策划方法有着其自身的专门规律，也就是说，这些专用方法可以应用于包括商务策划和企业策划在内的所有策划领域。

作为同是人类创新思维的方法表现和概括，所谓的“策划方法”彼此间从来就具有很强的联通性、同理性、相似性，往往从一个角度看可以归结为A方法，而从另一个角度看又可以归结为B方法，加上不同的学派、专家观点或者词义理解、表达习惯的差异，或出自营销传播的目的需要，往往形成了对同质同型方法的不同称谓。

在国内有一定影响的策划创意方法，如“和田12技法”“超级策划18法”“营销策划36法”等，它们各有千秋。这些方法在本质上具有一定的共通性，你中有我，我中有你，虽然说法不一，但并不影响我们对方法的学习和规律的把握。

也有些被称为“策划方法”的方法，并不具有思维上的独特性和创造性，不能体现商务策划的基本原理，所以从严格意义上说，还算不上策划方法。例如“实证法”“智能法”“感应法”等。

策划的专用方法就是策划所用的专门方法，为许多策划人所熟悉和惯用，它们能够解决一般方法无法解决的问题，因而具有一定的创新性和较强的实用价值。

综合国内目前商务策划培训体系中经过五六年市场验证的常用方法系列，尤其是CBSA和WBSA体系的策划方法论，经过多角度的比较和借鉴，编者归纳总结出了一套简明扼要、易于掌握和应用的策划专用方法体系——策划7法，分别是：

(1) 罗列细分法；

(2) 重点强化法；

(3) 整合求异法；

(4) 借势增值法；

(5) 逆向变通法；

(6) 连环伏笔法；

(7) 模板模仿法。

这些方法单纯从文字组合的角度，已经能够表达其思维特点与程序。学习和研究这些策划技法一定要根据具体情况进行具体分析，灵活运用才能起到事半功倍的作用。方法不在多，在于自己熟。

一、罗列细分法

要思考进而解决任何一个客观问题，思维的第一步骤总是把这个问题的方方面面以及所涉及的各种问题，尽量周全细致的进行罗列分解，以求把问题简单化、明朗化，从而找到创新竞争的突破口。

例如对于制造杯子这个问题，起码就可以从5个方面(角度)进行罗列细分。

按照材料：木制、塑料制、玻璃制、泥土制、玉石制、金属制、纸制、皮制……

按照外形：圆形、圆柱形、动物形、乐器形、人物形、武器形、异形……

按照用途：酒杯、茶杯、咖啡杯、啤酒杯、葡萄酒杯、烧杯……

按照功能：保温杯、磁化杯、旅行杯、冰杯、奖杯……

按照工艺：印花杯、雕刻杯、双层杯……

所谓“罗列细分法”，就是把一个整体的商务过程分解成若干个步骤或相对独立的商务子过程，或把一个整体的商务内容分解成若干个相对独立的商务子内容。

本书上一章第四节列举的尤伯罗斯个人策划承办第23届奥运会的案例，其策划思维是裂变型的，而其商务操作则采取了罗列细分法。

罗列是前提，分解是目的，前后两个动作相辅相成。列得细，分得清，根据策划目标，寻找自我差异、优势和客观环境中被对手所忽视的机会与利润点，尤其在竞争激烈的同质化市场——“红海”中谋求一席之地的经营策划，在大同之中寻找小异的思维过程，也是一种罗列和分解。

在现实的市场竞争中，由于对手能力的不断提高，寻求差异的难度也在不断提高，这就要求学会罗列，分解要更加细致、周密。策划思维过程中，细节往往带来引发机会，细节甚至决定成败。所以罗列细分法也是实现产品营销“独特的销售主张”(USP)的独特卖点、亮点和诉求点的前提保证。

二、重点强化法

客观存在的每个事物都一定有其存在的独特性价值，策划创新思维的难处往往就在于能否找到这个独特点，并且，能否把这个独特点张扬地传播出去，以求获得目标对象的关注、重视，产生兴趣和欲望，从而达成商业目的。

所谓“重点强化法”，就是解决商务问题要抓住特点重点，善于从策划对象的一点强化突破，而且持续强化。

“重点强化法”，其实就是更广泛意义上的“独特的销售主张”，就是“卖点”。

前面我们介绍了罗列细分法，罗列和分解的结果是产生了一个个的策划点，似乎每个点上都可以做一些文章，进行策划思维的纵横展开，但由于客观条件的种种限制，在客观现实中不可能面面俱到，那么究竟选择哪一个点用心着力呢？遇到这样的情况，就应该运用重点强化法的原理了。

重点强化法的目的是为了便于策划操作。例如肯德基在和麦当劳竞争中国市场份额的策划中，一再反复强调的本土化健康快餐概念“为中国而变”，其策划思维就是重点强化型的。

重点(指的是策划对象自身所有的特色重点)是前提，强化是目的，前后两个动作相辅相成。重点强化法是策划创新的重要思路之一，其核心是解决问题要善于从一点突破，不要眉毛胡子一把抓。策划人在面对复杂的策划问题和策划对象时，首先要努力寻求突出某一商务环节、某项业务等个别线索，主动地缩小策划对象，把策划的对象简单化、明了化，首先突破这一点，进而把局部策划产生的功效传递给整个策划对象，优势张扬，最终解决整体策划问题。

策划人在面对复杂的策划问题和策划对象时，首先要努力寻求突出某一商务环节、某项业务等个别线索，主动缩小策划对象，要善于捕捉要点并加以放大、突出，甚至要大肆张扬，使整个策划对象显现出不可替代的优势。如著名策划家王志纲先生策划的广东“碧桂园”房地产项目，就是强化一点，从引入名校(设立北京景山学校分校)、保证子女享受最好的教育问题入手而拉动了整个楼盘的热销和融资。

“重点”，就是放大，就是突出，就是不断地强化，就是反复地强调，就是尖锐地刺激，就是要么让你喜欢到极致，要么痛恨到极致。“送礼就送脑白金”是近10年来几乎每一个中国人都熟悉了，都听腻了，都“反感”了的一句广告语，这是这个产品的市场定位诉求重点，是市场策划的突破口，也是“重点强化法”的成功验证，也可以说是卖点、亮点。总之，对于中国老百姓，你听也得听，不听也得听，看也得看，不看也得看，让你去商场选择礼品时不由自主地会指着那个“脑白金”。年年讲月月讲天天讲人人讲处处讲！这不，该策划者接下来的一个产品——“黄金搭档”，传播上也走着同样的路子。

三、整合求异法

分解是为了找重点，可实在找不出重点、没有重点怎么办？

那就把分解出来的相关联的要素点、问题点、决策点等进行整合，在了解一般组合惯例的基础上，屏弃那些人所共知的组合模式，谋求创新的整合形式；甚至，把不相干的事物也可以整合到一起。

面对一个问题，多数人都能够分解和罗列出其所关联的一系列要素点，而在解决这个问题时，我们也常常把相关的几个方面结合起来进行解决，例如手机，首先是自由移动与打电话两大需求的整合，早期的手机是接打电话、来电显示、通话、时间显示、漫游、短信息等功能的整合，策划的内容是如何更清晰，如何更省电，如何更轻巧，如何更漂亮等。

之后，手机被不断地整合进彩屏、和弦、摄影录像、MP3、彩信、蓝牙、MP4、优盘、对讲、炒股、GPS、微信支付等功能，手机开始“异化”成为个人数码信息中心，发展到智能手机之后，更是移动互联网、物联网和全方位的个人全功能生活工具系统。

2005年，在互联网上，曾经有一个十分精彩的策划案公布，吸引了很多策划爱好者的兴趣。这个策划案叫《团结中国暨56个民族同庆新中国56华诞系列活动策划方案》，活动导言称：

“2005年10月1日，由56个民族组成的中华民族大家庭将迎来新中国56岁华诞，这将是一个非常具有纪念意义的一年，甚至比每个新中国逢十周年还要来之不易，两个‘56’数字的巧合，可谓千年不遇，空前绝后。”

在这个恢弘的大策划中，策划者把“56个民族/56周年”和不同的事物、概念相整合，展现出一席金碧辉煌的思维创新的盛宴：

带你走进56个民族全国行，建立“56个民族团结纪念碑”，建立“56个民族水体纪念碑”，讲述56个民族的故事，56个民族有奖知识大赛，寻找56个民族信物或征集活动，56个民族全国自助游，56个民族知名人士互动访谈……

“56个民族56个星座”推选，“56个民族56个兄弟”征选，“56个民族56个姐妹”征选，“56个民族56朵花”征选，寻找56位共和国同龄人，“56个民族英雄”推选……

56个民族嘉年华，56个民族趣味运动会，56个民族风情展，56个民族手工艺(饰)展，56个民族服饰展，56个民族特色产品展，56个民族乐器展，56个民族珍藏展，56个民族风情展，56个民族文化研讨会，56个民族团结年会，56个民族优势产业交流会，56个民族方言研讨会……

在思维创新的过程中，分解与整合，始终都是两个循环往复的过程，“合”的关键，是合出与同行的不同，合成在“老内行”看来的“异化”。例如婚礼彩票，就是把看似毫无关系的两者——婚礼宴席上的新人答谢礼物(国内普遍是喜糖巧克力)和福利彩票整合捆绑在一起，使得婚礼不再虎头蛇尾，情绪多了祝福与美好，氛围多了高潮与热点，参与者多了期盼和兴奋，又促进了彩票销售，一举多得皆是因为整合之异。

整合之法在实际运用中还有一种表现，就是“面面俱到，无所不包”。这也是一种创新，而且常常能使对手不知从何下手反击，作为后起小辈的招商银行推广的“一卡通”，之所以能够一举超越工、农、中、建四大家族的信用卡而成为发行量老大，靠的就是“整合法”。

世间有万事万物，就有无数种整合，这就是一个不断创新的过程，策划始终围绕两大目的：一是如何满足乃至创造市场需求；二是如何创造更大的持续的利润。

整合是手段，求异才是目的。

凡战者，以正合以奇胜，出乎意料，合乎情理，要像外行那样思考，像内行那样操作。

四、借势增值法

在成本不增加的前提下追求高价值、超值几乎是所有商务行为的本质目标，那么让策划对象因借助客观的资源、势能、背景，从而获得更高的市场价值和目标对象的心理价值认同，成为现代商务策划的市场导向。

所谓“借势增值法”，就是在策划思维的罗列和细分过程中，努力寻找外部环境资源，乃至创造出更加有利于策划对象的环境背景，提升目标价值，从而使其效果和利益更加显著；把这些资源整合、捆绑或嫁接到策划对象的市场形象上或商务行为过程中。

商品追求某某名牌、某某标志、某某认证，明星代言，企业把政治或文化体育名人的合影照片炫耀在最显眼处，个人取巧获取名校学位、社会头衔、政治资本，乃至骗子伪造家世背景等，其策划思维就是借势增值型的。

借势是前提，增值是目的，前后两个动作相辅相成。借势增值法的社会心理学基础是：民众的社会共识心理是一种社会客观存在的心理势能，企业、人、产品等的价值往往与其环境背景以及民众心理认知有关，背景变化则背景下主体的所有组成要素都会发生价值变化。而从社会利益交换的行为上看，“背景”其实是一种不对称的信息资源，对于看到那个“背景”的交换者而言，拥有那个“背景”的交换对象，是如何获取那个“背景”的过程信息，是不完整甚至根本就不清楚的。

借势增值法借助背景资源——社会势能的增值作用，企业与强者为盟、商业活动与政府公益为伴、个人与名人为友、产品与名牌配套等都是利用捆绑连接的方法，使自己实现快速增值，此类案例在产品市场营销和品牌传播中比比皆是。

【市场案例】常州小伙买特斯拉走秀22天就赚回70多万

特斯拉汽车是世界上第一个采用锂离子电池的电动车，集独特的造型、高效的加速、良好的操控性能与先进的技术为一身，被称作“汽车业的苹果”。除了高科技装备，特斯拉的营销手段也是其火暴的重要原因，用足了饥饿营销法，在造势一年多之后，上周才正式面向中国市场销售，一年的时间已蓄积了不少客户，形成争相订购的场景。

2014年4月初，常州一家婚车租赁公司的老板张高乐买了一辆纯电动汽车特斯拉，车子在常州当地一露脸便受人关注，虽还未能上牌，但主要用于各地参展却应接不暇。每到一地，车子的人气便“高到爆”，每天“出场”的费用更是高达3万～5万元。

面对多家媒体的采访，车主告诉现代快报记者，2013年底，他委托相关公司在美国购买了这辆特斯拉Model S，价格是11万美金，加上运费、报关、税收等费用，一共花了150万元人民币。

张高乐说，他的车子目前在常州还不能上牌，“要等车管部门有了目录”。虽然车子还不能正式上路，但一个月来，这辆黑色的特斯拉却一直没闲着，车子已经在国内9个城市参展过，参展天数已有22天。“每到一个地方，都很火暴。”他说，车子参展主要用于车展、楼盘开盘，或者一些企业的公关活动。张高乐透露，到4月下旬，靠着参展费，他已经差不多收回了一半成本。

据媒体报道，早在6个月前，浙江东阳一个叫张建良小伙就豪掷250万元，从香港购入中国大陆第一辆特斯拉，四处“走秀”，半年就赚了250万元。

【市场案例】让总统为百事可乐促销

1959年美国博览会在莫斯科举行，为进军苏联市场，百事可乐公司董事长唐纳德·肯特亲临现场，他凭着当时和美国副总统尼克松的私交，要求尼克松在陪同苏联领导人参观时，“想办法让总理喝一杯百事可乐”。尼克松大概是同赫鲁晓夫打过招呼，因此赫鲁晓夫在路过百事可乐的展台时，拿起一杯百事可乐品尝，顿时各国记者的镁光灯大亮。这对百事可乐来说，无疑是一个特殊的、然而又是影响力巨大的广告。这件事使百事可乐领先可口可乐在苏联市场站稳了脚跟。

1964年，尼克松在大选中败给了肯尼迪。百事可乐公司认准尼克松的外交能力，以年薪10万美元的高薪聘请尼克松为百事可乐公司的顾问和律师。尼克松接受了，利用他当副总统的旧关系，周游列国，积极兜售百事可乐，使百事可乐在世界上的销售额直线上升，尤其是他还帮助百事可乐占领了中国台湾的市场。

五、逆向变通法

“换一个角度”是很多神奇的开始，所谓“山重水复疑无路，柳暗花明又一村”。在思维被阻、实在找不到解决方案时，不妨把当前的思维角度、方向、内容、途径、目标等反过来，反向逆行寻找解决问题的方案。

逆向思维是求异求新思维的一种典型的方法，很多人经常坚持的那个角度，往往可能是错误的，以正合以奇胜，“正”就是大众都能发现的那个角度，可以把“奇”看做正的反面，往往人们会忽视那个反面的角度，这就给策划人独特的创新思维视角提供了机会。

所谓“逆向变通法”，就是不以原有的方向思路为坚持，改换看待这个策划对象的角度，反向逆行重新设立策划课题，再加以策划。事实上，往往当企业有百思不得其解的问题时，才会找策划人出谋划策，而原有的那些个“角度”，已经被他们思考过很久了。

例如产品营销定位问题解决不了，是否考虑先解决企业战略不清的问题？企业亏损问题解决不了，是否考虑先解决领导班子的问题？人体亚健康现象普遍，是否可以考虑少吃、少喝、多运动的问题？等等。当然在策划实战中，思路角度的变化会使策划构思的难度发生很大的变化。

逆向是手段，变通是目的，前后两个动作相辅相成。

许多策划任务，靠客户自身群体力量长时间得不到答案的课题思路，对于策划人来说也是难以解决的，有时甚至不如提出问题的人思考得充分。策划人此时应首先考虑到这样的问题是解决不了的，只有换个角度进行策划，才能出奇制胜。

“以毒攻毒”就是医学上常用的逆向变通法。如爱德华·琴纳发明的种牛痘来预防天花，就是运用逆向思维，采用以毒攻毒的办法遏制了天花的传播。同样，还有不辣的咖喱，不粘的“即时贴”，都是典型的“反着来”。北京亚都加湿器在20世纪90年代初期开拓天津市场难以启动时，就运用逆向创意的方法，把常规的正向宣传加湿器功能，变成向天津市民请教需求，从而迅速打开了天津市场。

【市场案例】“亚都”妙算取津门

企业走向市场，有赖于企业经营机制的转换；产品走向市场，有赖于企业营销策略的运转，而形象策略已成为企业市场营销中的重要手段。良好的企业和产品形象可以使企业寻求到可靠的经销渠道，使企业生产出优质产品，在优质的服务中，通过最佳途径，输送到消费者手中，从而实现企业的经营目标。

北京亚都在打开天津市场的过程中，便成功制定了形象策略。风靡北京(销售额占首都小家电市场零售总额的38%)、压倒同行(在同类产品中市场占有率达93%)的亚都牌超声波加湿器，在进入天津市场时受到极大的冷遇，3年间仅销售400台。众所周知，京津两地纬度基本一样，气候条件几无差异，北京人借助于“亚都”所要获得的人工湿度环境天津人同样需要，京津两地，居民收入水平与消费水平大体相等，所有在北京畅销的商品，几乎无一例外地也在天津有市场；京津两地，传播媒介同样敏感而迅速……为何北京的“亚都”销量超过天津的100倍？

面对相同的市场，为什么会出现截然相反的结果？是市场选错了？还是价格太高了？都不是！那究竟是什么原因呢？“亚都”的发明人兼执行者——北京亚都环境科技公司总经理何鲁敏在长时间的大惑不解之后，终于大彻大悟：天津人并不了解“亚都”在北京的成功之举，而“亚都”也并不了解天津市场，亦即公关活动没做好。

了解一个市场，关键在于了解这个市场的主体——消费者。“亚都”从这里入手了：他们借阅了大量描述天津市民生活的通俗读物，以了解天津的生活；派人去天津各主要商场，了解天津的购物情况；请来天津的新闻记者，咨询天津读者或观众的口味；请来天津商界有关方面的人士，咨询天津顾客的购买习惯；借来天津市发行量占前10位的报纸，比较他们的编排风格、发行范围、广告价格……一个个公关方案形成，被否定，新的方案又形成，又被否定。最后终于形成了一个“亚都加湿器向天津市民有偿请教”的公关活动方案。1991年11月15日和16日，连续两天，《天津日报》《今晚报》《广播节目报》最显著的广告位置，被“亚都市民有偿请教”的广告所占据。广告一反商品广告的商业语汇，充满着人情味、知识性。广告的内容是：

尽管亚都加湿器的特殊功能满足了现代完美生活的新需求；尽管亚都加湿器在与洋货竞争中市场占有率高达93%；尽管亚都加湿器销售已突破小家电市场零售总额的38%；尽管亚都加湿器的热销被商业部部长称为“亚都现象”并引起国内各大新闻单位数十次重点报道；总之，尽管亚都加湿器顺天时地利人和已热销定势，但奇怪的是在天津的购销情况却不尽理想……是天津市冬季室内气候不干燥吗？不，不是！是天津市的老年人不了解湿度对益寿延年的重要性吗？不，不是！是天津市的女士不懂得温度是美容驻颜的第一要素吗？不，不是！是天津市的婴幼儿不需要更接近母体温度的环境吗？不，更不是！是天津市民情愿自家的乐器、家具、字画等名贵物品在冬季干裂变形吗？不，也不是！面对上述困惑，国内规模最大、专业性最强的人工环境科研开发高科技机构——北京亚都人工科技公司在百思不得其解后，特决定向聪慧的天津公众虚心请教，请热情的天津市民为北京高科技企业指点迷津。来函赐教，或宏论，或短论，均请注明详细通讯处，亚都人将以礼相谢。

选择这两个日子推出广告，让企业和产品在天津市场亮相，可谓用心良苦：15日，是天津市统一供暖的日子，在这一天，提出“干燥、温度”的概念，容易得到人们的理解；16日，是周末家人团聚的日子，什么是“亚都”？它是做什么用的？是不是要买一个“亚都”，自然需要家人议论一下。11月17日，星期日，40名经过专项培训的“亚都”公关人员，拂晓自北京出发，一大早便出现在天津商场、百货大楼、国际商场、劝业场等大商场内。他们同一着装，身佩绶带，向过往顾客散发“有偿请教”的各类宣传品，回答着人们关于“人工环境”“温度与健康”等方面的疑问。连续4个星期日，共散发出宣传品14万件，直接接触了60万人次天津市场的顾客。“亚都”一下子成了天津人议论的话题。从11月16日—26日这10天里，1 200多封天津消费者的来信，寄到了“亚都”，他们在信中提出各种建设性意见4 000余条。“亚都”毫不松懈，又继续推出新的招数：

——12月13日，向1 200多名来信的消费者回复“感谢函”，随函寄出《感恩卡》，凭卡可特价购买“亚都”加湿器一台。

——12月16日，在天津《今晚报》上刊出半版广告，1 200多位来信的天津市民的名字，按姓氏笔划为序，逐一见诸报端，这个做法，在全国广告业尚属首创。

——12月18日，“亚都”全体科研技术人员抵达天津，在国际商场举办公开答谢活动。

至此，沉重的“津门”终于敞开了。从1991年11月15日—1992年1月15日，“亚都”超声波加湿气两个月在天津市场的销量达4 000台，相当于过去3年销量总和的10倍。

案例点评：

1. 产品进入市场的前提是要确定和研究目标市场。目标市场是在市场细分的基础上形成的特定市场区域。亚都加湿器在北京市场的畅销，证明市场的销售具有巨大的潜力。然而这并不意味着加湿器在其他市场上也一定走俏。研究目标市场，是打进市场的前提，确定目标市场，能够系统地进行考察、更好地发掘市场机会，有针对性地制定营销和策略。“亚都”的经营者选定天津为新的目标市场，从不同的角度加以研究，最终形成一个出色的公关活动方案。

2. 以广告为手段，采用密集性市场营销策略，使企业和产品迅速亮相，从而打开市场销路。密集性市场营销的目的是，与其在较大的市场范围内拥有较小的市场占有率，不如在较小的市场上拥有较大的市场占有率。这样，企业可以集中人力、财力、物力，服务于该市场，使企业处于竞争的优势地位，节约市场经营费用，增加利润。“亚都”的做法正与此相符合。

3. 交际型公关显威力。交际型公共关系是指通过人际交往开展公共关系活动，它有助于人与人的直接接触，进行感情上的联络，在较短的时间内沟通信息，促销产品。“亚都”的经营者采取了广告与交际型公关同步策略，取得了很好的效果。40名公关人员的现场咨询活动、科技人员赴津参加公开答谢活动，不仅展示了企业公关人员的自身形象，而且也表现了“亚都”人的诚意、谢意和技术实力。

4. 公关方案富有新意，营销手段运用自如。如向天津市民有偿请教，向提出意见和建议的消费者回复感谢函，寄出感恩卡(寓强烈的刺激购买于感情的交流之中)，将1 200多位来信的天津市民的姓名用广告的形式刊出等，这一切都强化了顾客的参与意识，使顾客产生自豪感和荣誉感，使企业在非商业的色彩氛围中实现了预期的商业目的。

“亚都”终于以智慧赢得了人心，赢得了荣誉，也赢得了市场。

六、连环伏笔法

在产品过剩、信息过剩、变化多端，甚至“策划”过剩的市场环境中，要获得目标受众的持续关注，确保现实价值和效益的持续性，就必须保证精彩不断线，能够预见变化，并主动顺应客观需求的变化，实现策划思路步步为营、高潮迭起，所以，必须有一连串的“点子”连环出击，始终为下一个可能出现的环境需求或者变化留有伏笔，一切尽在策划人的“预料之中”，而出乎公众和传媒的“意料之外”。

连环伏笔法，充分体现策划作为一种优势的高级思维所必须具有的前瞻性、预见性属性。

所谓“连环伏笔法”，就是在实施当前策划时，把真实的策划意图掩藏起来，达到更大的策划目的。例如“变形金刚”的动画片免费赠播到玩具铺天盖地乃至到2007年重新翻拍真人版电影，例如宝洁公司、可口可乐公司等跨国巨头在中国市场的产品系列推广战略，就是典型的连环递进、步步深入，是一个接一个的伏笔谋略。

连环是前提，伏笔是目的，前后两个动作相辅相成。即所谓波波相连、层层递进，吊足目标受众的胃口兴趣，以倍增市场效益。策划人应站在市场的前沿，努力面向未来，在当前的策划中，为未来的下一轮策划打下伏笔。

从严格意义上说，连环伏笔法应该成为商务策划师的一种思维习惯，才可以体现商务策划重要属性之一的“前瞻性”。2001年末被媒体炒得沸沸扬扬的砸“大奔”事件，其实就是武汉野生动物园运用伏笔法创意的典型案例。

“砸”这个行为在大众的理解上总不是一个好的事情，可在商务行为中的“砸”，往往都是经过策划的“砸”，从20世纪20年代茅台酒在万国博览会上的“砸”，到70年代海尔对劣质冰箱的“砸”，都砸出了享誉世界的著名品牌。不过那些都是砸自己的东西，可就是有人能通过砸别人的东西出自己的“名”。

【市场案例】明砸“大奔”、暗扬“武野”

2001年年底，举世闻名的德国奔驰公司的一辆E230型豪华轿车，被原本不为世人所知晓的中国武汉野生动物园用一头老牛拉着，在繁华的武汉街头周游后，砸了。其缘由是野生动物园的老板买了这辆“大奔”后，出了毛病，前后修了5次也没修好，要求退还，但“奔驰”以德国人的刻板精神坚决不予退换，车主被逼无奈，只好在自己单位门口，以一砸之举，出口闷气。

此事在一个多月里被中国数百家报刊、广播和电视广为刊播，成了中国老百姓辞旧迎新之际的最兴奋的谈资，武汉野生动物园也因此赚尽了新闻版面和人们的眼球。而奔驰公司非常被动地被“武野”牵着鼻子走，成了“哑巴吃黄连，有苦说不出”。其实这明着看是车主的出气之举，但后面却埋伏着“武野”用“连环伏笔法”谋划出的扬名之策。“武野”为什么能以区区90多万元的一辆奔驰230为代价，换来数以千万计的公关宣传效果呢？

首先是时机的选择。当时眼看就要到元旦、春节了，又是假日经济的黄金时段，在这个节骨眼上，砸奔驰事件报道处处拉扯到动物园的名称，无疑比打广告要划算得多。其次，被动物园拿来说事的是大名鼎鼎的奔驰车，“傍大款”奔驰容易构成新闻，如果是辆值不了多少钱的轿车，你愿意砸就砸去，肯定没有人搭理，而且奔驰是国外公司，国人心中又总都有那么一丁点民族情绪，一煽火就着；另外整个实践策划层次分明，环环紧扣，高潮迭起，先是开新闻发布会散布砸车消息，再用牛拉奔驰游街示众，最后一砸了之，有头有尾，煞有介事。还有就是整体效果评价，武汉、湖北以至于全国媒体三四天的报道，怎么着也有上千万的广告价值，比起90多万的奔驰而言，这辆E230死得其所，如果接着再有哪位收藏家慧眼独具，要把这辆世界首辆被砸的大奔买下，那么成本就全给收回来了。但这还没有完，因为只要奔驰公司最后不能圆满解决这件事，武汉野生动物园的新闻就会不断，它的广告效应就能一直延续下去。这不，又是成立“反奔”协会，又是嫌武汉藏不住自己一条龙，索性拉到北京讨说法，还要接受德国媒体的独家专访，一副不倒奔驰非好汉的架势。在这期间，武汉野生动物园一怒砸大奔的做法被人纷纷模仿。即使是这些效颦的做法，媒体报道也都把这家动物园牵扯进去了。

（“未来，知识将不是最重要的，最重要的将是振聋发聩的创意。创意和智慧、经验、知识一样，同具有资本的属性”，连韦尔奇对创意都给予这么高的评价。砸大奔这个创意确确实实为野生动物园扬名节省了大笔费用，也就难怪韦尔奇说创意具有资本的属性了。如果要评价年度最佳策划案的话，武汉野生动物园当拔头筹，与牛群当县长、富亚老板喝涂料等经典案例相比，其传播效果之广、角度之多、篇幅之大、持续时间之长，都有过之而无不及。）

与比猴儿还精的武汉野生动物园相比，奔驰方面却屡屡钻进动物园设的圈套。请看：

大奔被请入瓮。应该说在整个事件的初期，也就是动物园牛拉奔驰，声明要在2001年12月26日砸奔驰这段时间内，如果奔驰公司采取息事宁人的态度，迅速把这一个事件消除在萌芽状态，那么最终也就不会被请入瓮，让动物园牵着鼻子走，也就不会闹到现在满城风雨、不可收拾的地步。当时问题的关键是，动物园方面有备而来，对奔驰方面可能做出的反应有了对策，奔驰方面却对事态的进一步发展估计严重错误。若奔驰当机立断，忍让一步，这个事件无非是以奔驰不摆老大架子赔礼道歉，就此而止，动物园方面也就不会再出这么多的事了。事态判断不清，放任的处理方法一下子把大奔搁这儿了。大奔被关动物园。在大奔被砸的事情被全国报纸大篇幅报道转载之后，奔驰方面的反应——三个声明，一次次成了动物园的“托儿”：

2001年12月27日，“我们对客户选择不接受我们对他的帮助而深表遗憾……对有关人士在这件事上所采取的极端的、没有必要的行为深表遗憾”。

2002年1月8日，“我们对这一非理性的而且无意义的举动表示谴责”。

2002年1月17日，奔驰公司要求“武汉野生动物园就所采取的不必要且侵犯我公司权益的行动出具一份致我们的公开道歉函。这封道歉函将发至所有报道过此事的媒体”。

从遗憾到谴责，直至要求道歉，奔驰一份份外交辞令的声明反倒成全了动物园，就怕没有“料儿”的动物园一次次将声明公诸报端，反倒是自己一次次推动整个事件一波三折式地向前发展。就奔驰公司而言，整个是自己给自己掘坑的自杀式公关行为。

按照公关的常规办法，事情发展到砸大奔的地步，奔驰方面也并非只有自己掘坑的声明这一解决方式。如果奔驰方面能低下头，有关高层主动向媒体说明情况，而不是除去对动物园的声明外，对媒体却三缄其口的鸵鸟政策，那么整个新闻报道的方向也就不会出现像如今一样呈现“单边倒”的局面。要是按照另一种解决方法，照奔驰的实力，也完全能够办到，就是只要向媒体投放一定数量的广告，媒体也会从自己的利益出发为奔驰说话。话说回来，这是动物园方面最忌讳的，因为它绝对没有财力与奔驰抗衡。上周，武汉野生动物园把被砸的车运到北京，杀上门来找说道了，整个局面已经把奔驰逼到无路可退的境地。直到这时，个别媒体才报道，砸“大奔”无损奔驰形象，销售依然火暴。在多数读者看来，这是奔驰此地无银三百两的说辞。既然如此，奔驰公司又为什么不在当初采取类似的危机处理方式呢?

因此，采用连环伏笔法不仅可以迷惑竞争对手，而且还可以使社会相关资源为自己服务，最终使企业获得巨大的收益。

七、模板模仿法

“近朱者赤，近墨者黑”，这一成语说的是以什么作为“模板”去学习和模仿，将会直接影响模仿者自身的成长与价值。所以作为人类与生俱来的技能之一的模仿方法，如果没有找对、找准模板，也很可能事倍功半甚至事与愿违。“东施效颦”一词早已将此道理说清楚了。

所谓“模板模仿法”，就是以某一领域或地区已经成功的产品、事物、模式、项目为模板，进行本土化、个性化复制，模仿运用到当前的策划对象上。模仿、复制、移植本身也是一种创新策划，尽管或许相对于整个社会没有新颖性，但对于策划人自己当前的策划对象、行业市场、特定时空而言，却是新颖的。

例如大多数毕业生的求职信个人简介、组织的规章制度、年终报告，大多数的新产品研发革新，国内很多主题公园的建设策划，大型Shopping Mall的商业规划或是“豪布斯卡”，乃至节假日终端促销活动的策划，都是千篇一律地先找模板再在别人的现有模式上加以小的改动，轰然推出，群起而仿之，形成从众效应、同质化竞争。

移植是前提，模仿是目的，前后两个动作相辅相成。真正高明的“模板模仿法”典型，如海尔集团新产品开发战略的“MMC”(模板—模仿—创新)模式，就为这个世界名牌赢得了可观的市场效益和公众口碑。

商务策划师对“模板模仿法”的运用可以通过对事物相似性的发现，套用某一事物的现成规律的结果，例如把成熟的产业流程、模式、方法等作为模板，应用于新的产业设计思路中，也是一种移植方法的策划运用。市场经营实战策划中有许多国内外的成功案例，在本质上有惊人的相似之处，这说明策划思路是可以在更深、更高的层面上进行模仿复制的。

移植法又分直接移植和间接移植两种。直接移植是学习过程，也是全面的抄袭过程；而间接移植不仅是学习过程，还包括创造过程，是策划者通过对事物相似性的发现，套用某一事物的规律的结果。如国内外的大型百货商店、超级市场、Shopping-Mall、主题公园，明星形象代言人，以至于好莱坞和中国香港的商业电影，电视台的直播新闻与综艺节目等，都是移植法运用的典型案例。国际上的一些咨询公司，在解决国内一些大型企业的战略和流程管理课题时，其方案也基本是移植自美国和日本一些成熟企业的模式与规范。

移植法的核心是人类的模仿本能。运用这一方法成功的前提，是足够广博的信息和判断能力，寻求移植对象与策划对象之间的共同点，把一个事物搬到别的地方，将新事物移到别的领域，从而产生新的创意。如将电视上的拉杆天线“搬”到圆珠笔上去，成了可伸缩的“教棒”圆珠笔，再将它“搬”到鞋跟上去，可设计出后跟高低可调的新式鞋。

1912年，工程师凯特林想改进汽油在汽车发动机内的使用效率，难题是汽车的“爆震”，关键是使油在汽缸里提早燃烧。如何提早呢？他想起了一种蔓生的杨梅。它在冬天开花，比其他植物提早。杨梅当然不能解决汽车问题，但他对“提早”开花的这个植物极偏爱，就继续展开联想。杨梅的红叶使他联想到可能是红颜色引起杨梅提早开花，他想也许汽油里加入红色染料就会提早燃烧。他一时没找到红色染料，却找到一些碘，于是他把碘放在汽油里，发动机居然不发生爆炸了，问题解决了！在这个发现过程中，联想到杨梅以后是“移植联想”起到了“承先启后”的导引作用。

八、策划的特殊方法

策划的特殊方法就是策划的一些绝招，也可以说是“不是办法的办法”。它们有的只可意会不可言传，有的不可思议，有的非常简单，但这些方法往往能够使许多疑难问题迎刃而解，它们更能体现策划的艺术性和策划人的独特魅力。

1. 热点移用法

在商务活动中，巧妙地移用“热点”——引起当今社会广泛关注的问题或现象，必定能够产生带有煽动性的“灵感”，引发成功的商业行为和利益。

2. 争当第一法

成功的策划必须争当第一，才能引起市场的关注与厚爱，使消费者强化地位感和信任度，淡化市场价格敏感度，企业才能最终获取长久的利益回报。

3. 甘据老二法

对大多数还在发展中的企业来说，这是既实际又理想的目标，既不锋芒毕露承担阻力和压力，又能丰富、充实、提升自己，养精蓄锐，等待时机伺机冲刺，超越第一，定然全胜。

4. 拦腰切入法

拦腰切入法，是指以小换大，以小投入换取潜在的高位起点，或未来的高端价值平台，在半路乘机搭上快车，以使自身得到高起点的快速发展，获得超值的利益，经常表现在企业的产权收购或融资策划中以及产品研发或技术引进的策划中。

5. 概念提升法

概念提升法，就是为策划对象提供更多的“附加价值”“认知价值”“体验价值”，例如把秋裤称为“暖棉内衣”。概念之所以成功是它能带来“1+1>2”的聚合效应，同样一个产品，新概念的提出却可以使消费者产生更多的想象。

6. 加减乘除法

加减乘除法，就是用数学运算手段为策划对象提供更多、更经济实用的解决方案。许多新的产品和服务项目不需要特别的创新，加一加、减一减、乘一乘、除一除就会出现意想不到的效果。如：体育+地产=体育地产，成就了“让运动就在家门口”的南国奥林匹克花园；农夫山泉的广告把产品的优点减到只有“有点甜”，成就了中国饮料行业的一个最知名品牌；乘法则是让几个产业或项目同时互动，发生“化学反应”作用，产生质变形成新的利润，实现多方共赢，如地产与旅游、工业与旅游的配合互动。当然也可以互相借势、互相映衬，如商业步行街、餐饮一条街等；除法则是细分市场，除得越细，越能找到新的市场机会。

由上可见，策划方法在策划中占据着十分重要的地位，有方法就有办法，有办法就容易开展策划。但是，对策划人来说，一方面要注重对各种方法的学习和掌握，另一方面还要灵活运用，突破思维定势，不断地寻找和总结更多、更新的策划方法。

特别需要注意的是：方法是实现明确的目的的手段和办法，“条条大路通罗马”，只要能达到目标，在不违法、不违规、不损害公众利益的前提下，策划就没有固定的、必定的模式，正所谓“法无定式”。

对策划方法的不定，我们应作如下正确的理解：

(1) 策划方法很多，策划者可以灵活应用，随时改变方法，活用已有的方法。

(2) 策划方法自身在不断变化，再成熟的策划方法也不可能一成不变，它会因方法应用者的删减、添加、改造而有所不同。

(3) 策划就是创新，策划方法随着策划人的智力创造而不断涌现。

第四节　策划方法整合运用案例

在现实的商务策划操作中，往往一个运作成功的案例，总是包含着多种策划创意方法的整合应用，包含着对客观环境变化的适应，全过程地证实和体现着商务策划的典型原理。下面我们从思维创新和实施执行两个层面，以结构分解的方式，对一个典型的多种策划方法整合运用的成功案例——被誉为“中国十大金牌项目策划”的《江苏省世纪婚典策划案》进行解析。

一、策划思路

千年一遇，世纪之交的1999年，很多策划人和广告公司都想借机会扬名获利。办个有意义的“世纪婚礼”，纪念珍贵时刻，是不少年轻情侣的梦想，加之其附加连带价值高的利益诱惑，所以江苏省内几家大广告公司年初就开始策划，在5月、9月这两个婚礼旺季各经营了一场号称“世纪婚礼”的集体婚礼，但结果却是参与者和社会的反映普遍不佳，失望多多，而主办者倒赔了不少钱。

如何超越已有过的所谓“世纪婚礼”——既使参与者享受新颖、丰富与实惠，而又不让举办者赔钱呢？这个难题成为对该主题策划人的一个挑战。

为提升公司的形象，提高经济和社会效益，本案策划师所服务的南京航空广告公司决定策划经营“江苏省世纪婚典”项目。经过长达两个多月的调研搜集，通过对各种线索、信息的整理分析，经过运用商务策划的“罗列细分法”进行对象需求、社会需求、舆论需求以及内容构成等纵横分解，运用“重点强化法”选择项目实现突破创新的决策点，运用时间性创新、物质性创新等创新技巧，以“整合求异法”将社会活动与政治精神相“整合”，从而有效融入了政治和经济资源，赢得了政府的肯定和支持，产生了空前号召力，使江苏省世纪婚典活动成为“政府行为”，顺畅通路，赢得最广泛的社会影响和物质支持。

本活动项目的策划实施主要运作步骤如下。

(1) 立项及铺垫期：将多方利益进行“整合、捆绑”，融入多种有效资源，为活动的宣传炒作、实施铺平道路。

(2) 宣传及招商期：有了良好的基础铺垫，宣传吸引踊跃报名，也促进招商，同时招商也为进一步宣传提供资金。

(3) 组织及实施期：根据策划细案，协调各方利益，具体实施婚典策划的各项内容。

在婚典活动的细节策划上，运用模板模仿法、罗列细分法、借势增值法等一系列创新方法，提高了活动对于参与者和社会传媒的吸引力，进而提高了商业融资的力度，保证了主办者的经济利益。活动既有效地回报了赞助商，宣传了赞助品牌；又增强了婚典参与者(消费者)的实际收益感。虽然因民航技术保障落后、民航主管部门临时变更而未能实现活动最精彩亮点，但仍然达到了策划的预期战略目的，成为江苏省大型集体婚礼之最，空前绝后，受到江苏省政府领导和社会各界的一致好评和赞扬。

二、策划过程

其实早在1998年，本案策划人就有举办“世纪婚礼”的梦想。从这年的4月开始，经过广泛的走访座谈、舆论搜集、调查分析，比较和研究后发现：很多年轻准夫妇很喜欢“世纪新人千禧之爱”这一吉利“口彩”，很愿意把终身大事放在千载难逢的大好时机，而广大的企业商家也很关注当年的“世纪大婚”者，认为是难得天成的广告良机，很想借机借势宣传推广产品和品牌。从心理感受的需求焦点上，新人们很看重真正的“世纪之交”那一刻，即1999年12月31日24时，也就是2000年1月1日0时，认为在那一刻举行婚礼大庆才是真正的千年一次，千载难逢；而更多的新婚夫妇都希望——婚礼过程、内容和形式要有创新，要有独特的纪念意义，才配得上“世纪大婚”的“档格”，要行“常人所不能行”才够出色。

本案策划人由此判断："世纪婚礼"有市场，有人气，有商机；有意义，有利可图。但关键点在于：创新！不仅活动内容要创新，形式要创新，要最独特、最精彩，而且要成为省内规格最高、意义最深远、礼品最丰厚的世纪婚礼，这成为整体策划的战略目标。

为满足这些要求，自觉运用策划的原理和各种创新创意方法，本案策划人描画出"江苏省世纪婚典"的大体轮廓：在20世纪的最后日子，100对江苏新人举行一系列有意义的爱情见证和婚姻纪念活动——共植爱情树共结同心锁、"千禧之爱"表衷情、爱情墙"贴心连心"、环城花车巡游等富于吸引力、凝聚力的内容……在世纪之交时分举行婚礼大典，在世纪之夜专机飞往北京，在21世纪的第一个早晨在天安门广场观看升国旗仪式，放飞白鸽爱情鸟，百对新人共祝新世纪真情永远，祖国昌盛。这跨越千年一刻的婚礼，百对新人专机赴京观看升旗仪式的创举可谓空999年的"前"，且可绝999年的"后"，不可能重复仿效，从而构成该项目的核心竞争力。

其中的核心活动——世纪之夜专机赴京，本案策划人利用了本公司隶属于南京航空有限公司，自有英制BAe-146机群航线的便利优势，5月下旬，首先征求了南京航空有限公司运输和航管部门的意见。在获取了上级公司领导肯定可行、积极支持的决策后，本案策划人又会同公司其他人员，将项目的创意要点拿出来，并在社会上征求了7对未婚情侣的意见，得到了兴奋的赞同和热烈的期待反响！

这一切调查实证坚定了本案策划者的信心，很快就形成了活动的整体策划方案。

6月上旬，策划方案完成后，策划者立即向共青团江苏省委有关领导做出汇报，提交活动策划方案并请求支持。团省委领导很快给予赞扬肯定，经书记办公会集体研究后形成决策，决定牵头主办。这之后团省委、省委宣传部等五单位联席召开三次协调会议，在7月10日共同会签了[团苏委联(1999)38号]文件《关于举办"江苏省世纪婚典"活动的意见》，宣布由共青团江苏省委、江苏省人民政府新闻办公室、扬子晚报、江苏有线电视台(当时江苏地区最红的电视台)、江苏省青年联合会、南京航空有限公司联合主办"江苏省世纪婚典"；组成了以时任中共江苏省委常委、副省长张连珍为首，由团省委、省委宣传部、电视台和报社主要领导参加的活动组委会，授权南京航空广告公司负责整个活动实施承办。

在共青团江苏省委的直接领导下，承办公司迅速组建了由本案策划人万钧担任秘书长的活动实施筹备机构，分报名、招商、外联、婚礼4个小组，共14人，从8月开始全力投入活动各项筹备工作。团省委、江苏省政府办公厅和南京航空公司联合向中国民航适航、航管部门提出夜航加班申请，很快获得批准，国家民航总局特批此次航班代码为WH1999/2000，活动的最亮点得以点燃，让所有的参与者欢欣鼓舞。

为谋求更广泛的社会支持和参与，承办公司联系了江苏省13个省辖市的最大商场和苏果超市参与协办，以此增强新人报名的便利和对赞助企业、产品的影响力。从9月份开始在商场和连锁店大门口最醒目处放置巨型公告牌，将"江苏省世纪婚典"的精彩内容面向社会群众广而告之；同时，在当时社会生活中互联网还不是很普及的时期，组织者精心设计协调，开通了活动的主题网站：http://www.centurywedding.yeah.net，开通了全国电话参与咨询热线：16819999。

这一切宣传推广工作使得整个10月、11月间，“江苏省世纪婚典”成为男女老少街头巷尾谈论的热点话题。活动组委会接到数以千计的咨询电话，经过筛选，截至11月底共有来自全国和日本、美国的800多对新婚夫妇通过邮政、电话传真和网络报名。

宣传工作决定着活动项目的影响意义和价值，报名参与者的“人气”旺弱也决定着赞助商的热情高低。11月11日新闻发布会后，各大传媒先后公布了这一喜讯；同时我们又刻意制造出一些新闻“由头”(噱头)，如奇情苦恋、跨国婚姻、跨世纪接吻大赛、三克拉世纪之钻、九层世纪蛋糕等，持续不断地推出报道，使得报刊电台电视和网络传媒纷纷热炒不断。

号召力形成了，大影响有了，接下来的重头戏就是活动经费筹集和广告招商。因受到政府有关部门严格限制收费的规定，对参与婚典的每对夫妇全程仅收5 599元，是全国当年所有世纪婚礼收费的最低价，和活动庞大预算差额达60万元！所以必须依靠商业赞助。要凭借活动的规格、地位、影响、号召力等融入和交换所需资源资金。

为此，策划人将活动分解细化，充分开掘每一过程、步骤、事物、场景、时段的商业潜值和广告外延。针对不同企业的不同需求(有的要市场影响，有的要政治效应，有的要新闻卖点，也有的只是赶热闹)，策划制定出详细可行的赞助回报方案。结合赞助商的产品特点品牌诉求和宣传需求度身定制。运用分解和组合的创新方法，分别组织进行单项活动的完整策划，相对独立又相互联系。

经过努力，江苏波司登集团、红豆集团、江苏移动通信公司、江苏梦兰集团、美国芙一化妆品、希尔顿酒店、苏州小羚羊、四川剑南春、西班牙牧羊人、上海金丝猴、浙江花为媒等一批著名企业慷慨支持，提供了丰厚的现金和实物赞助。

因为江苏省委宣传部是主办单位，所以活动全程的新闻报道力度强大，从8月份开始直到2000年1月，江苏省内几乎所有大众传媒都进行了多篇次、多形式的系列报道，从报纸连续跟踪到电视电台现场直播，连中央电视台一、二套在元旦特别节目中也各有1.5分钟的报道。这一切客观上都增强了赞助商们的收益感和价值感，普遍对其市场宣传效果感到满意。

在筹备工作紧锣密鼓推进时，大好形势胜利在望的组织者们突然遭受致命打击：12月13日国家民航总局紧急通知，因国内技术保障条件限制，1999年12月31日20点30分起至2000年1月1日8点30分期间停飞一切国内民航飞机！

各相关单位拼命争取。最后认识到电脑“千年虫”不可抗拒。组委会召开紧急会议，制定4项应对措施：

(1)“江苏省世纪婚典”照常如期举办。

(2) 取消赴京活动，退还其间费用，只收取南京三天两夜1 699元/对。

(3) 对不愿参加南京活动的新婚夫妇，全额退款，并适当赠礼以示歉意。

(4) 丰富南京一地活动内容和创意，提高参与者的物质收益。

两天后我们通知已被正式录取并已缴费的101对新婚夫妇，随后陆续有27对退出活动。很快有报纸在头版头条发表《世纪婚典留下世纪遗憾》大块文章……舆论再度热火起来，于是我们一面在“落选”的报名者中进行“扩招”，结果仅一天就再度满额；一面加强赞助招商，由于活动舆论影响早已空前，而有些企业更愿意就把影响做在江苏，集中传播，所以也很踊跃，两周里猛增了很多新赞助、新优惠，仅各种赠礼就堆满了280平方米的3间大屋。

1999年12月30日，“江苏省世纪婚典”首日，在世纪广场充满传统气氛的秧歌锣鼓龙舟迎新婚仪式后，结合赞助商——“湖滨世纪花园”的品牌宣传诉求，我们策划了以共结连心锁，共植爱情树，情侣游艺赛为3组细节的“美化新世纪家园”活动，在该园建造了“千禧之爱”的蓝色爱情墙，以小块红色花岗岩石磨成心型，刻上新人姓名，让新人们在墙上“贴心连心”，新奇温馨，浪漫热闹；植树和游艺比赛则欢快无比。

江苏省和南京市电台、电视台现场直播，全体新人签名发表《新世纪绿色家园》环保宣言书；前后3个小时里高潮迭起。

第二天上午开始，阳光灿烂，千人空巷的“世纪回眸”环城花车巡游，一路轰动，观者无数。

接着新人们参观月星时尚家居展览，享受时装秀午餐。

酒足饭饱后，是由苏州第一百货商店集团赞助举办的网上购物大赠礼，一小时里，敲键盘，送吉祥，送出了4万多元的彩电、冰箱、洗衣机、空调等礼品。

接下来是壮观宏大的“真爱瞬间”百对新人集体合影，其中还有中共十七大代表、全国青联常委、红豆集团党委书记兼总裁周海江。

黄昏时分大家兴奋地参加了主题为“庆澳门回归、迎接新世纪”的江苏环省火炬接力传递，当神圣的火炬从每一对爱侣手中交递时，每个人的心中都倍感自豪，幸福洋溢。

接下来，在空前盛大的“江苏世纪之夜”婚宴上，时任副省长张连珍致辞后，还为每对新人一一签名赠言，江苏省歌舞团的著名歌手和舞蹈演员纷纷登台献艺；穿插其间的幸运大抽奖更送出了包括3.5万元大钻戒领衔的一共价值20多万元的各类“世纪大礼”。

世纪零点，百年钟声响起，百对新人激情拥吻，喜泪纵横，现场欢呼沸腾起来，久久不息，那个场景令在场上千位亲友、记者和工作人员都终身难忘。

第二天凌晨开始分发礼品，主办单位赠送每对新人价值1 850元的“套礼”，加上前一天总值达26万元的各类抽奖赠礼，以及五星级希尔顿酒店的食宿，价值至少超出新人缴纳费用的4倍以上，让每对新人欣喜若狂，赞不绝口。

活动结束后，组织者还向新人赠送了千足金纯金结婚纪念证，精美纪念画册和婚礼全程VCD光碟。

虽然有电脑“千年虫”造就的“世纪遗憾”，“江苏省世纪婚典”依然受到了江苏省领导和社会各界的高度好评，成为当年头条社会新闻，成为当年全国众多“世纪婚礼”中的成功典范。

活动前后涉及省内外80多个机关、企事业单位，耗资百万元，前后参与筹备运作的工作人员更达100多人，赢得了59万元的赞助经费和价值60万元的实物赠品，以及20多万元的各项优惠减免。主办者获得了社会和经济效益双丰收。承办单位南京航空广告公司投入启动经费5万元，项目实现赢利19万元。

三、方法解析

大型集体婚礼，在中国已不是新鲜事情，要真正创造良好的效益，更不是容易事情。参加有意义的“世纪婚礼”是众多准夫妇的梦想，而超越已有的“世纪婚礼”，既使参与者享受新颖、丰富与实惠，而又不让举办者赔钱，是对本案策划者的一个挑战。作为普通的广告公司，要想将之做好做大，扬名获利，就必须有足够的创新超越之处和借力借势之法。

在本案的立项策划和融资策划过程中，本案策划者首先运用“罗列细分法”和“重点强化法”这两种创意方法，把世纪婚礼全过程分解成多个子过程，细化步骤，然后找出了“大婚仪式”这一决策重点进行强化突出，寻求突出项目个性而产生优势——即两个世纪交替时刻举行仪式，随后赴京看升国旗仪式。精雕细刻，首先突破，产生空前绝后的优势，形成了项目的核心竞争力，并进而把功效传递给整个“婚礼”，带动整个项目突显优势吸引力。

对这一决策重点的创新也是“借势增值法”的充分验证：融入“政治资源”，赋予集体婚礼以高度的时代感主旋律、积极意义，即世纪新人赴京看升旗仪式，是把“爱国主义”与新人婚礼进行“整合、捆绑”，以此展现江苏青年的时代风貌，这一“高度”必然能够得到社会和政府的认同、重视和积极支持。

要达到世纪婚典规格最高、意义最深远、内容最丰富、礼品最丰厚的目标，结合中国的国情特色，决定了一个社会活动的主办单位级别越高来头越大，就越容易被信任，就越具号召力，越能被商界肯定地认为规格高影响必会很大，从而在客观上起到了吸引新婚夫妇与赞助企业的双重作用。这就是政治资源产生的强大效益。否则仅以一个普通的广告公司，就算十多个员工人人三头六臂，就算投入数百万元的广告费，也不可能造就如此声势和号召力。

所以成案后，首先是争取获得省政府相关主管部门的认可和支持，融入“政治资源”获取高位之势，进而顺畅各种公关通路，省力地融入各种经济资源。不论是新人们的积极踊跃，还是传媒的报道热烈，也不论是民政、工商、新闻、交通、公安、外事旅游、环保、城建、市容等部门的支持配合，还是活动招商融资的成就，都证明了这种社会活动与时代精神相“捆绑连接”的整合求异法原理的正确。

在婚典活动的整体策划上，本案策划者依据了“时间性创新”这一策划技巧点：借助天时，在特定的千载一遇的时刻，汇聚珍贵、幸福、激动、美好、难忘、狂欢、铭记等多种情绪，可以创造难以比拟的空前效果。

同时，活动策划还符合了“物质性创新”“信息性创新”的策划技巧：创意增加大大丰富了“集体婚礼”这一事物的功能和内涵，突出特定的纪念意义，创造丰富了其表现形式，从而使参与者在心理感受和物质利益层面都产生了全新的效果；因为内容多、涉及面多、信息头绪多，因而也使得参与者、旁观者对这项活动有了更多的谈资“说道”。

要满足江苏省空前绝后最成功的大型集体婚礼的战略要求，还必须在内容上做到名副其实，让参与者铭心难忘。所以在婚典各项活动的创意策划过程中，除了突出核心亮点的“重点强化法”，本案策划者还运用了“模板模仿法”和“罗列细分法”“整合求异法”等多种创新方法，如“花车巡游”活动就是从上海市“玫瑰婚典”中借鉴改造而来，“植爱情树、结同心锁”也是移植自其他地区相关活动以及旅游景点活动形式，只是结合添加上了富有江苏和南京地方特色的细节。

新人活动要丰富内容，广告宣传要回报赞助商，看似并不相干，但只要充分发挥被传媒密集报道的“江苏省世纪婚典”传播载体的功效，把两者组合为一体，成为一个完整的活动内容和过程，同时满足双方的不同需求；这又是“整合求异法”这一创新方法的妙用。

本案策划者首先把为期两天半的婚礼时间以及每一段的活动内容进行分解、细化，充分开掘出每一个过程、步骤、事物、场景、时段的商业潜值和广告外延。以精彩有意义有收获为原则，结合各类赞助商的广告宣传要求，加以组合结合融合综合，形成一个完整的活动内容过程。

如“新世纪家园”系列活动，就是把新人的植树、结锁、砌“墙”贴“心”以及露天游艺等必须要有较大室外空间的需求，与南京江宁区“湖滨世纪花园”这一房地产新小区项目借势展示宣传环境、楼盘的需求相结合，一举两得；“向新人赠礼”是世纪婚典内容之一，而苏州第一百货商店作为江苏首家开展网上购物的商家，很希望借机宣传其特色优势，于是把两者进行整合求异，通过新人对苏州一百的购物网站的点击，送出了价值4万多元的新婚礼物。

还有婚典过程中的参观时尚家居展览，时装秀午餐、婚宴幸运大抽奖等精彩内容，也都是运用了“整合求异法”，把看似无关的事物、事件联接组合，利用婚典的时机，利用电视直播的条件，产生意想不到的好效果：使广大的参与者和赞助商都普遍表示满意，各有所得，也使主办者的社会效益和经济效益双赢成为现实。

“江苏省世纪婚典”策划的成功实施，对商务策划中的“重点强化法”“罗列细分法”“整合求异法”“借势增值法”“模板模仿法”等方法的整合运用作了有力的诠释和证明。

思考与训练

1. 举例说明方法与方法论有何不同？

2. 策划是一种创新思维活动，为什么还需要方法论的指导，它对策划有何意义？

3. 为什么说策划的一般方法是类方法，它与其他科学方法有什么关系？

4. 试搜集、整理策划的专用方法、策划的特殊方法各3种，并对它们的使用加以说明。

5. 试用策划的专用方法之一——模板模仿法策划一个新产品或服务项目，并用策划的特殊方法之一加以市场推广。

6. 在身边发生的事件中选择一个印象深刻的，首先分析其中包含的策划方法，再设想如果变换一种方法会有什么样的新结局。

7. 3人一组，试用策划的思维和方法设计一份人生规划，各组相互评点，最后交授课老师给予评分总结。

第七章 商务策划书的写作

学习目标

系统学习商务策划书的结构与写作要领，具备创作常用策划案基本技能。

学习要求

了解：策划案。

掌握：策划案的5W3H；策划书的结构和内容；商务策划案的主要类型；商务策划书写作的基本要领；策划书的评价标准；营销策划案、广告策划案的“三性二力”。

本章重点介绍商务策划书(案)的结构和内容，写作的基本要领，策划书的评价标准以及如何写作营销策划和广告策划书(案)。

策划书的写作是策划人的基本功之一，再优秀的策划创意和行动方案，如果没有生动、准确、严谨的书面表达，是无法真正打动需求者的。策划不仅需要脑，也需要手，需要能够上演创新故事的“剧本”。

策划书，又称策划案，或策划文案，是对策划创意与策划行动方案的书面表达，策划创意之后的每一个行动都要根据策划书来开展。就像律师会写诉状、音乐家会写乐谱、建筑师会画设计图一样，策划人必须学会怎样撰写策划书。打个形象的比喻：策划好比排演一场戏，那么，策划书就相当于戏的剧本。它既是编剧对故事的构思，又是演员们赖以表演的蓝本，如果没有“剧本”，“好戏”当然无法上演。

进一步说，策划书(案)是思维智慧产品的物质载体，是决策思维的文字表达，是市场舞台的“剧本”。

第一节　策划书的结构与类型

不同于商务策划师申报认证的规范格式，实战中的策划案写作并没有一个十分统一而又固定的格式，因为不同的策划内容、不同的策划对象、不同的策划目的、不同的阅读对象都各有其不同的专业性和特色需求，因而形态各异，强调针对性和实效性。

从逻辑性上讲，一个完整的策划案应包括两大部分：可行性报告和执行计划。

从结构要素上讲，一个完整的策划案必须有5W3H：

What(什么)——策划的目的、主题、方式；

Who(谁)——策划的主体、客体、相关人员；

Where(何处)——策划的实施场所；

When(何时)——策划的实施时间；

Why(为什么)——策划的假设、原因、可行性；

How(如何)——策划的原理、方法和系统流程；

How much(多少)——策划方案实施的预算(策划费另计)；

How？！(怎样)——策划的精彩性、独特性、新颖性。

一般的商务计划书有“5W2H”要素即可，但对于强调创新和特色的商务策划案来说，还得有一个“H”，一个带有疑问和惊叹意思的“How？！”

——策划要具有十足的感性，得像精彩的演出一样扣人心弦，使对方不得不发出“How wonderful”(多么的棒啊)“How about this feel(多好的感觉)”这样的惊叹！

策划书是对商务策划师的才智、能力和经验的一种特殊方式的检验，它迫使我们明确了解自己的任务，建立合理目标，编制工作程序，分清缓急轻重，组织公共关系活动，进而取得行动展开的结果。

一、策划书的结构与内容

有效的商务策划书，总体上都是两大部分的整合与呼应：可行性方案与执行计划，两者相辅相承。按照形式结构的进一步分解，商务策划师规范写作的策划书可分为以下10个部分：

1. 封面

策划书的封面犹如人的脸，是直接对外的，直接面对策划需要者或决策者的，虽然应以内容取胜，但外表也不容忽视。所以，封面不要特别精美，但厚度要比内文的纸厚些，颜色要与内文有所区别。

为了让需要者或决策者一目了然，策划书的封面要写明下列4点：策划书的名称；策划的主体(策划人或策划机构)；日期；编号。此外还可考虑在封面附加两三百字的简要说明，目的是让需要者或决策者马上看到策划的价值。

2. 内容提要

简要说明为什么要这样策划；如此策划的可行性、必要性及其价值；主要的策划方法以及步骤；策划的阶段性、阶段性目标实现的时间表等。文字不宜过长，一般不超过800字，务求简洁、明了。

3. 目录

策划书的“菜谱”，它是策划书的写作结构。编写目录的目的是为了让人了解策划的全貌、策划人的思路和策划书的整体结构。如果封面引人注目，内容提要使人感兴趣，那么，目录务求让人了解策划的全貌。目录具有与“菜谱”相同的作用，它十分重要。

4. 宗旨

策划书的纲要，主要包括策划的目的性、必要性、可能性及其意义。应该突出强调策划对象的核心需求和价值，始终围绕策划对象的品牌宗旨。

5. 主体内容

策划书的具体内容，它是策划案中最重要的部分，是全书的核心所在。必须对策划的全部过程做细致而有条理的叙述。主体内容因策划的目的、形式、行业的不同而有所变化，但须以让第三者能清晰理解为好，切忌过分详尽。下笔欲罢不能、过分拉杂，有如一般化的学术论文般枯燥，会令读者倒胃口。

6. 预算

策划是一项复杂的系统工作，它需要一定的人力、物力和财力。因此，必须进行周密的预算，使各种花费控制在最小规模上，以获得最多的经济效益。

预算中常用的是“目标估计”法，即按策划确定的目标(总目标或若干分目标)每项列出总细目，计算出所需要的经费，以做到计划性强、开支项目清晰。

在预算经费时，最好绘出表格，列出支出内容，这样既方便核算，又便于以后查对验核。

7. 实施进度表

把策划活动起讫全部过程拟成时间表，明确何月何日要做什么，以及工作阶段、工作任务、工作方式、注意事项等。一方面便于管理和实施，另一方面便于检查和反馈。进度表最好在一张纸上拟出，以作一览表之用。

8. 管理关联图和有关人员职位分配表

此项非常重要，何人担任什么职务，负责何事，一旦发生权责不清或某项环节出现差错，可马上更换。在表现形式上，图表具有简洁明了、易于理解的优点。

9. 策划所需的物品和场地

在何时、何地提供何种方式的协助，如何获得，需要安排什么样的布置，这虽不如预算资金那么困难，但因此而延误了时机，策划的效果就会大打折扣，所以也要细致安排。

10. 预测与评估

预测策划实施后的经济效益及对可能产生的社会效果进行评估。

除此之外，有时候还需附加说明和相关资料，附加说明是对策划书未尽事项的解释。而相关资料是与策划相关的参考资料，有助于人们理解策划书的意图和实施策划。

二、商务策划书的主要类型

根据策划的目的、对象、内容的不同，商务策划案有不同的表现形式和体裁类型，概括起来，常见的商务策划案主要有以下8大类型：

(1) 企业(城市、组织)发展战略策划案；

(2) 企业组织融投资策划案(商业计划书)；

(3) 企业组织管理策划案(企业重组，人力资源，绩效考核等)；

(4) 企业公关(危机)策划案(公共关系，危机应对等)；

(5) 企业文化策划案(企业CIS系统导入方案)；

(6) 产品营销推广策划案(品牌塑造计划，整合推广，市场促销等)；

(7) 产品(服务)广告策划案；

(8) 大型商业性活动策划案(公益性活动的融资赞助方案)。

此外，还有其他一些策划方案，如体育策划，图书出版策划，网站策划，旅游策划，报刊、电台、电视传媒节目策划，会展策划，婚礼策划，个人包装策划等。

三、商务策划书的写作

策划书不同于一般的文章，它是新颖性、严密性、可操作性三性一体的书面化作品。策划书既是策划的创新表现，也是策划的行动手册，更是鼓动策划的宣传书。策划书的好坏，直接影响策划能否被采纳，也直接影响实施的效果。

为了使策划能准确而细致地表达出策划人的构思，除了在策划中深思熟虑外，策划书的写作还需要掌握一定的技巧。其基本要领是：

1. 首先要了解策划环境

无论针对哪一种主题的策划，都应该首先考虑一下策划的限制条件，也就是先进行策划分析。通过环境分析，了解策划的全貌，以便逻辑构想，防止挂一漏万。具体可用“知己、知彼”思维图模型进行分析和判断。

2. 抓住策划的核心部分

策划的核心在策划书写作之前就已形成，如何将策划的核心写深、写透，应是策划书写作的关键。抓住策划的核心，能起到提纲挈领的效果。从形式上看，写作核心问题时，首先要有一定的篇幅，这是突出重点的一种方法，其次要对核心问题的来龙去脉、前因后果应有一个明确的交代；从实质上看，策划的核心问题，是如何创新和突破的问题，具体可用“正合、奇胜”思维图模型进行分析和判断，但重点是从“奇胜”方面寻求突破。

3. 说明策划解决主题的构想

策划的目的，就是一个一个地解决问题。因此，对于策划解决主题的构想必须详加说明。解决主题的构想不是现实，而是将来可能实现的目标，也就是把眼下的虚构变成将来的现实。为此，在说明这一构想时，必须做到有理有据，必须把这一构想的逻辑论证写清楚，相关调查结果以及各结果之间的逻辑关系，原始的证明材料也应一一注明，以充分的论证赢得策划需求者或决策者的信任。说明策划解决主题的构想时，可以充分应用第六章里介绍的7种创意策划方法和其他特殊方法。

4. 重视策划枝节的配合

策划主干固然很重要，但是单单有主干而没有枝叶，也难以成为大树。所以，策划书的枝节配合也很重要。枝节是那些与主干相配合但却是鲜活的小创意和细节补充，它们能使策划的精巧性大大提高。

在实际写作中，策划书第一稿形成后，还要统一策划案的体裁、语言及格式。尤其是几个人共同执笔时，必须注意主干和细节的统一，前后呼应，然后再撰写正式的策划案。最后再制作封面、编撰目录、将各章节统一起来。

优秀策划书的写作应具备“4个必须”：

(1) 必须提出具有相对新颖性的观点、论点、决策点；

(2) 必须提供有显著说服力的论据；

(3) 必须有完整且可以被决策管理层理解的论证过程；

(4) 必须有清晰严密的工作分解分工的执行计划。

除了以上“4个必须”，专业的商务策划书还应该充分考虑和体现委托方的利益与需求；形式上一定要体现出精心设计的特征，条理清晰、逻辑分明、舒朗清新、图文并茂，语言上应深浅得当，简洁明快。

在策划书的写作过程中，要始终做好保密工作。

在策划书成文后，要注意保护其知识产权，可以采取以下3种方式：

(1) 文首特别注明“本策划文案的知识产权属于策划者，未经策划者同意，他人不得擅自盗用和借鉴”。

(2) 向工商行政管理部门进行登记注册，表明该项策划已经生效或正在运作。

(3) 向有关专利管理部门申请知识产权保护。

四、策划书的评价标准

商务策划从思维的结晶——策划书(案)，到行动的制定——实施执行，其间会受到很多客观因素的制约与影响，修正与调节无法避免，所以在评价一部策划书、一项策划案时，应该坚持以下公正标准：

1. 唯契约论

唯契约论，即以合同为策划成败的依据，不能把企业的最终成败与策划人的一次策划必然地联系在一起。如策划人按合同完成了营销策划，但因企业产品质量下降而使企业最终归于失败，则不能认定策划人的营销策划失败。

2. 唯思维论

唯思维论，即当一项策划按策划书完整实施后，表现出来的商务效果欠佳时，评价策划成败的主要依据应当是策划人的策划思维过程是否合理，不能仅仅以实施者的成败论策划的成败。

3. 唯综合论

唯综合论，即考查策划人的策划水平要看策划的思维步骤与工作步骤是否全面、合理，不能以策划项目的实施规模、知名度等作为考查依据。

成功的策划文案4大特征：①具有独特的创意；②有充分的可操作性；③体现委托方(策划对象/顾客)的利益与需求；④表现出专业性和责任心。

失败的策划文案5大特征：①平淡平庸，缺乏创新创意；②调研不足，依据不坚；③角度偏差；④表达力差，说服力弱；⑤逻辑混乱，结构不清晰。

第二节　产品营销策划案

营销策划案是营销策划的最终成果，所以必须准确、完整地表现营销策划的内容，能够充分、有效地说服决策者。

营销策划案的写作技巧可以概括为三性二力：

新奇性、可信性、可操作性和震撼力、说服力。

为策划的思路和方案努力寻找一定的理论依据，适当列举正反事例，利用数字说明问题，利用图表帮助理解，合理设计版面，注意细节，消灭差错。

【产品营销策划案例】

样板1：“好记星”数码单词学习机营销策划案

(注：本案系高级商务策划师夏武先生2002年8月以好记之星数码科技有限公司营销顾问的身份主持“好记星”电子词典的市场营销策划案的制定与实施的经验总结。)

很多企业在创业初期或当企业在市场上成功地销售了第一个产品之后，不可避免地要进行第二个或第三个产品的研发和市场导入。如何在早已战国风云、列强争霸的市场中后来居上，掠得一席之地？

我的解决思路是：在没有核心的差异化技术和产品时，最好选择消费人群多、消费习惯具有普遍性的市场，然后把潜在的需求无限扩大化。具体策略集中概括为：

1. 超限思维，提炼概念。在给产品定位和命名时追求卓越，与时俱进，使产品具有推动力。

2. 超限营销，整版模式。在营销工具的使用上，采用的营销手法“整版营销”模式。

3. 超限文案，“上软下硬”的文案攻心策略。广告文案采用“广告十大模块”撰写，以不同的主题刺激消费者。

4. 超限述求，指名道姓的情感诉求，锁定目标客户。

北京好记之星数码科技有限公司是由“背背佳”原班人马组建成立的。当年，北京背背佳科技发展有限公司以“背背佳塑造完美身姿”和“天天向上背背佳”而闻名全国，成为全国青少年时尚保健用品第一品牌。

第一个产品成功了，为了企业的可持续发展，经验教训告诉我：企业的成功必须要有一连串产品的成功。于是公司进入了新产品开发、销售、决策及实施阶段。

我们运用超限思维开展市场分析，寻找市场追捧的热点：中国人用在哪里的投资是最不惜血本的？孩子！对孩子的投资中，什么投资最重要的？教育！项目围绕教育来选。那么，父母对孩子的教育普遍最关心的问题是什么？英语教育。分析当前学生英语教育市场，主要产品是电子词典市场。2003年，我用一周的时间蹲点考察某品牌市场销售情况。通过对技术分解发现电子词典总体技术含量不是很高，通过与技术专家沟通，完全可以复制、提升。

因此，我通过这样超限思维，提炼概念，将新产品的开发定位在当前学生英语教育上。进而，我从产品的概念上进行了超限思维。“好记星”产品从起名字时就定下了伟大志向，因为“好记星”三个字分别取自业内众所周知的三大巨头同类产品的某个字，使人们易于联想，并由此对产品产生某种亲切感。

在产品功能上采用“加法”和“减法”。即增加附加值，减去容易分散消费者注意力的功能。“好记星”首先将自己紧紧定位为记忆单词的高科技产品，而没有重点诉求它的课程表、计算器、通讯录等功能。这样的“减法”事实上为后来传播的概念“学英语关键在于背单词”打下了伏笔。我认为当我们无法超越时，一定要学会区别。当别人都在广泛诉求产品的多功能时，我的单一功能诉求往往能一箭封喉。而采取的“加法”就是给消费者更多的信任感。因此，在市场导入期引入了某知名大学作为产品品牌，消费者一看，这家大学出的产品，技术上肯定没问题。从而实现了产品概念创新。

分析目前电子词典市场有三大知名品牌：①中国香港权智集团的“好易通”在全国是知名的产品，各大商场都有专柜，终端做得非常扎实，但其市场推广手法太软，采取的是电子产品的常规打法，市场急剧提升的可能性很小。②商务通神话创造者张征宇推出“记易宝”采用商务通的习惯打法，以电视广告为主要媒体，艰难分一点羹。③“文曲星”也是市场上行销多年的老品牌，有着稳固的市场。

这样一个平稳而且品牌林立的市场，如何切入？通过市场分析，我认为应当采用这样的市场策略：在营销上注重超限营销，采用的营销手法“整版营销”模式。

“上软下硬”的文案攻心策略。

“好记星”产品经营模式上仍沿用了背背佳“虚拟经营”的操作模式，使用OEM 的方式。确保“好记星”的成功上市，“好记星”产品不走商场，在新华书店做专柜。因为传统的电子词典都在商场上有专柜和促销员，“好记星”不和竞争品牌放在一起，传统品牌连拦截的机会都没有。因为消费者都是看了广告去咨询的，旁边没有“好译通”“记易宝”“文曲星”，他们连对比的机会都没有。从渠道上成功地建立了壁垒。

面对“好译通”“记易宝”“文曲星”等一直在诉求功能的竞争产品，如果“好记星”再诉求功能，“好记星”的策划即使再厉害，也难以突破竞争品牌的尖冰。为了配合“好记星”产品的营销，我在文案的撰写上要求采取“上软下硬”的攻心策略。我借鉴了保健品营销手法中的恐吓这一重要的方法。我设计了这样的广告用语“家长们都知道，英语对于孩子的未来意味着什么——”“越往后，需要英语的地方愈来愈多，考大学、出国、评职称，哪样不考英语？英语学不好，工作都难找！”由于家长对英语的重要性非常清楚，所以，只要广告一说，家长马上就有共鸣：对，学好英语对孩子太重要了。

所有的广告文案都按照这样的结构撰写，然后根据入市的先后顺序分别采用“保健品广告十大模块”以不同的主题轮番刺激消费者。其中以《一台好记星，万千父母情》更是通行全国，所向披靡。

同时，我认识到，必须使消费者的关注点完全集中到产品上来，国家教育管理部门对全国中学生进行的问卷调研显示：86.3%的学生认为英语学习中的最大困难是“单词记不住”，91%的学生往往抱怨“英语学不好，主要词汇量太少”。我利用这一数据和事实，对广告文案做出要求：让所有看到广告的学生家长都看下去，让所有看下去的家长都赶紧掏钱买，让所有最后下不了决心去买的家长内疚一辈子：“孩子，我对不起你！”我在广告文案中明确告诉家长：其实不是孩子不努力，而是单词背了又忘，总记不住，一到关键时刻，脑袋就空空的，没词了。这时候家长就会顺着我们的思路往下走：对，应该想办法帮助孩子记单词。通过这样指名到情感诉求，让消费者心甘情愿地掏钱来买，迈出营销的最后一步，实现企业利益。

通过以上一系列的搜集、整理、判断、创新，我们的新产品得到了市场的广泛认可，取得了巨大的成功。“好记星”数码单词学习机市场营销取得了这样的好成绩：

(1) 5月底在济南试水，当月赢利；

(2) 7月在武汉市进行大规模的样板市场运作，第三天即实现赢利，当月回款250多万；

(3) 7月底全国市场迅速铺开，到12月20号，上市半年时间“好记星”突破销量30万台，实现销售2亿元。

正如原恒基伟业的营销老总孙陶然在“乾坤发音王”经销商大会上说，真没想到，这“好记星”没按业界的规则，以令人意外的谋略和手段，成为市场上的“黑马”。

我成功地运用了上述四大策略进行了资源整合、品牌塑造、市场推广、整合传播，上市半年“好记星”销量突破30万台，创销售额2亿元。成为电子词典行业里的一匹“黑马”。

我通过“好记星”产品的开发和市场运作，总结出了一套行之有效的方法。

(1) 超限思维，提炼概念。就是在产品命名时经过对竞争品牌的分析，同时针对诉求，定下宏伟志向，提升产品的高度。在这方面，脑白金就是很好的例子。我在“好记星”产品的命名上，分别取自于业内众所周知的三大巨头同类产品：“好译通”“记易宝”“文曲星”的一个字。“好记星”要取各家之长，集中优势把市场总量放大，然后从原有的品牌中分掉一些市场，最后颠覆整个市场格局。通过这一方法，使产品占据电子词典市场较大份额的目标得以顺利实现。

(2) 超限营销，整版模式。这是指以不同的载体，发布整版的信息。中国医药保健品行业经历了三播媒体使用的创新，每一播都造就了一批企业和个人，最早是广播广告的使用，如周林频谱仪、祝强降压仪、哈慈杯等都通过使用广播广告取得重大成功；第二播是电视广告“垃圾时段”的运用，以哈慈五行针为首创的“垃圾时段”造就了哈慈的辉煌，也造就了背背佳、商务通、哈药、汇仁等企业的崛起；第三播，也就是现在保健品行业中流行的地方报纸整版广告使用的模式，我首次将此法应用于非保健品——“好记星”产品推广实践当中，运用此法，市场反应非常好，效果得到了验证。

(3) 超限文案，“上软下硬”攻心策略。是指通过报纸等媒体以大篇幅模式发出广告软文，取得了超强的销售力。在“好记星”市场推广中，我根据市场不同的阶段和季节的变化，源源不断地组织了15篇以上的“上软下硬”式整版广告，其中以《一台好记星，万千父母情》效果最佳。

(4) 超限述求，指名道姓的情感诉求。任何一类功能性产品，都有一次通过情感诉求成功的机会。 通过指名道姓的情感诉求，可以使产品有更明确的销售对象，使每一个消费者都不自觉地被感染，有助于实行产品销售的目的。

我通过这种方法，使“好记星”产品获得了消费者的认同，并促成了产品的交易，使产品在短期内创造了良好的销售业绩。

【链接】“好记星”8 209万元央视竞标的背后——招标现场：“好记星”成了“黑马”

2004年11月18日8时18分，在中央电视台梅地亚中心二楼，随着央视广告部主任郭玺一声发令枪响，万众瞩目的2005年度央视广告竞标会开始了。

娃哈哈的宗庆后，健特的史玉柱，步步高的段永平……一个个中国企业界的风云人物就坐在熙熙攘攘的大厅里，毫不显眼。

第四单元A特段(2005年7—8月份天气预报后黄金段)竞标开始了。“好记星”以1 979万暗标入围前17名，中得竞标资格，正式报价开始了。坐在我们前排正前方的娃娃哈老总宗庆后对这一位置志在必得。2 000万、2 100万、2 200万，娃哈哈以2 200万元竞得第四单元正一位置。“好记星”以2 000万元竞得正二位置；随后，“好记星”公司总经理杜国楹频频举起838号竞标牌，一鼓作气，以2 109万元的价格拿下第五单元(9—10月份)A特段正位置。这样，“好记星”以4 109万元的竞标价，加上已与央视六大代理商——合众光华广告已签订的央视精品套播及《同一首歌》《幸运52》《非常6+1》《开心辞典》《艺术人生》五大栏目套播(总合同价值4 100万)，“好记星”以8 209万元年度央视电子类产品的无可质疑的标王。刹那间，数十名记者的摄像头、镜头纷纷对准了这匹“黑马”，不停地问：“你们是哪个行业的？”回答：“电教行业”；“什么品牌？”回答：“好记星！”；“哦，好记星，大山做广告的那个产品啊！各大卫视正天天在播”；“好记星？报纸上每天都有一个整版！”……

8 209万：理性的市场行为。

8 209万，再加上每年卫视联播投入的1个亿，各地报纸至少1亿的投入，一年达3个亿的广告预算，难道“好记星”吃了“壮阳药”？会不会又是一个“爱多”？！在一片的赞扬声中也有些质疑的声音，但在“好记星”公司决策层心中，很清醒地认识到这是一个虽算大胆却极为理性的市场行为：一是ELP(电教)行业会随着2008年奥运会的临近而引发的英语热潮而迅速成长，至少有上百亿的成长空间；二是“好记星”已经进入行业三甲，现有渠道的深度、广度、终端的规模与数量，已具备承接大规模投放央视广告的能力。从2004年10月，“好记星”在CCTV-1套A段(焦点访谈后)投放的“大山快板”篇15秒广告以来，全国各市场均明显感受到央视黄金段广告对终端的拉动。在2004年11月，这个电教产品公认的淡季，“好记星”月销售额仍保持在5 500万元以上，而寒假与暑假两个旺季，预计会增长3～4倍。2005年“好记星”全年销售总额达到15亿～18亿元，应该说是一个现实目标，而大规模央视投入正是完成这一销售目标的关键举措。

“好记星”本次央视竞标最高预算是8 600万，由于竞标策略合理，仅以8 209万就拿下了所有想要的时段，相当于节省了近400万元。

从2003年5月至今，“好记星”的整版文案在全国34个省、市、自治区以超过1万个整版，近2亿元的广告投入，“好记星”以《孩子英语成绩差，家长怎么办？》《开学了，送孩子一把学英语的金匙钥》《一台好记星，万千父母情》等10个极具杀伤力的整版文案火暴全国，仅仅7个月内就创下2亿元的销售业绩。打破了医药保健品的整版文案投放时间很难超过6个月的所谓“定律”。做营销的人都认可“没有报纸不快，没有电视不大”的传播规律，而如今，“好记星”央视卫视在全国联播，省级报纸在地方呼应的传播模式让“好记星”做到既“快”又“大”还“长”，体现了“好记星”决策层及蜥蜴团队的集体智慧。

当我们走出梅地亚中心大厅的时候，大家对视了片刻，彼此的目光坚定而自信，我们知道，2005年，“好记星”的征途开始了……

【产品营销策划案例】

样板2：XX市场XX漆营销推广方案

(注：此方案为某品牌油漆在西部某大城市的营销推广方案，原文收录仅供参考，城市名称略去。)

一、市场分析

1. 市场状况

××市2001年涂料市场容量为9亿～10亿元，其中民用涂料6亿～6.5亿元(建筑涂料约4亿元，木器漆2.5亿元)。

全市经营涂料的商家网点数量市区约为800多家，主要在九里堤附近(占涂料市场商家的近60%，共有400多家)，其余分布在太升北路、红牌楼、营门口、八一建材市场、富森市场、金府市场等建材市场或建材集散地；其中红牌楼市场因市政规划的需要，可能会在一年内要求搬迁。郊县300多家，主要集中在郊县的市区，较为分散。××市目前有建材超市两家(东方家园、好来屋建材超市)，全市涂料经销商中，专卖店数量占15%，主要为一些厂家或代理商自行开设的和一些主要品牌的特许加盟店。除九里堤、府河市场附近的经销商主要经营涂料外，其他地方的商家大都不是以涂料为主，数量在20%左右。

××市近期已明文规定新建工程外墙禁止使用瓷砖、马赛克，需使用涂料，并且近期全市有大量的旧楼需外墙翻新，给涂料的推广带来一定的市场机会。

2. 主要品牌情况

华润：主要以木器漆为主，乳胶漆为辅，采用办事处直接开设专卖店以及发展特许加盟店的方式经营，按每个建材市场和建材集散地为单位发展专卖店。目前，××市共有专卖店23家，建材超市进入一家。统一的零售价格，经销商享受零售价格15%的利润下浮点。促销手段采用较为传统的促销方式，免费喷涂及户外广告，掺杂少量的报纸广告宣传以及电视广告，对油漆工的返利是其最具有特色的促销手段，并取得了较好的效果，一般对油漆工的返利幅度在12%左右，由华润办事处直接返利。

立邦：主要以乳胶漆为主，采用分品牌代理及特殊消费群体代理，辅以调色中心及大量的经销商等经营模式，目前有品牌代理7家，装饰公司代理1家，工程代理1家，共开设调色中心32家，经销商80多家。每月销售额在600万元左右，年销售额为5 000万元左右。促销手段从大众媒体广告宣传到规模促销活动，均声势不小，乳胶漆的市场份额很大，现正在木器漆方面进行大量推广，其2002年度整体推广投入在350万元左右。

ICI(多乐士)：主要是乳胶漆，采取加盟专卖店的经营方式，但有很多均未按要求开设专卖，目前××市共有经销商网点46家，其中专卖店18家，平均每月销售额在150万元左右，广告主要采用户外路牌广告为主，少量的报纸广告为辅。

其他主要品牌，如嘉宝莉、美涂士等均以木器漆为主，主要以开设加盟专卖店的手段进行销售，网点数量均不多。

3. ××漆现况

目前××市场××漆走势较好，市场开拓较为迅速，建材市场向专业化、规模化、超市化方向发展。

××漆乳胶漆价格相对较为合理，出货较快，但主要为低价位的J80和J60、J51；聚酯漆销售不快，价格偏高。

××漆总代理龙雨装饰公司目前有业务员5名，销售经理2名，营业员1名，业务员目前主要是进行分销网点的开拓。

目前××漆分销网点共18家，门招制作共28家，在案油漆工30多名，合作的家装公司4～5家。目前市场处于开拓期，正处于商家和消费者逐步认识了解的过程，知名度不高，而价位与知名品牌不相上下，所以，网点走货量很慢。目前的工作重点除继续开发通路以外，还必须想方设法力促终端的销售，提升品牌的知名度，这是当务之急。

目前行业内产品同质化严重，差异化在终端也体现不够，无论是服务、陈列，以及基本的VI元素，都明显缺乏差异化，华润、立邦相对做得较好。

二、通路开拓

从目前的网点看，分销商质量不高，大都为非专业经营涂料的沿街路边店，所以缺乏涂料产品的基本知识和相应的经营能力。因此，必须努力培养专业化的经销商，为网络树立标榜。

在府河市场、东泰建材市场内分别培养一到两家忠诚度高、销量好、专业化程度高的经销商，另外，应想尽办法进入东方家园以及好来屋超市(目的是树立品牌的网络形象，并不强求能有较大的销售额)，总体上为分销网络增加强劲的生命力，从而在一定程度上能稳定网络。

在人员上需增加 3 名业务人员，进行必要的工程开拓，甚至可以考虑重点开拓样板工程，并进行一定的资源投入。

继续抓好油工网络的培育，通过多种多样的方式，加强其对××漆的品牌和产品进一步认识。

继续做好门招的推广，促进××漆对商家的诱导。

三、传播策略

1. 专业市场户外广告：略。

2. 电视标版广告：略。

3. 门招制作：略。

4. 横幅冲击：略。

5. 终端展示：略。

6. 小区推广：略。

7. 环保公益事业赞助：略。

四、具体实施

1. 专业市场户外广告

目的：①提升品牌知名度以及增强经销商对品牌的认知和信心；②拉动专业市场内分销网点的销售；③吸引更专业更有实力的商家加盟××漆的销售队伍中来。

具体运作：①府河市场投放一块户外广告(140m^2)；②红牌楼(东泰市场)投放一块(120m^2)；③八一市场投放一块(70m^2)。

2. 电视标版广告

目的：①通过在专业性的版块节目里插播广告，提升品牌在目标消费群体之间以及行业内的认知度；②增强经销商对××漆推荐的信心。

具体运作：①制作5秒标版广告，具体选择省电视台《天天房产精品版》以及市电视台经济资讯服务频道作为广告依托载体；②其中，《天天房产精品版》每天播放12次，此节目均在《中国体育报道》或《新闻现场》之后，计划连续播放2个月。

市电视台2套播放时间为20:00—20:30；20:30—23:00电视剧特约广告时段，计划播放30天。

3. 门招制作

目的：①提升品牌的知名度以及增强经销商的信心和忠诚度；②拉动终端销量，提升终端包装的形象；③诱导未经销××漆的商家销售××漆。

具体运作：①在专业市场内和建材集散地的门店范围内物色地理位置较好的门店进行门招申请制作；②凡是经销××漆的商家都需制作门招，报市场部设计，由当地广告公司制作安装；③鼓励未经销××漆的商家制作××漆门招。

4. 横幅冲击

目的：①提升品牌知名度和美誉度，增强品牌的口碑传播；②提升终端的销售氛围，增强消费者和商家对我公司以及产品的认知；③提升品牌的亲和力以及烘托产品上市的促进力度。

具体运作：①制作3M、5M、10M等规格的横幅，发布内容可形式多样，做到既不枯燥乏味又不繁杂冗长，数量在150条左右；②在主要的专业市场内以及小区内悬挂或者跨街悬挂；③在销售终端门头或店内空档地方悬挂××漆条幅。

根据××市场特点，计划制作500件马甲用于专业市场的运输工人和营业人员着装。

5. 终端展示

目的：①提升品牌形象，增加产品在终端的冲击力；②烘托终端销售氛围，拉动终端的销售力。

具体运作：①充分利用公司现有资源，进行立体式的终端组合包装；②货架、灯箱、资料架、样板、样板架、样板册、样品罐、海报、一次性的单页、横幅、说明书、POP等进行有针对性的整合包装；③力求在市场内做到终端的差异化包装。

6. 小区推广

目的：①提高品牌知名度和亲和力，增强我公司对终端用户的服务意识和能力；②促进销售量；③拓展和培养油工网络。

具体运作：①选择中高档住宅小区进行重点推广；②充分组合海报、单页、DM、横幅、样板架、样板册、太阳伞、小气球、甚至拱门以及广告碟，达到整体的宣传效果；③一般采用导购员进行现场讲解和现场销售为主要方式；④每次推广活动均要求一个较为突出的宣传主题(如服务、促销手段、产品质量、价格等诸多方面的诉求特点)；⑤与本市分公司人员共同参与，并考虑××漆与××管捆绑推广。

本项活动因为要求较高，可以考虑在以后成熟阶段进行，但因效果较好，目前已成为建材产品和装饰公司最惯用的手段之一。

7. 环保公益事业赞助

目的：①提升品牌的美誉度和知名度；②巧妙地结合品牌的延伸内涵，达到品牌内涵的传播和升华。

具体运作：选择较有影响力的环保事业项目进行赞助投入，并且与传媒保持良好合作关系，努力进行品牌的美誉传播。

此项活动需要结合社会热点以及大众关注的事业来进行，所以不宜操之过急，有待抓住机会而深入。

五、费用预算

1. 户外广告：府河市场(按一年计算)37 000元/块；红牌楼市场40 000元/块；八一市场8 400元/块；累计：85 400元。

2. 电视标版广告：制作费800元；《天天房产精品版》发布费1 500元/12次/天；折扣：5.5折；发布时长60天；小计：49 500元。

市电视台2套每天2次，每次价格为900元(8折)；时长30天；小计：43 200元；电视广告累计：92 700元。

3. 门招制作：按制作40块计，每块平均面积约为7平方米，每平方米制作安装费55元计算，累计费用为：15 400元。

4. 横幅冲击：按每米6元计，3米发布60条；5米发布70条；10米发布20条；发布费用按15%计算，累计费用为：5 000元。

5. 马甲制作：25元/件×500件=7 500元。

6. 终端展示资源费用：40 000元。

7. 费用总计：246 000元。

六、效果预测

1. 在较短时间内，在××市场能提高品牌知名度和认知度，以及能在一定程度上对周边地级城市有一定的辐射，从而为公司在西南地区形成全国市场的局部优势而打下坚实的基础。

2. 在2～3个月内，能对销售终端起到较大的促进拉动作用，并形成××漆在××区域市场的具有较强劲生命力的网络雏形，基本实现分销网点数量在30家左右，门招制作40块左右。

3. 以上强势推广，能很好地增强代理商和经销商以及业务人员对××漆的认识和信心，增强终端甚至整体市场的销售活力，促进××漆在××市场销售量的提高。

4. 在××市场明年有望突破400万元的整体销售量。通过扶持××市场作为公司的样板市场，来提高公司品牌与市场的磨合程度，提高公司运作涂料项目的经验，为全国市场的整体成功运作推广提供样板参考！

第三节　广告策划案

广告策划案是营销整合策划中市场传播的策略、创意和发布、监控的可行性论述和行动方案，所以必须精彩、准确、完整地表现广告策划的内容，能够充分、有效地说服决策者。

需要注意的是，广告策划案和广告文案是不同的：前者是面向广告目标的决策者，是整个广告活动的思维依据和执行计划，后者是面向广告目标的受众群，是广告的形象表现和攻心武器；在结构篇幅上，前者包含后者；在策划业务上，后者决定前者。

广告策划案的写作要着重于对新信息的侧重表现，也可以概括为“三性”“二力”：

三性：新奇性，可信性，可操作性。

二力：震撼力，说服力。

为策划的思路和方案努力寻找一定的理论依据，适当列举正反事例，利用数字说明问题，利用图表帮助理解，合理设计版面，注意细节，消灭差错。

【广告策划案例】

“电话听网”广告策划案

(注：此方案为某省电信公司所推出的新业务产品在华北某省的广告策划方案，原文收录仅供参考，省市名称略去。)

一、综述

随着中国加入WTO，电信市场的竞争日益激烈，××省电信公司为适应市场的变化与需求，将于2002年推出16项新业务，听网就属于这些新业务之一。

之所以采用“听网”这一概念，也正是考虑到2002年省电信推出的其他新业务，如：电话博彩、电话聊天、固定电话短信息等业务，相对于这些新业务而言，“听网”这一概念具有高度的涵盖性，即明年的一些电信新业务(包括本业务)均包含在内。我们可以就推出此业务之机，提升这一理念，为以后新业务的推广奠定良好的基础；另外，“听网”这一概念可以传达给消费者一个全新的理念，即以“听”的方式来使用“听网”，而不是“听”互联网，这就很好地将此项业务与互联网区分开来；就“听网”这个词本身，它既是一个名词，即一个“网”的名字，叫做“听网”，同时这个词也是一个动词，即表达一种听的行为，以“听”的方式来使用互联网。

本策划案正是针对“听网”这一业务的推广制定的宣传策略。包括业务分析、目标消费者分析、市场分析、媒体计划及广告表现等内容。

二、业务分析

1. 业务优势

◎语音控制

可以直接通过电话用语音控制，直接进入想要收听的内容，而不必像电脑上网，必须返回一级菜单，再进入另一个一级菜单，再进入下一个一级菜单。

也不像信息台那样必须要记住很多的接入号码，才可收听想听的内容。操作简单，极具人性化。

◎内容实用、娱乐兼顾

本业务的内容大致可以分为两种：

A. 实用性内容——以各种时事要闻、股市行情、车船或航班信息或各地餐饮就住信息等为主。

B. 娱乐性内容——以各种花边新闻、歌曲小品点播或情感故事为主。

◎操控形式新颖

通过用语音控制，不需要接二连三地按键，这是本业务形式新颖的具体表现。新颖的操控形式，将对消费者形成极强的吸引力。

◎不收信息费

本业务在本质上应该是属于电话信息服务。受以前168信息电话的影响，必须告知消费者，本业务不收信息费。

2. 业务劣势

◎电脑朗读

本业务中需要及时更新的内容均采用电脑朗读，电脑朗读的最大缺点就是没有语气和语调，不会像人声朗读那样有通过语音的高低起伏、抑扬顿挫而产生出应有的氛围。

◎表现形式单一

只提供一种表现形式——声音，单一的表现形式决定了本业务在娱乐功能的提供上不会有更深、更广的发展。

◎推广障碍

本业务采用语音控制的形式，对一些中、老年用户来说会产生一定的心理障碍。另外，这种新的方式也不大容易在一上市就被中、老年所接受。

三、消费分析

1. 使用本业务的顾客多为信息查询，且查询目的是为了下一步行为的发生。如：股市行情等。

2. 由于费用因素，“娱乐广场”“歌曲点播”等娱乐节目会有相当一部分人使用。

3. 在缺乏其他方式的情况下，会有部分人群使用本业务了解时事要闻。

4. 信息查询者在需求上具有迫切性。

四、市场分析

1. 市场定位

依据本业务的内容，其市场应定位于实用信息及被动娱乐市场。业务的概括性描述为：信息娱乐平台。其功能描述为：及时提供实用信息，为使用者下一步行为的决策提供参考和依据，同时满足部分人群的娱乐需求。

2. 同类业务(产品)比较：略。

五、目标消费群定位

根据业务性质及特点，确定业务目标消费群，即我们的广告目标受众为：

◎喜欢尝试新事物的时尚一族

本业务在操作上采用语音控制，在操作形式上是一次变革，形式的新颖必然会对喜欢新事物的时尚一族形成强力吸引。因此将他们作为我们的目标受众的一部分。尤以先期为主。

◎信息需求者

满足如下特点的人群可成为本业务信息功能的使用者：

A. 有信息需求；

B. 所要了解的信息与自身下一步行为有关；

C. 通过本业务了解比其他了解方式更快捷；

D. 身边没有其他了解方式。

◎原信息台的用户

由于本业务不收信息费，所以会有相当一部分的原有信息台的用户转向本业务。此类用户不包括聊天类信息台和其他一些小型私人信息台。

六、广告表现

●报纸广告文案

1. 标题：118163“电话听网”——自然的网

文案：自然，就是依照自己的意愿行事。

××电信倾力打造118163“电话听网”。118163“电话听网”，全自动语音控制，您想听什么就说什么，直接进入，无需查找，拨打118163即可。

2. 标题：118163“电话听网”——自然的网

文案：自然，就是绿色、没有伤害。

××电信倾力打造118163“电话听网”。118163“电话听网”，纯绿色的网，不伤眼睛，又没有辐射，想怎么听就怎么听！拨打118163即可。

3. 标题：118163“电话听网”——自然的网

文案：自然，就是无处不在。

××电信倾力打造118163“电话听网”。118163“电话听网”，以电话作为使用终端，只要有电话，就可以听网，网是人人都可以听的！拨打118163即可。

4. 标题：118163“电话听网”——自然的网

文案：自然，就是合理。

××电信倾力打造118163“电话听网”。118163“电话听网”，收费合理，给您信息，不收信息费，有电话就能听，打得起就听得起！拨打118163即可。

● 折页文案

封面：118163“电话听网”——自然的网

内容：只要您拨通118169，直接说出您所需信息的菜单目录，通过语音点击，即可直接进入下级菜单，再进入您所查询的内容。例如：您要查询保定的天气预报，接通118169，说保定，然后再说天气预报，即可查询到您所需的内容。以此类推。

118163“电话听网”的栏目菜单：

1.1重要新闻：1.11国际新闻；1.12国内新闻；1.13焦点新闻。

1.2生活公告：1.21天气预报(按城市查询)；1.22航班查询；1.23火车查询；1.24影视预告；1.25吃住通知(按地名查找，顺序播放)。

1.3体育专栏：1.31体坛赛事；1.32体育动态(按项目查询)。

1.4娱乐广场：1.41明星闪烁(影视动态、最近十条)；1.42音乐驿站(歌曲名、歌手、选择1、2、3)；1.43开心时刻(小品、相声、笑话，逐条播放)；1.44听戏点歌(按戏曲种类，可以直接说歌名，如果不存在，可以随机播放)。

1.5财经参考：1.51股票行情(按股票名称和代码查询)；1.52外汇牌价(播放外汇名称，提示用户选择)；1.53上市公告(当天新闻、摘要、内容)；1.54热买热卖(打折信息、财经咨讯，按城市)。

1.6庄户人家：1.61致富指南(录新闻)；1.62农业供求；1.63养殖技巧；1.64种植方法。

1.7教育频道：1.71帮你考试(按考试类别)；1.72自我教育(培训和招生信息，按专业分类，计算机、英语等，按技能、等级查询)。

1.8××乡音：直接说地名，查询该地的信息。

1.9法律顾问：1.91法律动态家；1.92法律法规；1.93案例分析。

1.10客户咨询：本业务使用方法、功能、资费和内容。

封底：118163“电话听网”——自然的网。

语音控制　绿色无辐射　人人都会用　不收信息费

××省电信公司

●电视广告脚本

1. 脚本一(30秒)

镜头一：一位年轻靓丽的纯情少女，坐在广阔的大海边，双手抱膝，闭着眼睛一副悠闲而又快活的表情。

背景声音：海浪的声音。

文案：听海的声音，放飞你的心情(声音甜美的女声)。

镜头二：一位年轻而又潇洒的青年，专注地站在繁茂的树林当中，轻轻地抬头仰望，神情自然而又认真。

背景声音：清脆的鸟叫声。

文案：听鸟儿歌唱，寻找自然的我(声音低沉的男声)。

镜头三：一位30岁左右的男性，坐在家中的电话旁，手拿电话筒，紧接着是一个手拨电话的特写镜头，显示“电话听网”的接入码118163。

文案：听“电话听网”，做充实的自己。

镜头四：显示汉字——“电话听网”118163(旁边显示“听网”的标志)。

××省电信公司

2. 脚本二(30秒)

镜头一：一位穿着休闲的青年男子，回家拿出网兜举到耳边在认真听(镜头为快进式播放并配有滑稽的音乐)。

镜头二：一位靓丽的年轻女子款款走来，询问此男子：“嗨，干嘛呢？”

镜头三：男子摸着后脑勺好奇地说：“我在听网啊，不是说网能听吗？”

女子纯真的笑道：“你真幽默！人家是‘电话听网’，它是语音控制，不用眼睛看，只用耳朵听，内容丰富多彩并且不收信息费，只要用电话拨打118163就可进入！”

镜头四：显示汉字——“电话听网”118163(旁边显示“听网”的标志)。

××省电信公司

注：脚本一为业务形象广告，有助于提升业务形象，为以后其他相关业务的宣传奠定

基础。脚本二为业务介绍广告，采用幽默的广告表现形式以便于受众记忆。

●广播广告文案

1. 对话版(20秒)

男：(嘀嘀的拨电话声后)“国内新闻”、(间隔2秒后)“列车时刻表”、(间隔2秒后)“天气预报”……

女：哎，你给谁打电话呢？怎么就说几个字呢？

男：嗨，我在听“电话听网”呢，它是语音控制，不用眼睛看，只用耳朵听，内容丰富多彩并且不收信息费，只要用电话拨打118163就可进入！

话外音：“电话听网”118163，××省电信公司。

2. 说明版(10秒)

(语音舒缓的女声)：××省电信公司倾力打造“电话听网”，它是语音控制，不用眼睛看，只用耳朵听，内容丰富多彩并且不收信息费，只要用电话拨打118163就可进入！“电话听网”118163，××省电信公司。

七、媒体计划

说明：由于本业务将在1月15日首先在××市和××市试用推广，于同月25日进行全省推广，所以，本策划案针对××和××地区只作1月15日—1月24日这一时间段的报纸投放计划，而全省其他地区的推广只作1月25日—2月5日(即春节前)这一段时间的媒体计划，其他时间的媒体安排依据具体情况再行制定。

1. 报纸广告投放计划

●××地区媒体投放计划

媒体	投放内容	投放日期	单价(元)	版面/时段	总计(万元)
生活早报	文案一	1.15	37 500	头版彩色1/4	35.4
		1.22	34 000	常规版黑白1/2	
		1.24	17 000	常规版黑白1/4	
	文案二	1.16	37 500	头版彩色1/4	
		1.22	34 000	常规版黑白1/2	
		1.24	17 000	常规版黑白1/4	
	文案三	1.17	37 500	头版彩色1/4	
		1.23	34 000	常规版黑白1/2	
		1.24	17 000	常规版黑白1/4	
	文案四	1.18	37 500	头版彩色1/4	
		1.23	34 000	常规版黑白1/2	
		1.24	17 000	常规版黑白1/4	
××晚报	文案一	1.15	46 000	头版彩色1/4	38.8

总计 74.2万元。

●××地区媒体投放计划

媒 体　投放内容　投放日期　单 价　版面/时段　总计(万元)

以下略，总计 40.2万元。

●全省媒体投放计划

媒体　投放内容　投放日期　单价　版面/时段　总计(万元)

××日报，64.2万元。

以下略。

××都市报，43.4万元。

以下略。

××广播电视报，22.4万元。

以下略。

总计：130万元。

注：各地市媒体计划安排依据××省整体推广策略及各地市具体情况自行安排；其中媒体费用为各媒体公开报价，具体实施时费用依当时具体情况而定。

2. 电视广告投放计划

说明：电视广告自1月25日—2月5日以全省投放为主，安排如下：

媒体	内容	时段	日期	单价(元)	合计(万元)
×1套	形象广告 ××新闻联播后	1.25—1.28	1.31—2.3	10 000	17.6
业务告知	二档剧一集主题曲后	1.25—1.28	1.31—2.3	12 000	
×2套	形象广告 本省天气预报后	1.25—1.28	1.30—2.3，2.5	13 000	26

以下略。

总计：48万元。

注：各地市电视广告投放依据各自具体情况自行安排。上面所列媒体费用为各媒体公开报价，具体实施时费用依当时具体情况而定。

3. 广播广告投放计划

广播广告选择××交通音乐台，1月26日—2月5日全天滚动播出。预计费用为：3.6万元。

总计：全省广告投放总媒体预算为：130+48+3.6=181.6万元。

八、广告效果预测

略去。

第四节　大型活动策划案

活动策划方案是企业或组织在短期内提高知名度、美誉度、影响力、市场占有率而采取的一项积极有效的行为。活动策划既可以是企业的促销活动策划，也可以是大型社会活动策划，其共同点就是功利性和社会性。

企业的促销活动策划案是相对于市场策划案而言的，严格地说它是从属于市场策划案的，它们是互相联系、相辅相成的。活动策划案也只有遵从整体市场策划案的思路，才能够使企业保持稳定的市场销售额和增长额。

而大型社会活动的策划案，除了活动主题的响亮(借助客观势能)、活动形式的新颖这两个重要卖点，最考验策划人的是可执行性。

活动策划案的写作主题要单一，在进行SWOT分析(优势、劣势、机会、风险)之后，扬长避短地提取当前最重要的，也是当前最值得推广的一个主题，而且也只能是一个主题。在一次活动中，不能做所有的事情，只有把一个最重要的信息传达给目标消费群体，才能引起受众群关注和参与。

直接地说明利益点，才能使目标群体在接触了直接的利益信息之后引起参与冲动，从而形成影响力。

活动要围绕主题进行并尽量精简，过于丰富多彩的活动容易造成主次不分，不但会提高活动成本，而且会影响执行。

【活动策划案例】

——样板1

XXX公司周年庆典活动月策划案

为庆祝×××成立9周年，并以此为契机弘扬企业精神，增强团队合作力，激发爱我家园的热情，特制定本策划案。

一、庆典活动月主题

精致工作，精彩生活，协力打造北极星灿烂明天。

二、编队

一分队：领队；队员；部门；队名，队呼。

二分队：领队；队员；部门；队名，队呼。

三分队：领队；队员；部门；队名，队呼。

四分队：领队；队员；部门；队名，队呼。

三、活动内容

(一) 持久性活动(9月8日—9月31日)

1. 庆典活动摄影展赛。

2. 学习新一套广播体操。

各分队利用业余时间自行组织联系，办公室每日中午12:30—13:00播放新广播体操光盘。

(二) 阶段性活动

1. 开幕式

程序：出庆典旗——致开幕辞——职工签字——马拉松——颁奖(同时早餐)——结束。

(1) 马拉松：以各小队为单位进行，集体奖取返回人数最先达到9位的一组，个人奖各取男、女前3名。

(2) 出旗：由升旗组从公司司龄最长的职工手中接过司旗，按升国旗仪式出旗。

(3) 致开幕辞：升旗小组归位后总经理致开幕词。

(4) 签字：致开幕辞后，由九月份过生日的职工在庆典活动上签字留念(同时放鸽并燃放爆竹)。

(5) 颁奖：颁发马拉松集体奖及个人奖(同时进行自助早餐)。

(6) 篮球预赛：四队分别抽签进行预赛。

2. 欢歌鼓舞庆中秋

(1) 篮球决赛：预赛出现的前两队进行最后决赛。

(2) 列队表演：八达岭学习班人员列队汇报表演；升旗组列队表演。

(3) 双人拔河：每队出一男一女，对决拔河，取第一名。

(4) 点燃篝火仪式：前9名司龄最长的职工传递火种，最终由主席团主席点燃篝火，并开始烧烤野餐。

(农家饭：玉米、地瓜、花生、包子、月饼、茶蛋、馋嘴鸭、肉肠、饮品)

(5) 庆贺生日：庆祝北极星九岁生日，同时为九月出生的职工过生日。(30分钟)

(6) 司服展示：以小品形式将公司成立至今的司服展示出来。每组选派1人回答展示中的司服哪套为公司最早的司服，哪套为2004年司服，共展示几套司服等相关问题。(30分钟)

(7) 配乐诗朗诵：中高级职员，《黄河颂》。

(8) 交谊舞：结束。

3. 企业文化知识竞赛

每队选3人参加，要求必有中级职员1人。

4. 全能赛

每队选一男二女参加长跑、登峰、跳远、踢毽子、跳绳五项运动。取集体累计分最高的一队。

5. 闭幕式

程序：广播体操表演——颁奖——退旗——致闭幕辞——结束。

(1) 广播体操表演：按分队进行表演，取得分最高一组。

(2) 致闭幕辞：总经理助理致闭幕辞。

(3) 颁奖：颁发活动中产生的各种奖项。

(4) 退旗：将庆典旗降下退回，并正式封存保留。

四、时间安排

1. 持久性活动：9月9日—9月30日。

2. 阶段性活动

开幕式：9月9日

全能赛：9月15日

中秋篝火晚会：9月17日

文化素质知识竞赛：9月22日

闭幕式：9月26日

五、活动组织

1. 组委会

由工会牵头组成本次活动“组委会”，工会主席任组委会主席兼总指挥，各组组长为组委会委员。组委会负责生活策划，经呈报总经理批准组织实施并监督总指挥的领导运作。

2. 职责描述

文秘组：负责组织宣传鼓动、文字资料整理、奖品采购管理与发放、信息统计等文秘工作。

文化组：负责组织摄影赛、企业文化竞答赛的组织与运作。负责全程摄影录像并制作光盘。

晚会组：负责组织中秋晚会的顺利进行。

筹划组：负责本次活动开、闭幕式的组织与运行。

运动组：负责马拉松、全能赛、篮球赛等所有主题月活动涉及的有关运动竞赛方面事务的组织与运作。

六、奖品

略。

七、礼品

略。

——样板2

【之一】“南京云锦与国同庆新春佳节”策划建议书

“南京云锦”是我国优秀传统文化的杰出代表，是中国传统工艺美术的瑰宝，因其绚丽多姿、美如天上云霞而得名。

云锦的历史源远流长。早在三国时期的东吴就从各地征调手工业者到建邺(南京)充实官营的手工业作坊。孙权的赵夫人能亲手用彩色线织成龙凤的织锦，宫中还有上千名专门从事丝织的宫女。这是有记载的南京地区丝织业的最早开端。南朝刘宋，开始在建康(南京)设立(锦属)，管理丝织生产。此后，南朝各代政权均相沿袭，成为常设机构，为此后南京丝织业的发展打下了基础。自宋代以来，我国丝织产区重点转移到江南。南京、苏州、杭州三地一直是特种锦缎的重要产地。

到了元明清三代，南京制造单位承办了御用织物，成为“南京云锦”的起始年代，至今已有700多年的发展历史。由过去讲究配色为主的织锦工艺，转向崇尚用金作为主体表现，对明清两代御用高级锦缎的设计生产产生了重大的影响。明代的云锦除织金品种外，南京丝织艺人又独创了通经断纬、加金妆彩的“妆花”锦缎，成为艺术成就极高而又极富地方特色的提花丝织珍品。由于特殊要求，不惜工本，精益求精地设计制造，使得云锦在此期间成熟定型。据史书记载“康熙到嘉庆的160多年间，南京民间丝织业发展到拥有3万多台织机，直接、间接赖以为生的达20万人之多”。御用贡品用料考究、织造工精、花纹色彩典雅精美胜过天上云霞般美丽，因而南京生产的各种提花丝织锦缎在晚清之后被统称为“云锦”。

云锦主要可分为“库缎”“织金”“织锦”“妆花”几类，其中成就最高的是“织金”和“妆花”。“织金”就是织料上的花纹全部用金线织出，织出的织物能历经数百年仍然金光灿烂，光彩夺目。“妆花”是云锦中织造工艺最复杂的品种，特点是用色多，色彩变化丰富，一件织物花纹配色可多达十几种甚至二三十种，但均能处理得繁而不乱，统一和谐，获得生动优美的艺术效果。它是用5.6米长、4米高、1.4米宽的大花楼木质提花机，由上下两人配合操作生产出来的，全手工制作的每一件服饰都是独一无二的，最少也要花费几个月的时间。妆花中的极品当属孔雀羽织金妆花纱龙袍，是帝王皇家气派的代表物。我们曾在20世纪80年代复制了第一件龙袍，全过程历时5年多，从而使失传300多年的纱地妆花工艺得以恢复。由此可见我国古代丝织工艺的高度成就。

“南京云锦”是中华民族传统文化的精华，是受省市政府以法律形式保护的珍贵艺术，目前国家文化部已经向联合国教科文组织申报世界非物质类文化遗产代表作。

中央电视台的春节联欢晚会是在中国传统中最重要的节日，是举国欢庆的大喜时刻，也是弘扬中华民族优秀传统文化的最佳时机。最民族的才是最国际化的，作为中国传统工艺美术的瑰宝，具有任何国内外名牌服装所不可比拟的品位优势，南京云锦无与伦比的美丽和珍贵必定能使晚会、使主持人平添亮色，艳惊四海，展现国家台的品位气度，为民族的喜庆盛会增添异彩!

2003年是中国传统的羊年，三阳开泰，象征着吉祥发达。在传统云锦的吉祥纹样中就有“大吉羊”的图案，如果在这样的场合，主持人穿上代表中国传统服饰最高成就的云锦服装，向全国人民、全球华人问候新年，那将是多么美好和谐、多么激动人心，寓意深远的创新!

所以我们郑重向中央电视台提出赠送云锦特制的春节联欢晚会主持人服装。我们将以最高级、最经典的传统工艺、最强的艺工阵容，精心制作，作为向祖国传统佳节的献礼和祝福，也以此表达我们南京人民对中央电视台传播传统民族文化，丰富人民精神生活的感谢和敬意。

【之二】首届《南京云锦国际论坛》策划大纲

一、序言

“南京云锦”是中国优秀传统文化的杰出代表，是我国传统工艺美术的瑰宝，因其绚丽多姿、美如天上云霞而得名。云锦的历史源远流长。南京生产的各种提花丝织锦缎在晚清之后被统称为云锦。“南京云锦”是中华民族传统文化的精华，是受省市政府以法律形式保护的珍贵艺术，目前国家文化部已经向联合国教科文组织申报世界非物质类文化遗产代表作。

相比起雨花石、咸水鸭等“老南京”特产，无论从历史文化的精彩久远，从产品的超群魅力、视觉震撼力，还是从珍贵程度、赢利能力、市场前景的角度，云锦都是真正值得南京骄傲的地方特色物产。

所以，推广云锦，是当代南京人责无旁贷的神圣使命。南京云锦震撼2003CCTV春节联欢晚会，耀眼夺目，已经造就良好的开端，乘胜向前，理所当然。

二、活动的目的、主题、理念、卖点

1. 目的

追求“让云锦倾倒国人，让云锦征服世界”的市场目的，满足当前目标的需要，即成功获选“世界非物质类文化遗产代表作”，借助中央电视台万众瞩目的春节联欢晚会之势，以论坛高规格的表现形式，邀请联合国教科文组织(UNESCO)的有关官员，以及中外名人，实地领略南京云锦的久远文化、无上品位和迷人魅力。

并借此深刻感受南京这一汇聚传统菁华与现代时尚的城市印象，营造最广泛的对南京云锦的心理需求和消费需求!

2. 主题：首届南京云锦国际论坛

“南京云锦国际论坛”要比“中国云锦论坛”更为突出地方特色和符合原产地保护原则。

3. 宗旨：让云锦倾倒国人，让云锦征服世界

4. 卖点

借助中央电视台万众瞩目的春节联欢晚会之势，由10多位中国当红主持人所展示的空前的精美绚丽，已经深刻在国人心中，同时也埋下了进一步了解、认知、欣赏云锦的伏笔。

借助《红楼梦》之势。《红楼梦》是中国古典小说艺术的丰碑，南京云锦则是中国古典丝织艺术的丰碑，今年恰逢曹雪芹240周年诞辰，势必会有大规模高规格文化纪念活动，事半功倍。

三、活动环境选择

南京市。南京云锦的唯一产地。拥有悠久绚烂的历史文化，更是现代化的中国科技、教育中心城市。结合云锦的独特内涵和背景，力求活动的环境体现地方和传统特色。

组织论坛代表、嘉宾参观富于南京悠久文化积淀的精华亮点，将参观考察游览活动和八卦洲农家风情、东郊风景区(包括红楼艺文苑)、阳山碑材等相结合，力求与云锦文化的历史背景相协调。

四、活动时间安排

2003年4月底至5月初。

气候宜人，适宜开展与服饰文化相关的展示、演艺活动；

距“世界非物质类文化遗产代表作”考察评审时间接近，可使得有关人士印象深刻，效果性强；

期间没有其他大型活动，避免影响活动的效果。

五、活动的参加对象

1. 国家领导人，分管文化或经济工作的国家领导人；

2. 联合国教科文组织官员；

3. 外国驻华使馆官员；

4. 具有较高国际影响的社会名流；

(根据对国际文化领域及上流社会影响力的标准，并结合本人对南京的友好程度，建议邀请巩俐、吴小莉两位女性出任论坛特邀嘉宾。)

5. 国内外著名的服装设计师，云锦研究专家，红学家；

6. 著名服装品牌企业的CEO、品牌总监；

7. 全国性重点传媒，中国香港、日本、欧洲、美国主要传媒机构的文化和商业记者。

六、筹备工作及活动安排

1. 筹备工作

调研，策划。

提交、论证、完善，批准项目策划案，政府立项、形成文件。

成立由分管副市长挂帅的活动领导小组，制定活动的方针、原则；组建由文化、外事、经济、旅游、公安等主管部门的领导、专家学者、企业家和商务策划师等构成的活动筹备委员会，具体负责活动的具体筹备、组织和协调工作。

落实活动预算，细化活动方案，筹集活动经费，联合相关的纺织、服装、文化、旅游等行业的著名企业和品牌，多途径融资策划，延伸活动效益，增加参与性、互动性，提高影响力和效益性。

及时检查督促活动各项筹备、环境、设施、材料等工作的落实情况，确保质量、时间和效率。

2. 邀请工作

尽快落实与会宾客名单，邀请与会贵宾、嘉宾，其中前四类人士是整个活动的人气亮点和价值要素，关系重大，必须一一对应，准确保证。

3. 宣传工作

作为树立南京城市形象、体现弘扬传统文化精华和创新精神的政府性活动，南京地区的新闻媒体应主动地、积极地、全面地宣传报道。

作为前期铺垫，形成舆论基础和文化基础，在“南京云锦国际论坛”的新闻炒作启动之前，首先在江苏和南京范围内联合传媒开展《首届云锦知识竞赛》活动，采取包括报刊刊登试题，网上参赛，电视转播决赛等方式，吸引广大民众关注和参与，进一步深刻认知，形成舆论热点和社会氛围，为联合国教科文组织的“世界非物质类文化遗产代表作”评审工作来宁考察奠定社会基础，使他们切实感受到，在南京，“云锦确实是妇孺皆知的历史文化遗产”的社会公众认知。

4. 环境建设

除了整体环境气氛的渲染，在论坛及来宾代表参观、展示等活动的现场，其环境布置和装饰的风格等要统筹规划，协调一致，突出传统性、民族性、地方特色。

5. 主要活动(结合实际，选择运作)

(1) 云锦知识竞赛——南京云锦申报“世界非物质类文化遗产代表作”全国万人签名活动；

(2) “云锦皇后”评选活动；

(3)《红楼梦》与云锦系列知识讲座；

(4) 南京云锦国际论坛；

(5) “2003云锦沙龙”(或2003云锦Show)酒会；

(6) “云锦广场”揭幕典礼；

(7) 南京云锦一日游——实地参观考察；

(8) 首届云锦服饰设计大赛及时尚发布会；

(9) 发行云锦论坛纪念封、集邮纪念册；

(10) 成立“云锦族”高尚俱乐部；

(11) “云锦之春”同一首歌综艺晚会；

(12) 其他活动。

6. 活动策划及日程表：略

七、工作要求

1. 领导高度重视，提高各阶层对云锦推广意义的共性认识。

2. 广泛发动群众，普及云锦知识，形成良好的社会舆论氛围，成为南京城市的新亮点、新卖点。

3. 发挥各自优势，文化、纺织、传媒、外事等部门各显神通，努力拓宽传播推广渠道，力求最佳影响，最大效益。

4. 加强分工协作，各部门分工明确，紧密合作，充分协调，强调南京市的整体利益。

八、活动的整体形象设计

包括“南京云锦”的商标注册；原产地保护；“南京云锦国际论坛”VIS系统；“南京云锦节”的VIS系统。

整体形象设计必须和传媒宣传、环境布置紧密衔接，相得益彰。

“云锦皇后”评选活动：仿效国际传统消费文化的典型“葡萄酒皇后”的运作模式，公开评选年度“云锦皇后”，以美丽、高贵、典雅、事业有成的女性形象作为传播展示云锦文化和时尚的代表、推广大使。

九、环境渲染

着重表现云锦“天子服”的高雅尊贵特色，展现南京地方文化特色，突出传统手工艺术登峰造极的魅力，糅合《红楼梦》的传奇色彩，在主要活动的举办场所，古今相衬，营造出使人永久难以忘怀的环境氛围。

十、活动的主办承办单位：略

十一、活动管理机构

成立由分管副市长张××亲自挂帅的活动领导小组，以及由各相关部门领导、专家学者、企业家等共同组成的筹备委员会，对论坛及相关活动进行决策和管理。

筹委会下设五部一室：

办公室——综合负责活动的综合管理、财务、人员、协调联络等工作；

宣传部——负责活动的策划、宣传推广、电视转播等工作；

外联部——负责活动贵宾、嘉宾及其他代表的邀请、联系、接待等工作；

招商部——负责活动的市场招商、筹集经费等工作；

活动部——负责各项活动的组织、实施等工作；

保障部——负责活动的后勤保障以及安全保卫等工作。

十二、安全措施及意外事件的防范

1. VIP宾客安全保卫工作；

2. 主要活动现场安全、秩序控制；

3. 设备安全、交通及车辆管理；

4. 消防及交通安全；

5. 食品卫生、医疗保障；

6. 保险计划；

7. 天气气象预报及备份方案；

8. 应急方案及人员分工。

十三、融资及资金运作

本活动的意义深远，经济效益可以明显预见。尤其对于参与活动的相关纺织、服装、旅游、包装等行业企业具有更加直接的市场机会和效益前景，所以应充分发掘其中的商业价值，寻求合作，融入资源与资金，巧妙策划合作及回报计划，多途径、多方式筹集活动经费，欢迎企业和民间资本参与。

活动筹委会需制定合理可行的赞助回报方案，并严格兑现承诺。

十四、活动预算及效益评价

1. 预算构成

包括宣传费用、会务费用、招待费用、交通费用、筹备费用、人员费用、后勤保障费用、不可预见费用等，预算约800万元。

2. 资金来源

财政拨款与市场化运作筹资相结合，但作为首期投资，政府应给予积极扶持。

3. 资金使用

严格活动经费的管理监督。活动筹委会设立专门账户，健全费用申请和报销审批制度，确保"来路清楚，使用合理，手续齐全"。

4. 效益评价

由于活动立足长远经济效益和社会效益，且是首届开发，缺乏运作经验和市场基础，所以不会产生直接的利润。

十五、预测活动效果评估及展望

1. 本次论坛及相关活动成功后，延伸其影响，必将形成波波相连的"云锦热"，从而进一步促进并形成南京、全国乃至国际性的"云锦服饰"的高阶层消费时尚。

创造南京产品的新的增长点，真正实现"文化搭台、经济唱戏"的目的。

2. 设立"中华云锦节"，高品位，时尚感、消费性强。既弘扬真正的民族传统文化精华，又体现传统与时尚、古都经典与现代科技和谐融合的创新，更创造超越一般产品和一般"××节"的直接经济效益。

十六、附件

1. 本次活动的主要批文(文化部、科技部、南京市政府及相关政府部门会签文件)；

2. 活动出资单位的协议(含承办、联办、协办等企事业单位间的协议)；

3. 主要活动的场地平面图、工作进程表；

4. 各种文件文稿撰写，翻译，审定(包括活动计划书、说明书、日程表、公告、邀请函、新闻通稿、发言稿等的中、英、日、韩等文本)；

5. 活动VIS系统；

6. 宣传广告的设计审定、印刷小样、样带、音带等；

7. 论坛主题：

(1) 传统云锦工艺的挖掘、保护、开发，云锦文化的溯源；

(2)《红楼梦》与南京云锦；

(3) 现代科技与云锦传统工艺的结合，新技术新手段的运用；云锦服饰的时尚化；

(4) 南京云锦作为高档服饰、包装材料应用领域的研究与开发；

(5) 南京云锦的产业化进程，现代管理和营销理念的建立；

(6) 南京云锦市场化、国际化的课题；

(7) 其他主题。

第五节　求职策划案

一、营销自我的策划案

营销自我的策划案是目标性、针对性、重点性和时效性都很强的一种策划案。

求职信的目标就是获得面试的机会，所以最好写给能做录用筛选和决定权的人。

求职信的开头应能吸引读者的注意力，要侧重你对公司，对目标岗位的价值、优势，而不是自己的需要，要有重点，有品位，有趣味，尽量使用对方的行业、公司常用的语言。如果能够事先知晓公司背景、历史、产品乃至对方的个人爱好，知己知彼，那就更有胜算了。

在求职信的后半部分要明确要求面试，并保持追踪。

开头部分：让别人的目光第一眼先看到你。

你的姓名、地址、联系方式

对方姓名、头衔、单位名称

尊敬的________：

第一部分：写明你要申请的职位和你是如何得知该职位的招聘信息的。

例如：

★很高兴地得知贵公司目前在招聘______。一个贵公司的资深客户推荐我应聘此职位。我写此信应聘贵公司招聘的______职位。

★我很高兴地在招聘网站得知你们的招聘广告，我学习_____专业已____学期了，并一直期望能有机会加盟贵公司。

第二部分：说明并简明阐述你如何满足公司的要求。陈述你所特有的将据之以为公司作出贡献的教育、技能和个性特征。提供内附资料的证人但不要写详情。要有“请参阅简历”的字样，该求职信应促使对方想进一步阅读你的简历。例如：

★我在______公司任______职的___个月期间，曾几次因工作中的主动性与创造性而受到嘉奖。

第三部分：给出你电话预约面试的可能时间范围，或表明你希望迅速得到回音，并标明与你联系的最佳方式。

例如：

★我希望能与贵方当面交谈并讨论我的技能在哪些方面能对贵方有利。我将再次在_______时间内与贵方联系以便约定可能的会面时间。

★我希望您能感受到我是该职位的有力竞争者，并希望能尽快收到面试通知。

第四部分：感谢他们阅读并考虑你的应聘。

你真诚的朋友：(签名)　电话号码：

二、个人简历

和求职信一起递交给应聘单位的，就是个人简历了，二者都是开启职业之门的钥匙。写作简历时，要强调工作目标和重点，语言简短，多用动词，并且避免会使你被淘汰的不相关的信息。人力资源管理者都很繁忙，在筛选删除掉不合适的应聘者前不会花费时间来浏览每一份简历。当你获准参加面试，简历就完成了使命。

简历写作应该真实全面而又重点突出，简练明晰；内容平实、沉稳、严肃，评价客观，诚恳谦虚、自信礼貌；版面美观，标识明显，段落不要过长，字体大小适中，排版端庄美观，疏密得当。通常建议使用电脑打印的文稿，如果你的字写得不错，不妨再附上一篇工整漂亮、简短的手书求职信，效果会更好。

满足这些原则后，还要注意以下4个要点。

(1) 简历要尽可能简短。简历越长，反而无足轻重。

(2) 让个人的简历集中于一个特定领域或行业，为的是有针对性。如果你对好几类工作感兴趣，你也许需要写几份简历。

(3) 尽量使用强势语言而非弱势语言：

前者如——计划、选择、监督、设计、预算、编辑、建立、领导；

后者如——参与了、协助了、在……领导下工作、被赋予了……责任、由……领导。

(4) 描述自己的工作成果：

★数字——人员、销售额、业绩等的增加；

★节约的时间、提升的效率——量化；

★效果：站在公司角度解析自己的业绩；

★持久性：你的一个建议、方法、解决方案已多长时间被采用；

★团队合作；

★个人作品等。

【求职策划案例】

——样板1

尊敬的人力资源部经理：

有幸阅读星期四××报，获悉贵公司招聘人才。本人曾担任×公司销售部高级职员4年之久，自信有充分工作经验，可担任贵公司所招聘的销售经理职务。

本人自2001年开始，一直担任营销业务工作。在工作期间，除正式业务范围外，与各地区客户颇有来往，并利用公余时间，学会了很多有关商业问题的处理，并参加了多项专业培训。

在×公司任职前，我还曾在×××公司担任过文员工作。在任职期间，学会很多有关综合性事务管理程序。

本人现年××岁，未婚，××年毕业于××学校，我希望有机会充分利用自己的工作能力，从事更大范围工作之需要，这是我急于离开现职的主要原因。本人现任职的公司老板，对我的工作雄心颇为赞许，因此，愿协助我另谋他职。

如果方便的话，我愿亲赴贵公司办公室晋见阁下，以便详细说明。

×××启　电话：　　　　邮箱：

——样板2

亲爱的温先生：

承贵公司黄丽佳女士相告，贵部需要一名经理助理，我希望申请该职。我将于下月从商学院毕业，在学校突出的成绩及在商业上的某些经验，已使我准备好去干您所要求的工作。

我确有兴趣学习商业实务，我同时也是一个工作勤勉和学习敏捷的人。如果有机会，我相信在贵公司能展现出自己的价值。

周一到周六的上午，您都可以找我面谈。简历随信附上，希望早获回音。

您诚挚的　×××

本章内容是针对开始策划自我职业生涯的学习，以及就业后所面临工作任务的要求所设置的。对于刚刚面临就业竞争的大学生的新人，首先要求的是知道并能够做对，之后才是如何做好、做快。

为此目的，我们列举了一些商务策划案文本的实战样板供学习参考，风格各不相同，同学们可以通过其他书籍和网络浏览更多的实战文本，结合自己的喜好特点和所在行业进行分析比较，以获得最适合自我特点、最适应目标客户需求的策划案创作模式。

思考与训练

1. 策划案的5W3H是何含义？
2. 假如要写一份个人创业的策划方案，那么应该有哪些要素呢？
3. 讨论策划书的结构和内容，与一般公文相比有什么异同？如何掌握其要领？
4. 策划书的评价标准是什么？为什要做这样的要求？
5. 试举例说明营销策划案、广告策划案有什么相通和差异之处。
6. 假定一人要应聘3个行业不同的单位，请分别设计出3份求职策划书。
7. 选取一份公开、完整的策划书，试用本章内容和方法对其作出评价。

第八章
商务策划执行与沟通

学习目标

系统学习商务策划执行的基本要求，深刻确立沟通的意识，牢记商务沟通的基本原则。

学习要求

了解：执行；沟通。

掌握：执行；沟通10大基本原理；业务流程；“3个一致”；“5个必须”；谈判；倾听；提问；协议。

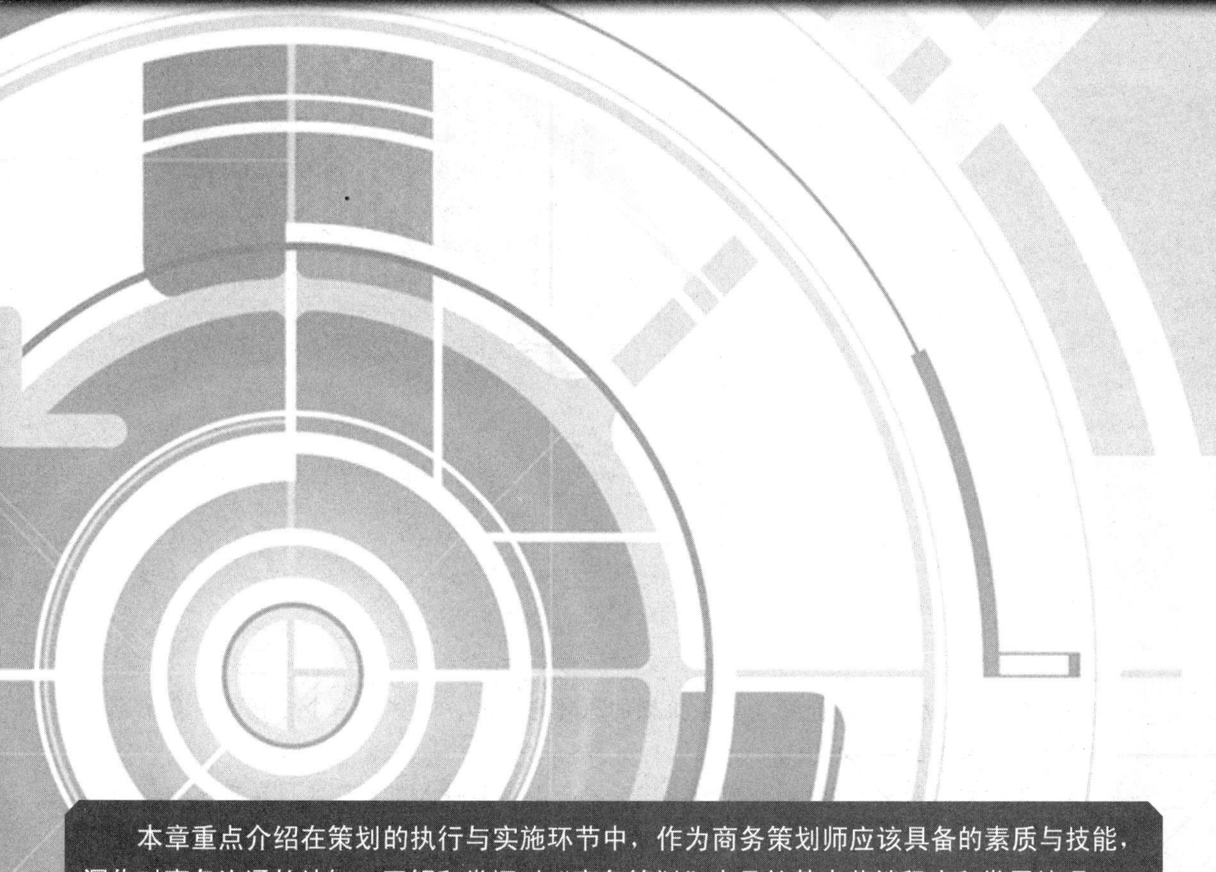

本章重点介绍在策划的执行与实施环节中，作为商务策划师应该具备的素质与技能，深化对商务沟通的认知，了解和掌握对“商务策划”产品的基本营销程序和常用技巧。

前7章已经较为详尽地介绍了商务策划的原理与技术，这些是一个合格的商务策划师所必须融会和掌握的基本功夫。

但是，仅仅掌握前面7章的智商性内容，对于必须要进入市场实战以获取生存价值的商务策划师来说，还是远远不够的。如何把创新思维的“天马”拉到我们脚踏的大地上，驰骋在我们身处的市场上，实现神奇的现实效益，还需要情商沟通的能力，需要务实周密的执行功夫，需要流畅圆滑的沟通功夫，需要执著坚韧的精神功夫。

第一节　商务策划的执行实施

许多传统策划人在策划时喜欢采取大手笔、大运作，他们一出手就仿佛得“惊天地、泣鬼神”。策划的创意非常好，策划方案也写得相当诱人，使准备购买“思想”的顾客们听了、看了之后热血沸腾，而真正的执行人员去做时，却傻眼了——根本无法执行或不知如何执行。将策划案实施执行到企业的营销或管理活动中时，就会漏洞百出；策划案中所提出的活动与措施，完全到位所需要的人力、管理、营销成本过高，花费太大，如果执行有可能得不偿失。

所以我们衡量一个商务策划案的优劣，是坚持务实、踏实、坚实、可持续性的四大原则：是否基于细致、详尽、准确的市场调研；是否具有很强的针对性——“一个好方案只解决一个营销问题”；是否具有当前状态下的实际可操作性；是否具有可持续性。

一、执行之难

合格的策划方案的完成不等于特定的商务问题就得到了解决，因为还有一个同样重要的问题，那就是完善的执行。可是常常有很多好的策划方案并没有能得到完善的执行、实施。这往往是商务策划师们最感受到遗憾和愤怒的。为什么好方案却得不到完善的执行呢？分析其原因，主要体现在以下3个方面：

1. 管理与沟通不畅

对于担当专业策划和职业策划的策划师，不可能深入了解对方组织的深层内幕，例如决策层背景、财务背景、资政矛盾、管理者人际关系等，所以很多在策划技术层面上的优秀方案，往往难以涉及组织内部的真实问题，一时更不能改变组织盘根错节的内部问题。由于企业内部问题给策划案的执行带来相当的执行难度，甚至导致策划案得不到完善的执行。这样就必然影响商务、经营、管理等现实问题的解决。比如组织观念老化，内部责权利不明，人员心态混乱；又比如企业组织结构过于繁杂、“阶级斗争”激烈，财务黑洞等，都有可能使好的策划案得不到完美的执行，当然往往结局就是——策划师和策划案“背黑锅”。

2. 相关人员能力制约

策划案执行人员，包括相关的组织内部管理人员和策划者的素质不均衡，理解不透彻，运作不到位，从而影响策划案的执行实施。一个没有接受过良好培训的管理者、执行者，是不可能对包含先进思维和策略的商务策划案在思想认识上达到充分理解的，当然就更不可能做到进一步的操作层面的细化、分解，从而实现行动上的百分百贯彻、落实到位。这样，即使是让人兴奋的商务策划案，也不可能产生出色的成果。更有甚者，不但没能很好地执行方案，还有可能使方案的执行严重走样，其结果就是严重影响相关商务问题的有效解决，甚至会产生更多的问题，带来负效益。

3. 监督和激励机制缺乏

执行需要到位，缺乏有效的监督机制也是好的策划案得不到执行的原因之一，所谓监督机制，就是组织的决策与管理者告知并指导策划案的执行人员，应该做什么、怎么做、做的标准和将得到的结果。监督机制是控制策划执行效率和效果的有效保障。对策划案执行实施的动态和调节，企业的决策与管理者都应当做到心中有数，跟踪监控，及时调整修正，否则就容易导致失控。

对于商务组织的一般员工，往往都是需要有效的和持续的激励才会努力工作的，缺乏有效的奖惩激励制度，策划案的执行人员就看不到自己努力工作的回报，这样会严重挫伤他们的工作积极性，严重影响执行的质量和效率。所以发现、分析和满足不同员工的不同需求，才能激励他们持续地做好，确保一个好的策划得到完善的执行，实现策划案所设计的理想效益。这些也是一位高级商务策划师所应该具备的专业技能。

商务策划行业从来就是一个竞争激烈的战场，商务的策划与执行过程就相当于一场场商战，争夺、较量得你死我活。竞争双方的成败荣辱并不完全取决于双方的创意实力差距，而取决于双方在策划营销上的智慧与胆略，取决于人际沟通，以及有效到位的执行上。

行业竞争愈加激烈的今天，商务策划业的发展完全不能以为客户做出好的产品为全部的思想，“策划”，就是商务策划师为商务组织(客户)创造出的好的产品，执行实施就好比是把这个产品营销到市场上产生效益。市场发展越快，越需要一些超常规的策划作为企业发展的依托，而执行的到位率也是一个硬性指标，这可以使我们将策划与执行概括为——从“What”到“How”的转型。

所以，策划是执行的前提，而执行是策划的保证，是完整的策划过程的一部分，再优秀、再完美的策划也需要执行去成就。作为商务策划师，有时往往在做策划时请多留给执行一些放大与收紧的空间，那样，执行会成就你的策划，使你走进另一个广阔天地。

二、执行之本

我们已经相信，商务策划案并不等于终极业绩，一个真正合格的商务策划师，他商务策划的执行与实施能力也必然是相当出色的：广泛地了解各类人士，广泛地了解各个行业，广泛地了解各类市场，广泛地了解各类技术，广泛地了解各种产品。

对于商务策划师本身，关于策划的执行力，不仅仅是亲力亲为、加班加点，除了懂原理，也还必须懂流程，能指挥，能训练，能督导。著名策划专家孔繁任先生在他的名作《一个企划人的独白》里有切实的描述：

这么多年来，为了实现自己的企划，我做了数不清的事。不怕您笑话，我已经成了行动的“杂家”：拍电视吧，编、导、摄、剪，我什么不晓？编报办杂志吧，采访、组稿、校对、摄影，我哪种不会？做企业吧，管理、营销、人事、财务，我何样不能？每一次做企划的时候，我总是掐着手指，按着计算器将可操作性盘算得滴水不漏。对于我卖不出的每一个企划案，我无不心中有数，念念不忘，没有不付诸行动的。前次，一家外地内联企业前来定购“企划”，我为他们做了一个请新闻记者实地观察、体验、采访的“一周公关”大活动。眼看要大功告成，可一个紧急电话打来，我立马撂下手中的活，连夜赶去，终于凭着三寸不烂之舌化解了双方的误解与猜忌，并亲自拟订了一份让各方皆大欢喜的新闻素材稿。上帝啊，别怪我吹牛，现在客户都信赖我卓越的行动力。

合格的商务策划师应该是专业而敬业的，概括起来可以总结为“五能”，即：能动脑，能动嘴，能动手，能动心，能动情。

第二节　商务策划与商务沟通

一、沟通实现策划

有了社会分工和商品交换以后的人类社会历史，是一部人类的策划史，也是一部人类的沟通史。

交换产品和价值，是商务活动；交换信息与情感，是商务沟通。

人，是群居性高等动物，沟通是人类在社会生活中的重要活动之一。

人，是自然界和社会各种信息的载体，无时无刻不在输入和输出着各种信息，这个信息传播和交换的过程，就是沟通。与自然沟通，与他人沟通，当然，也与同样是客观物质存在的自我进行着沟通。

人，仅仅依靠自有的知识与能力，是无法进步和发展的，必须依赖其他人的间接经验与技能，依赖环境中的资源与信息，才能实现自身和社会的成长，而人类不断获取信息、知识的过程，就是沟通。沟通作为人类的基本行为，同时体现着3个世界的属性，即：物质性，精神性，信息性。物质是沟通的载体，精神是沟通的动力，信息是沟通的内容。

“文化大革命”的结果远远背离了发起者的初衷，关键是社会各层级之间缺乏正常顺畅的沟通；而30年改革开放的最大创新，是改善了中国人的沟通意识、沟通方式和沟通渠道。

历来，中国人喜欢强调谋略的重要，而相比起头脑里定态假想的谋略、策划思维，现实中瞬息万变、针锋相对的沟通实战，则显得更加重要和艰难。所以，沟通之难淘汰了一大批有着出色思维能力的“才子”“隐士”……而古往今来无数智谋高人、王侯将相，凡成名立业之人，无一不是沟通高手。

廉颇蔺相如的“将相和”就是深明沟通之理、沟通之法的美好经典；孔子的“小不忍，则乱大谋”是自我沟通的高级境界；苏秦、张仪“合纵连横”是沟通价值的典范；“平原君、孟尝君、信陵君、春申君”四君子更多的是依靠沟通技巧成就地位，名扬天下。

《三国演义》里的刘备，“桃园结义”是沟通，“三顾茅庐”是沟通，“白帝城托孤”也是沟通；被誉为中华谋略形象代言人的诸葛亮，舌战群儒是沟通，三气周瑜是沟通，七擒孟获还是沟通；赵匡胤杯酒释兵权是沟通；明代开国功臣刘伯温能平安保住性命地位，靠的是沟通的功夫。

中国共产党和平解决西安事变、和平解放北平，靠的是高明的沟通；中美乒乓外交是成功的沟通；WTO入世是沟通的胜利；2008北京奥运申办成功更是沟通的辉煌。

沟通创造英雄和成功，沟通更创造财富和机会。马化腾和他的QQ、微信，就是最“时尚”的佐证，3 000万人同时在线的奇迹同时也使他个人身价飙升到了10位数！QQ的成功证明了一条真理：沟通就是生产力！

商战惨烈，成功企业、名牌产品、大腕巨头能领风骚若干年，无一不是成功沟通的鲜活案例。与消费者沟通，与上下家沟通，与团队成员沟通，与风险投资沟通，与官僚沟通，还有与社会组织与新闻传媒，与黑人、白人，与七姨八舅，与黑道和白道，与保守或创新，与传统或时尚……无休无止的沟通。人类社会的竞争性更突显出沟通是社会生存所必不可少的。

沟通能力是人们在竞争中的智慧展现。古今中外许多智慧故事，无不显示出沟通的伟力。例如春秋时期那位身材矮小口才超群的晏婴的故事——“二桃杀三士”。

春秋时期，齐国有三位力大无比的勇士，他们是公孙无忌、田开疆和古冶子。这三位勇士无人能敌，都立下了许多功劳。但他们个个自恃功劳过人，非常傲慢狂妄，别说一般大臣，就是国君也敢顶撞。

当时晏婴在齐国担任宰相，对这三位很是担心，因为他们勇武过人，但又没有什么头脑，就是对国君齐景公也不够忠诚，万一受人利用教唆，则必成大祸。所以，晏婴便与齐景公商议，要设计除掉这三人。

一日，鲁昭公来访，齐景公设宴招待，晏婴献上一盘新摘的鲜美的大桃子。宴毕，还剩下两个桃子，齐景公决定将这两个桃子赏给臣子，谁功劳大就赏给谁。当然，这是晏婴的计谋。

若论功劳，当然是三勇士最大，但桃子只有两个，怎么办？三人各摆功劳，互不相让，都要争这份荣誉，其中两人先动起手来，一人失手杀死另一人，自觉对不住朋友，自杀而亡。剩下的一位见闹成这个样子，三人为了两个桃子而死去两个，实在丢人，所以也当场自杀。

这样，没费吹灰之力，齐景公就去掉了心头大患。

晏婴的透视人心、巧言震心的沟通技巧，不仅成功替国君除掉了三个“心腹之患”，而且敢于巧妙地批评国君，使他“自觉体面”地改邪归正。

齐景公是个残暴的君主，他滥施酷刑，砍了许多人的脚。晏婴看不下去，总想找机会提醒他。

晏婴家住在闹市附近，人声嘈杂，生活条件很不好。齐景公想另外给他盖个住宅，晏婴没有同意，他说："我先人久居此地，如果我因为不满意而更换新宅，不是太奢侈了吗？再说离市场近，买东西方便，还能直接了解到许多情况，不是挺好吗？"

齐景公问："那么，你可知道现在市场上什么东西最贵，什么东西最便宜？"

晏婴乘机说："假脚最贵，鞋子最便宜。"

齐景公知道这是说他用酷刑之后，没脚的人要安假脚，鞋子便滞销而大幅跌价了。从此，齐景公便不再滥用这种酷刑了。

又有一次，一个人得罪了齐景公，齐景公非常生气，命左右的人把他绑在大殿下，准备处以分尸的极刑，并且说谁敢劝阻，一律格杀勿论。

这时晏婴走过来，左手抓住犯人的脑袋，右手拿着刀，抬头问齐景公："不知道古代贤明的君主肢解人时从哪个部位开始下刀？"

齐景公知道晏婴是用古代贤明的君主来劝说自己不要滥杀无辜，就离开座位说："放了他吧，这是寡人的错。"

而历史上很多"成也沟通，败也沟通"的英雄伟人，往往都十分善于人际沟通，因而赢得无数资源和机会；遗憾的是到后来，却越来越显示出自我沟通能力的低下。

在中国谋略史上，无数个让今天的策划师们扼腕叹息的悲剧故事，都前仆后继地验证着老子在《道德经》里阐述的哲理：

知人者智，自知者明。胜人者有力，自胜者强。(《道德经·第三十三》)

自己把自己说服，是一种理智的胜利；自己被自己感动，是一种心灵的升华；自己把自己征服，是一种人生的成功！

人由主观思维进入客观行为的过程，就是沟通。是从策划到执行的过渡。这其间，既有对自我的沟通，也有对外界对他人的沟通。

只有与人良好的沟通，才能为他人所理解；

只有与人良好的沟通，才能得到必要的信息；

只有与人良好的沟通，才能获得他人的尽力相助。

研究表明，我们工作中70%的错误是由于不善于沟通，或者说是不善于谈话造成的。

美国著名学府普林斯顿大学对一万份人事档案进行分析，结果发现："智慧""专业技术"和"经验"只占成功因素的25%，其余75%决定于良好的人际沟通。

哈佛大学就业指导小组1995年调查结果显示，在500名被解雇的男女中，因人际沟通不良而导致工作不称职者占82%。

美国通用电气公司的CEO杰克·韦尔奇说：

整个企业的工作是从最上层的领导开始的，我经常跟我们各公司的领导说，他们工作的努力程度与下属沟通能获得成百上千倍的效用。所以CEO为整个公司定了基调。每天我都在努力深入每个员工的内心。让他们感觉到我的存在。即使我出差在很远的地方，我也会花上16个小时与我的员工沟通。

古今中外的哲人说：

沟通的汲井是生活中无法断绝的甘泉！

幸福并不取决于财富、权力和容貌，而是取决于你和周围的人的相处。

人生的幸福就是人情的幸福，人生的幸福就是人缘的幸福，人生的成功就是人际沟通的成功。

二、商务沟通的步骤与原理

人类社会的历史，既是一部思维的策划史，同时也是一部沟通的行动史。

人类社会的发展过程，也是人类沟通发展的过程，大致可以分为3个沟通时期：第一沟通期是口述，第二沟通期是书写，第三沟通期是通讯。第一沟通期的“口说”是人类最初的语言模式，也是其他语言模式的起源，口说流传了先人的智慧，而第二期的书写文字则保存了先人的智慧，更确切精准，便于保存和查核；第三期的电话、电报、传真、网络，以及移动互联网的手机、智能手机，则丰富、加快、拓宽了传统的口说、书写沟通。

沟通表现为物质和信息的双重性，如：谈话、演讲、谈判、观察、倾听、表演，还有电话、信函、短信、邮件、BBS、QQ、MSN、飞信、微博等，形态上无一不需要物质的工具和媒介，内容上无一不在传递着信息和情感。

沟通是一个过程，典型的商务沟通一般分为7个步骤。

(1) 产生意念：即“知己”，明确沟通的目的与目标；

(2) 转化为表达方式：即“知彼”，把握沟通对象能够接受的沟通方式，使用对方熟悉的沟通语言与工具；

(3) 传送：用适当的方式，包括媒介、语言与非语言；

(4) 接收：设身处地地为对方的处境设想；

(5) 领悟：细心聆听及时回应，实现顺畅互动；

(6) 接受：获得对方的接受、认可和承诺；

(7) 行动：让对方按照自己的心愿做事。

在物质交换日益普及的市场经济时代，商务策划往往是与商务沟通同时存在、同时运动、相互依赖、相互影响的，成功的策划也必然包含着成功的商务沟通过程。

成功的商务沟通，必须遵循以下10大基本原理：

(1) 真实性原理，这是商务沟通成立和存在的根本前提和基础。

(2) 渠道适当性原理，错误的渠道选择则会产生信息遗失、误读或信息扭曲，导致商务沟通受挫或失败。

(3) 主体共时性原理，商务信息必须由适当的主体发出，并通过适当的渠道传递给适当的另一主体接受，沟通才能保证有效。

(4) 信息完整性原理，信息决定沟通的内容与结果，只有真实与完整的信息，才能确保商务沟通能够全面、准确地完成。

(5) 符号相同性原理，即商务信息在发出者那是以何种符号被编码的，在接受者那也必须以相同的符号系统来对接受到的信息代码进行解码。

(6) 时间性原理，任何沟通都是有时间限制的，整个沟通的过程必须在沟通发生的有效期发生完毕，否则将失去沟通的意义。

(7) 理解同一性原理，即在上述所有原理均满足的条件下，商务信息接受者必须真正了解或体验或理解管理信息发出者所发出信息的真正含义或意义。

(8) 连续性原理，有效的商务沟通还必须遵循时间和沟通内容与方式上的连续性，如果沟通的内容和方式发生了突变，而沟通对象很可能一时对此难以理解接受。

(9) 目标性原理，有效的商务沟通必须具有明确的目的性或目标性。

(10) 噪音最小化原理，客观存在的信息沟通过程中存在的噪音必须尽量减少，噪音越低越少，商务沟通的成功可能性就越大，两者成反比。

根据商务沟通的基本原理，我们可以描述理想的商务沟通境界应该是：

以善于观察和倾听为基础，不批评，不责备，不抱怨；善于发现别人的需求，引发别人的渴望；保持愉快的心情和气氛；让别人觉得被尊重，觉得重要；主动用爱心关怀别人；真诚赞美别人；说别人感兴趣的话。

优秀的商务策划师，必须是思维与行动的双腿巨人，实现商务策划和商务沟通的高度统一，才能真正赢得交换时代市场经济的成功。

第三节　商务策划实施原则

市场实战，策划先行，商务策划师往往在不断感受市场需求和策划机会的同时，在为自己精心构思的各类商务策划案陶醉之时，也不约而同地面临着同一个头疼的问题——执行保障。如何才能让一个个精彩叫绝的商务策划案得以不折不扣地实施执行，并最大化地发挥方案策划的效果呢？

笔者经过总结国内多位商务策划师多年的商务策划经验，并归纳各类商务策划案例中的实施执行经验，完全从企业实战的角度，概括了商务策划实施中的“八大原则”，适合于本土的商务策划有效切实的实施，可以较有力地保障商务策划的执行力。其核心内容是正视本土商务环境的人文背景，以科学条理的计划，通过专业细致地工作划分，注重人性合理安排，以严格的过程监控保障策划执行高效高质。

一、“3个一致”

“3个一致”，即商务策划案实施的组织领导层目标一致、意见一致、领导一致。

采购“策划”产品的商务组织，其领导层在商务策划案的实施中就是一个人的“中枢大脑”，所有的计划安排都在这里形成。因此在实施一个商务策划案之前首先必须做到组织的领导层目标一致、意见一致、领导一致，才能统筹指挥商务策划案实施中的执行工作。

目标一致，即商务策划案的执行组织里，组织领导层对于此项商务策划案的针对对象和达成目标要一致。通过对策划方案的沟通解释，并进行有针对性的客观依据的分析说明，在组织领导层中促成目标的一致，这样既避免了有效资源的浪费，又不至于造成对后期效果的盲目追求。

意见一致，即商务策划案的执行组织里，组织领导层对于此项商务策划案的策划构思和工作计划意见一致。通过专项会议，在求同存异的原则下，统一思想，达成共识，可以有效地避免执行统筹中的意见分歧，以防止在策划实施过程中出现人为的延误。

领导一致，即在商务策划案的执行组织里，明确策划实施的决策领导人和统筹协调小组。以正式明确的形式确定策划实施的统一领导指挥和统一统筹协调，并赋予相应的权力和责任，保障其在策划实施过程中的稳定性和唯一性，才能让策划构思得以贯彻到执行工作中，同时也可以避免策划实施的“多头指挥”“无序作业”。

要确保商务策划案实施的有效完善，商务组织的领导高层要始终保持一致，并牢牢抓住3个关键点：一是纪律；二是速度；三是细节。

二、“5个必须”

“5个必须”，即商务策划案实施的所有执行层执行人员必须明确、执行内容必须清楚、执行要求必须合理、执行工作必须专业、执行过程必须监控。

执行层在商务策划案的实施中就是一个人的“五官四肢”，所有的行动都在这里得以落实。

执行人员必须明确，即明确每一项策划实施工作的执行人员。通过甘特图，制定明细的执行人员计划表、作业表，把策划实施的参与人员逐一明确，并不得随意变更，让每一个商务策划案的相关人员都“心里有数”。

执行内容必须清楚，即明确每一项策划实施工作的执行内容。制订清楚详细的相关执行计划，包括具体的执行事项、时间、地点、要求等，清楚罗列，明白无误，这是弥补参差不齐的人员素质是最有效的手段，还可以有效地避免执行工作的盲目操作。

执行要求必须合理，即在制订执行安排计划时针对每一项执行工作要制定合理的执行要求。根据既定的策划目标，在充分了解客观实际的基础上“审时度势”，制定可能达到的并且合乎实际情况的执行要求，这样能有效地促进执行人员的工作积极性，切不可盲目追求理论要求。

执行工作必须专业，即对应各项执行工作要安排专业的执行人员。通过对参与人员的沟通了解和专业比较，安排专业的人才做专业的执行工作，做到“专业对口”，不但保障了执行效果的高质高效，而且更有效地促进了执行人员的主观能动性，并能较好地体现整体策划实施项目的品质感。

执行过程必须监控，既在商务策划实施的全部过程中施行监控机制。任何商务策划案的实施都受到复杂的人事因素和多变的环境因素的影响，因此，通过制定全过程的监控机制，在策划实施的过程中监督指导执行工作按照计划实施，能有效地“防微杜渐”，即使“变化快过计划”，也能做到“轻松掌控”。

面对层出不穷的创意构思和“天马行空”的策划，动辄百万、千万甚至上亿的“砸钱游戏”，而又不是每个人都能“挥洒自如”的商务策划环境，今天的职业策划人靠什么步步为赢？众多的发展中企业如何才能让自己的策划案“突围而出”？首要的就是做出能实现实际商业价值的实效策划，而要保障策划的实效则必须依赖切实有力的执行。但习惯了计划经济的商业运作和粗放型企业管理的本土企业，特别是刚刚在国内起步的策划行业，往往重理论、重思想，而忽视了策划理念在执行工作中的实际运用。

把复杂的人事因素和多变的环境因素化繁为简，从容面对，通过把新奇的创意、周详的策划构思形成严整明晰的执行计划，经过专业科学地执行安排和严格的过程监控保障策划实施的执行力，从而最大限度地发挥商务策划的效果，让商务策划不只是一座“海市蜃楼”。

回顾商务策划的发展历史，有许多相关案例在策划实施的执行中是值得反思的：如2003年，广东某著名品牌食品企业，花费近百万巨资聘请知名策划公司针对其新产品上市的推广制定推广策划方案，并投入巨大的人力、物力组织推广实施，同时不惜代价地把宣传广告打得“铺天盖地”，结果却让人大跌眼镜——1 000多万的前期投入却只收回1年总共不到600万人民币的销售额，而且由于前期重在抢占市场，几乎是以成本价销售，加上定制的生产线、包装设备以及大面积的厂房、生产人工等成本累积，让该企业当年亏损惨重，更令人痛心的是，其多年来苦心经营的品牌积累也受到了牵连。

事后总结发现，该策划方案不但有许多绝妙的创意，而且也符合市场和消费者的需求，前期的广告效果也非常突出，不但迅速拥有了广泛的知名度，还引起了大规模短期的抢购热潮。但由于企业在实施该策划案前，高层决策层存在较大的意见分歧，中途临时更换了策划指挥领导和统筹组。

对既定的执行计划，又以个别领导的主观意志加以大范围的随意改动，而且盲目地追求不切实际的“理想”效果。

为了尽快实现赢利，在对市场推广人员未作相关专业培训的情况下即仓促上马，结果在销售推广过程中，因为本行业经常出现的个别质量问题不能让顾客得到有效满意的解决，又没有配套的专业售后服务人员，导致本来极为正常的消费投诉个案，在媒体的炒作下演变为声势浩大的信任危机，并最终导致了此项新产品的黯然退场。

反观其他企业类似新产品的上市推广，并没有花费如此巨额的投入，也没有声势空前的广告宣传，却由于执行人员不遗余力地贯彻落实既定的推广策划，收效显著，获得了理想的商业效果。

一个好的商务策划，需要独特创新的创意构思，而不论其高明与否，切实地保障执行是成功的关键。深刻领会商务策划执行实施的原则，融会贯通于各项实际案例的操作中，并根据不同的环境背景区别运用，它将成为一个优秀的商务策划师在“惊涛骇浪的商务策划大战”中制胜的一把“倚天剑”。

第四节　策划产品的营销

一、业务流程

作为“思想产品”的商务策划，是当今市场商战中的紧俏商品，但是在实操中，要能够为这个产品的创造者——商务策划师带来经济效益、社会效益，则除了要有策划的雄厚实力作基础，还离不开对经营“策划”业务流程的熟悉与了解，对每一个业务环节的熟练把握和恰当运作。

对于直面商战、指导商战的商务策划师，自身就是一个谋求顾客让渡价值的经营实体，所以对其商性的真正验证，不仅是在于策划书所表现的创意与方案，更在于其营销自己的创意与方案的过程和技巧。

一般商务策划业务的流程，从“缘起”开始，即接受任务，着手项目；其次到“策划”，即搜集、整理、判断、创新、验证等环节，形成商务策划案；再次到“决策”，即被“思想采购者”——商务组织所接受、认同，形成按照策划方案实施的决策；最后到“实施”，即协同、指导和监督该商务组织实施此项策划案。

进一步细致解释，流程大致经历这样7个阶段：

1. 动议与判断

动议与判断，是一项商务策划活动的缘起，或受商务组织委托，或策划师自我萌发创意，或投标应赛；经过对环境资源和自我能力的分析判断，应选择力所能及，并且综合效益优良的商务项目进行策划。

2. 整理与创意

整理与创意，即围绕策划主题，进行广泛的信息搜集，占有最丰富的素材，并对各种信息资料进行分类、验证、罗列，寻求关联点、要素点、问题点、机会点、突破点，发散聚敛纵横往复，激发创意，形成策划思路与轮廓。

3. 提案与谈判

提案是建议，是简明扼要的“一纸通”，也是构思巧妙的预案；因为是在协议签署之前，所以既要竭尽全力争取成功又要有所保留适当含蓄，是先发制人与后发制人的结合体，所以提案的内容与谈判的把握是相互交织、动态依存的。

4. 论证与修正

上一个步骤中所获取的是更加贴近现实条件的策划资源，为策划创意营造了更多的可行性与可操作性，所以在这个步骤里，必须围绕决策者的意图和目标，结合环境与现有资源，必须对策划提案中的思路、手段等进行动态的论证和修正。

所谓动态，有3种情况：一是策划背景发生变化；二是策划主体发生变化；三是策划客体发生变化。当这些变化发生时，策划师的对象、思路、表达等都要随之应变。

5. 文案与决策

正式的策划文案，是对前面4个阶段的目的、创意、细化、协调等的最后文字确认版，通过前面的沟通，这一份文案应该已经基本体现了决策者的意图，应该已经基本获得了决策者的认同。决策的形式有会议式和协议式，最终形成书面确认。

6. 培训与督导

培训与督导，即为确保商务组织成员(管理层和执行层)对本策划方案的思路、创意、理念、方法达到认知、理解、接受，形成共识进行沟通传播，并进而统一口径、统一行动地执行，必须在商务组织决策后，立即组织相应的员工培训，灌输概念与意图，统一思想；并对组织行动进行督导，确保行动的一致性和绩效。

7. 执行与修正

和第四阶段不同的是，在执行过程中，由于一些动态的变化因素，由于个体的差异，执行阶段修正的关键是，始终必须围绕策划目标，坚持承上启下，不能因战术细节而修正战略定位。

在完成以上7个步骤的业务流程后，为了自身的提高和发展，优秀的商务策划师还应该主动积极获取各类反馈，对整个项目的全过程进行认真的总结和反思，摸索规律和共性，寻找失误和遗漏，挖掘新的决策点，尝试新的方法与程序，以求得营销业绩和综合素质能力的不断提升。

二、策划项目样本

以下是一份正式的“策划业务流程”，是北京一家策划公司为广西一家车用油类生产企业所做的整合营销策划，对于策划产品的营销运作有一定借鉴参考作用。

【广西滑头石化有限公司品牌整合营销策划】

项目计划书

[项目双方]

委托方：广西滑头石化有限责任公司。

公司董事长：×××。

法定代表人：×××。

咨询方：北京×××商务策划咨询有限公司。

项目团队：××，×××，×××。

专家团队：CBSA中国总部高级商务策划师。

[项目主题]

“滑头”车用油产品品牌整合营销策划案。

[项目概述]

在当前国内石化业、车用油行业高端市场快速增长和竞争加剧的大环境背景下，作为西南地区一家新兴的以高端车用油市场为目标的石化企业，滑头公司拟在全国市场树立全新的高端品牌，高开高走，在较短时期内赢得较大的市场份额，实现首战必胜。

为此，委托方滑头石化有限责任公司经研究，委托北京×××商务策划咨询有限公司，对本企业的产品和品牌目标进行全面的整合策划。

鉴于目标市场的变化性和风险性特点，出于快速和长期发展的目标需求，经与委托方的沟通协商，咨询方经分析研究，初步确立了“一、二、三、四、五”的总体品牌营销策划思路。

一条品牌主线贯穿始终，形象与市场二腿并行，制造商、经销商与终端用户三方共赢，制动液主导带动，制动液、防冻液、润滑油、润滑脂四大产品有序渐次突破，五年内制动液产品进入中国三强，实现润滑液行业龙头的企业愿景。

其中，一二是因，三四五是果。一二作为确保整个产品营销的三角支撑，是品牌策划环节的主要内容，也是咨询方的工作核心与目标。

[策划目标]

品牌：根据企业已注册的“滑头”商标，深入分析和寻求“滑头”品牌所包含的文化积淀与市场理念，使之成为经销商和消费者广泛认知、认可和认同的，具有市场知名度、美誉度、亲和度与忠诚度的大概念品牌。

形象：在此原则下，提炼出滑头石化公司的经营理念、经营哲学与品牌内在文化，围绕品牌主线，打造具有鲜明个性的独特产品和市场形象。

市场：在品牌定位明确后，策划制定滑头石化公司的市场推广与发展战略，完善滑头石化公司发展时期品牌、市场、营销、渠道及相应的管理模式的定位。

[项目内容]

一、深入分析和寻求“滑头”品牌所包含的文化积淀与市场理念，并拓展尝试其他概念，聚象化成为可感受的、可操作的、鲜明突出的形象识别系统。

包括：

品牌标识、标准字、标准色及其系列组合；品牌文化系统(企业理念、广告语、服务标准)；特别强调视觉冲击力的产品包装及组合；公司基本办公形象；终端促销形象识别系统等。

策划成果：

成果1.“滑头”品牌视觉形象策划系统VIS(执行手册)。

二、针对滑头石化新目标市场的初步定位，以及企业的主导业务、产品特点和发展目标，完成滑头石化公司新目标市场的基本营销战略分析报告。

初入新市场的“仿效和跟踪”战略原则，高基点地选择国内市场的高端广熟品牌作为标杆，向委托方全面提供关于这些品牌的品牌风格、产品形象、渠道开发及控制、推广模式、营销策略、促销手段的系统资讯；以及该品牌的经营模式在国内市场推广的仿效决策点、差异化修正等策略建议。

策划成果：

成果2. 制动液及相关车用油产品市场报告及策略。

成果3. “滑头品牌”在国内市场营销的策略、渠道与推广模式。

三、营销人员是市场效益的重要保障。品牌策略必须通过企业管理和执行才能实现目标。根据以上市场营销策划，制定出系统完善、可操作的企业营销管理规章制度、营销人员形象和行为规范。

策划成果：

成果4. 滑头石化有限公司营销管理制度及销售人员行为规范。

以上四套策划文案系统地包含了策划工作的三大目标，构建整合营销的基础三角，以确保整个企业营销工作的可靠性。

[项目运作]

一、项目准备阶段

1. 接受委托与邀请，初步沟通、明确策划咨询目标；

2. 进入项目准备程序；实地考察与市场环境调查；

3. 确定策划咨询项目的范围内容，进行概况调查与资料收集、整理。

二、项目受理阶段

1. 项目协议书与受理——本项目策划咨询的日程安排；

2. 明确项目责任，×××策划公司与滑头石化公司签订咨询项目协议书。

三、策划准备阶段

1. 确定策划咨询项目目标的范围与相关外部环境；

2. 收集目标范围内的相关资料；

3. 整理分析资料素材，形成策划指导方案；

4. 项目专题会，组成由品牌营销及行业管理专家组成的项目专家小组。

四、策划咨询阶段

1. 确定咨询策划的内容与方案；

2. 深度沟通，听取滑头石化公司有关设计师及市场人员介绍；

3. 南宁、广西、西南行业市场——全面资料的整理与分析；

4. 确定咨询策划阶段课题，制定主体咨询策划方案；

5. 召开第一轮可行性分析报告会。

五、策划主体阶段

1. 针对[项目主题]进行专题调查分析，综合分析与方案策划；

2. 目标消费群体的抽样问卷调研，与“标杆品牌”的定位比照；

3. 整理、判断，初步制定与改善策划方案；

4. 策划方案决策点选优，完成决策环系；

5. 形成滑头石化公司市场营销战略方案；

6. 与滑头石化公司召开咨询策划报告会；

7. 论证与修正；提交最终报告；

8. 完成实施建议书。

三、销售业务谈判

通常情况下，销售谈判中的各方合作关系更多，但在特殊情况下，销售谈判各方也可能包含一种竞争关系。无论是合作还是竞争，销售谈判中的各方都在围绕利益展开“博弈”。

销售谈判——双方交换的是满意而非产品。总原则是促成合作，实现共赢。

首先在谈判过程中要做到重利益、轻立场，这是销售谈判追求利益的本质要求；其次是销售谈判中要注意对事不对人；再次还需要引导潜在客户达成共赢的认识。销售谈判中的各方利益有多重性，各方需求有差异性，因此当谈判各方不能达成一致的时候，大可不必在一个方案上僵持不下，而应该本着共赢的原则，积极寻求合理处理争议、异议、分歧的其他解决方案，并通过沟通、协商，进而让谈判各方最终能通过理解、让步等方式达成一致。

销售谈判的过程可以划分为几个相对明确的阶段，即建立关系、探究利益、准备并完善提议与达成并签署协议共四个阶段。

销售谈判的策略有两个基本的特征，即事先的准备性和即时的应变性。事先的准备性，即所谓“凡事预则立，不预则废”。即时的应变性，即所谓随机应变的本领。销售谈判的综合性和复杂性要求销售人员一定要对谈判可能出现的情况，潜在客户可能采取的措施等作出预测，然后根据各种情况制定相应的对策。销售人员需要在谈判之前认真分析形势，制定谈判的目标、底线等。

所谓销售谈判技巧，就是谈判人员在谈判过程中的语言及非语言交流过程中所表现出来的方式方法与技能，其中倾听、提问和反馈对销售人员来说至关重要。

1. 倾听

倾听是销售谈判的基础。良好的倾听习惯和高超的倾听技巧，会改变销售人员在销售谈判中的地位，会提高其影响力。可以说，倾听是销售谈判的第一要素，但是倾听障碍却严重地影响着销售人员。优秀的销售人员，能够自我发现倾听障碍，并努力积极消除倾听障碍。常见的倾听障碍有以下几种：自我防卫、忐忑不安、压力过重、心理成见以及缺乏认同等。

倾听是通往合作的台阶。优秀的销售人员通常比普通的销售人员对客户更善于倾听。优秀销售人员往往注意如下3个方面的问题：

一是排除干扰，努力成为一个优秀的倾听者，这样可以集中注意力倾听潜在客户的谈话。

二是保持清醒，不过于情感化，保持理智。为了提高倾听的有效性，销售人员需要在椅子上坐直，不要交叉胳膊与双腿；面对客户，身体略微前倾，尽量用目光交流。

三是做好谈判记录，在销售谈判中，销售人员需要随时做好沟通记录。记录不仅有助于提高听力水平，而且还可以调动销售人员的大脑、眼睛、手等综合作用。

2. 提问

强化销售人员有效倾听的最佳方法就是提问。销售谈判中的提问是了解潜在客户的立场、观点、态度及其心理变化的有效手段，也是引导潜在客户与销售人员最终达成共识的一种技巧。销售人员需要把握好何时提问，如何提问以及提问注意事项等。

销售人员应在潜在客户的陈述完成并更多了解其陈述内容之后提问。只有把提问建立在了解的基础上，才会使提问更有意义，更具有深度。另一方面，如果发现潜在客户游离主题或故意环顾左右而言其他的时候可以提问或者在自己陈述完毕或答复完毕之后，提出有利于使谈判顺利通向预定目标的问题。

销售谈判中常用的问题类型，概括起来有情境性问题、探究性问题、暗示性问题、解决性问题等四种，其中暗示性问题最有力度，因为这些问题让潜在客户能够意识到问题的严重性，以便于投入时间与金钱去寻求解决问题的方案。不过，这种提问方式对销售人员的要求较高。

3. 反馈

销售谈判中的反馈对各方都很重要。就回答者来说，是一种承诺；就听者来说，反馈是作出判断与决策的前提或基础。反馈包括回答、陈述和说服等3种形式。

回答——主要是针对潜在客户的提问。回答潜在客户的提问，涉及3个方面的问题：何时回答，如何回答以及回答什么。对于销售人员来说，首先要在听清楚对方的问题并了解对方的提问目的的基础上才回答。其次，对潜在客户的问题可以全部回答，也可以回答一部分；可以立即回答，也可以拖到将来才回答。最后，对潜在客户的问题，可以避实就虚或环顾左右而言其他。

陈述——就是指谈判人员将各自在本次可能的合作中的相关情况及各自的立场、看法、解决办法等介绍给谈判中的其他方的行为与过程。陈述的最终目的是为说服对方接受最终达成的协议作铺垫。

陈述的语言应该简洁、准确、婉转得体。陈述时礼貌得体是任何时候都必须注意的语言要求。陈述的技巧体现在何时陈述、陈述什么和如何陈述3个方面。首先抓住时机，言之有理。陈述的重要原则在于：只有自己感到潜在客户想听或潜在客户明确要求自己陈述时才开口陈述。其次是避重就轻，报喜不报忧。陈述内容的取舍标准，一定要讲那些潜在客户听后的第一反应及评价对本方有利的内容，即要“报喜不报忧”，回避或淡化那些潜在客户了解后可能对自己作出消极评价的内容。最后是要掌握陈述方法，提高陈述效率，避免冗长累赘。

说服——是销售人员成功地引导潜在客户为共同解决某个问题而进行的一种游说，它不是靠乞讨或引诱来使潜在客户改变自己的想法或立场，而是包含细致的准备、合理的讨论、生动的事实依据，也包含销售人员融入恰当的情感等因素。

营销“商务策划”这样的智慧产品，当然需要一些智慧的方法和技巧，例如：

火力侦察法：先主动抛出一些带有挑衅性的话题，刺激对方表态。

迂回询问法：通过迂回松懈对方，乘其不备探得对方底牌。

错示印证法：有意通过犯一些小错误，诱导对方表态，然后借题发挥，达到目的。

业务谈判中，谈判者应该尽量避免一些心态和技巧上的失误。

首先，不要被对方误导：①掌握信息不足，对情况不明；②认为真理掌握在多数人手中；③为美妙的语言所迷惑；④过分迷信经验或权威。

其次，不要被对方镇住，可以有3种方法对付他们：①回避他们；②正面抗衡，你吹我也吹，看谁吹得大；③利用他的自大骄傲心理，顺好送“高帽”。

还有，不要绝对不相信直觉；也不要完全不顾个人情感，绝对公事公办。

4. 协议

谈判的最后阶段就是协议和合同的签署，为了实现商务策划的现实价值，应该注意以下8个方面的问题：

(1) 争取合同的起草权，掌握主动，维护权益。

(2) 审查签约者的资格和资信，防止欺诈，减少风险。

(3) 合同名称和内容要一致，一事一文，清晰明了。

(4) 策划费支付方式要明确，至关敏感，先付后做。

(5) 明确双方义务与责任，未雨绸缪，备而无患。

(6) 注意“定金”与“订金”的区别。

(7) 合同条款必须对等：义务、责任、权利。

(8) 充分重视律师的作用。

作为商务策划产品的营销者，我们要塑造这样的心态：时间往往能轻松地纠正谬误；钱并不能代表一切；好的构思不一定来自自己；也不要担心把客户逼向绝路。

生意成功是因为创造了满意，产品只是一个媒介。

心态大于技巧，习惯强于知识，成功在于坚持。

思考与训练

1. 用自己知道的成功与失败两类典型案例，论述商务沟通对于现实商务活动成败的重要影响。

2. 请用自己的语言和实践体验，通俗化地解释商务沟通的10大基本原理。

3. 结合现实社会中商务沟通的表现，列举常见的18种沟通工具。

4. 分为3～4个小组，模拟商务策划业务实战，各自拟定项目主题，分别扮演甲方、乙方，展开合作谈判；然后交流总结双方思维及对策。

5. 阅读相关图书或专业网站，选择一两个实战案例，分析总结7大业务步骤过程中经常出现的典型问题及其对策。

6. 集思广益，集体讨论知识产品的合同应包含哪些内容，并归纳意见设计一份策划业务项目协议书。

第九章
商务策划人才与培训

学习目标

认识个人素质的构成，确立策划自我的要求，努力明确：心态大于技巧，习惯强于知识，成功依靠坚持。

学习要求

了解：心态；习惯；规范。

掌握：心态；习惯；策划人的基本立场；创新人才的商务能力；“商能”；创新者的人格特征；创新潜能的开发途径；策划人的3种类型；商务策划师的定义。

本章重点介绍如何培养创新人才的素养和技能，如何获得策划人应具有的各种“商能”。

商务策划师是创新型人才，更是当今市场的紧缺型人才，必须具备非一般意义的综合能力。

就职业竞争力而言，综合管理属性的策划岗位最容易向经营管理的高层跃升，一个优秀的策划师往往与总经理只有一步之遥。这一步取决于商务策划师的创新素养和综合技能是否符合管理竞争的需要、符合组织目标发展的需要。

商务策划是一种知识整合，是一种综合技能，也是一种人生态度。

第一节　基本素养与知识结构

在知识经济时代的今天，“策划”是创新的代名词，优秀的策划人都是业绩显著的创新人才。从商务策划的角度来说，所有的经营活动无不是求新、求变的结果，作为这种导引变化的创新人才，必须具有较高的素养和技能方能与时俱进。

一、心态大于技巧

心态是我们看待环境与自我的角度。心态是我们对于社会、他人，以及对于自我的看法和态度，直接决定我们的生活目标，决定我们选择什么样的策略和方法处世待人。心态决定我们的价值观、得失观，决定我们存在的战略，决定我们运用什么样的知识储备(技巧)去应对环境。对一个策划人来说，特别是对一个合格的创新人才来说，心态永远是第一位的。这种富于商性特质的心态具体表现为：

1. 自信

了解自我的思维优势与价值，因为足够善于正确地思维，明确思维的决定作用，所以相信自己的独特与能力，相信自己一定可以达成目标，而且比竞争对手做得更好。如果不相信自己，就很难说服别人听从或追随你。

2. 弹性

失败和挫折人人难免，要能够不受失败影响，并从中变得更有决心。不要因为运气不佳而改变了目标，应该继续迎接下一个挑战。当外界环境或经济走势发生重大变化的时候，能够适时转换注意重心。

3. 专注

专注能力是人脑四大核心能力中最影响其他能力的一项，拥有渴望及渴求成功的内在动机，面对客观存在的各种问题时，能够把注意力放在目前该做的事情上，不受干扰，集中思维，从而把自己推向能力的极限。

4. 控制

了解感性与情绪对思维的干扰，明白方向与目标至关重要，所以在出乎意料之外，或者无法控制的事情发生后，心理上必须能够重拾控制感，引导思维延续正确方向，不要在事后反悔或批评自己。

5. 沉着

因为能够保持思维的多角度性，把握事物发展的规律与利弊，所以不以物喜，不以己悲。沉着面对外部环境，面对每一次成功和每一次失败，始终确保思维的积极与活跃状态，“笑到最后”。

心态决定思维，思维决定行为，行为决定习惯，习惯决定命运。心态对每一个人来说都是至关重要的，而对时刻向自己的能力极限挑战的商务策划师来说，则更加需要强调人生观、价值观等心理素质的重要性。

二、习惯强于知识

如果说心态更多的是“怎么想怎么看”，那么习惯指的就是“一贯怎么做”和“总是这么做”甚至“本能地这么做”。习惯是我们在解决问题与处理事务过程中的下意识和本能行为，是一种顽强而巨大的力量，它可以主宰人生。所谓“成功就是差一点失败”，关键就是我们思考的习惯、行为的习惯。

古希腊哲学家亚里士多德说，优秀是一种习惯。优秀的职业化的人才必须具备良好的习惯，无论是生活还是工作，都要时刻注意自己的习惯，改掉曾经有的不良习惯，训练和培养成职业化的行为习惯，使个人的言行体现出专业化、职业化的风采。作为专业人士，应该具备的良好习惯很多，结合职业发展的特点和要求，策划人应培养并形成以下基本习惯：

1. 清楚地了解将要做的每一件事情的目的

虽然要重视事情的结果，但更应该重视事情的目的，清楚目的有助于我们达到结果并且享受过程。

2. 决策果断而不轻易改变决定

一般人面对决策时经常优柔寡断，决策之后却又轻易更改。具备智慧优势的策划人必须十分清楚自己的价值观和信念，了解事情的轻重缓急，系统有效地处理面临的问题。

3. 具有极佳的倾听习惯

倾听并非是去听对方说的话，而是去听对方话中的意思。倾听的基本要点有：

(1) 倾听时不打断对方的谈话；

(2) 把对方的话听完；

(3) 即使不需要记录，你都可以听出来对方的意思；

(4) 把所有的问题记在自己的头脑中，等对方说完后再一起发问。

4. 写日记

写日记，不是机械刻板地记每天的流水账，而是要真正做到：

(1) 保持弹性，重在表达思想，而不用太多严格规则；

(2) 持续，坚持不懈；

(3) 记录每件事情的差异；

(4) 记录特殊时刻及事件；

(5) 学习问更好的问题；

(6) 把每天写下的信息内容，尤其是自己的思路、点子、创意，在月底进行一次整合。

创新人才的思维能力是其核心竞争力，但要防止“以思考代替行动”。有时候，简单的行动比冥思苦想更有效，因为10次心动往往不如1次行动。

阻碍我们前进的有时并不是外部的环境和自身的能力，而是不良的习惯。

人有感性，也有理性，但多数人想事和做事，凭的却是惯性。

典型的阻碍个人创造能力的习惯有以下8种：

——不问“为什么”。因为过分倚赖自己的成长经验和成功积累，所以习惯地凭着直觉经验“不假思索”地去解决问题。

——不把想法记录下来。精彩的思路稍纵即逝，错失机会。

——不回顾过去的想法。没有记录自己的点子创意，自然也就没法回顾和升华。

——不积极表达想法。缺乏自信，或总想不劳而获，失去沟通和展现的机会。

——不用新方法思考。学习能力低下，思维惯性顽固。

——不求更多。浅尝辄止，不进则退。

——不坚持到底。成功是一种习惯，放弃也是一种习惯。

——不能容忍创造性行为。把习惯当真理，由于多年积淀的思维惯性，对很多似是而非的错误见怪不怪，并且“理所当然”地拒绝新思维、新角度、新方法。

克服上述不良习惯，也就是培养良好的习惯。如果能经常对一些习以为常的思路、看法、做法问上几个“为什么”，对于“大家都这么看这么说这样做”的事情变换角度进行思考，或者用新的思维方式进行思考，往往就能发现新的机会点。要养成随时把自己的一些想法、思路、灵感、点子记录下来并时常回顾的习惯，如能坚持到底、持之以恒，定能成为有作为、有成就的创新人才。

三、商务策划师的基本立场

做一个新时代的策划业者，应该坚持自己的基本立场，它们不仅是商务策划师的素养体现，也是策划师创新所秉持的原则。

1. 决策者至尊

首先，决策者很可能是对的。企业最高决策者一般都是富有决策经历和策划见识的，虽然他们可能没有受过专门的策划训练，但他们一定有过策划或“采购”策划的历史。所以，他们的意见很可能更有说服力。尤其是那些经历过原始积累的资本拥有者，他们可能是那些决策与管理能力均见长的企业家，有非常好的商务直觉，他们的意见应受到商务人的尊重。

其次，决策者是责任的最终承担者，由他决定策划方案是否采用。决策后就要面对结果，成败经常在一瞬间确定，策划的决策风险一般比常规决策的风险大，敢不敢策划是水平问题，敢不敢决策有时是心理素质的问题，作为商务人应该体谅决策者的难处。

再次，在市场经营中，决策者可能有秘密信息作依据。策划必须建立在真实、全面的信息基础上，但决策者有时很难把所有的企业信息和盘托出，有些信息连自己最亲近的人都不知道。所以，一旦出现决策者无理由地不采纳策划师的建议时，最大的可能之一就是决策者有更深的企业秘密。

当然作为一个成熟的商务策划师还应该理解，决策者理解力有限。“对不知者勿怪”，决策者最终不能理解的策划方案，无论策划方案实际上多么优秀，都属于不符合企业实际的方案，商务策划师就不应该一味抱怨，因为决策者的决策水平也应被重点考虑在策划可行性范围之内。

2. 管理者至上

首先，管理者没有降解与分解复杂思维的义务。管理者最终不能理解的策划方案，无论策划方案实际上多么优秀，都是属于不符合企业运营背景和当前现状的，商务策划师不能抱怨，因为管理者的理解水平也应被重点考虑在策划可行性范围之内。

其次，管理者是策划目的的最终实现者。许多策划是“说者一瞬间，而做者没有完”，实施策划方案的人均应被商务策划师视为自己理想的实现者，商务策划师不能以一个指挥者的心态面对管理者。

再次，管理者都是利益中人，策划方案有时直接或间接地是一个利益再分配方案。策划的受益者大多是企业整体，对于企业中从事管理的某个特定人物可能是非受益者，甚至是“受害者”。所以，一个策划很可能会受到某一管理局部的抵触，这是人之常情，是正常的现象，成熟的商务策划师应当理解并尽可能避免接触“受害者”。

最后，企业的管理者群体一般有以常人意识为主、习惯为事的特点。只要可能，人们一般不愿意改变工作习惯，而策划往往要打破常规，所以，策划时要尽量减少对策划对象中实施执行者常规的改变点。

3. 为知己而追求

有时要用策划来真心诚意地帮助人，但帮助不当会适得其反。为知己而策划追求时，可参考如下提示。

(1) 追求空前绝后：建立垄断因素是策划的最高服务质量前提。策划，空前容易，绝后难。空前水平的策划可能会使企业因一时的领先而对商务策划师感恩不尽，但如果不能绝后，竞争者大量模仿，某些竞争企业产生后发优势时，企业面临的打击是相当大的。

(2) 要把费用变投资：不要仅仅用金钱来实现商务策划师的理想，要在花费企业资金时尽量为企业新生机会而投资奠基。商务策划师不仅要为企业省钱，还要努力把花出的费用变成一种有潜在价值的未来投资。

(3) 技术交底：创造使知心的决策人可安心驾驭事业、实现持续发展的心理环境，是商务策划师最高服务的体现之一。“留一手”是许多传统策划人的生意经。但如果我们是为知己服务，真正的帮助是要使人彻底明白。

(4) 留有余地：永远不说极端的话，永远有余地地预测策划所产生的利益和效果。真正有水平、有素养、持科学态度的人都从不把话说绝，留有余地不是胆怯的表现，而是客观意识的体现。有时为了观点或争论问题时，极端地表白可能使商务策划师自己陷入尴尬的境地。

(5) 甘心在侧：不为操作环境所动，让决策者放心，使策划与决策保持良好的沟通。为了赶进度，为了使管理信息渠道尽量缩短，企业领导者在某些时候会要求策划师担负起管理者的工作；而商务策划师也经常受到管理者岗位权力利益的诱惑，倾向于从事对自己所策划项目的管理工作。一旦商务策划师成为管理执行者，领导人对策划人的信任评价会增加许多新的指标，弄不好还会增加许多相互猜疑的成分。领导人往往把公司安全放在第一位，策划人与管理者合为一体，对企业安全的威胁会增大。

4.“劳改”心态

行商，“心态大于技巧，习惯大于知识”，以良好心态去从事策划工作对于给商务创新人才在工作中增添幸福感、抵御工作中的挫折感都是非常重要的。

首先，必须坚信策划是一种高级劳动，在争取劳动价值实现时应按商业原则行事，但在思维过程中要以“劳改”的心态老老实实地、精益求精地超越自我，不要患得患失，让商业利益得失影响自己的思维活动。任何思维成果此时此地不能价值兑现，彼时彼地也能兑现。

其次，自我的能力与水平不可保留。每时每刻都要拿出极限水平，只有这样才会不断再创新高。但在履行合同过程中除外。

最后，必须强调自省检讨，错误全在自己。遇到不被理解、行案半途而废、被剥夺策划机会、甚至遭到违反策划科学规律等的干扰时，必须任劳任怨，多找自身原因。策划是思维，也是工作、人生，更是一种道德情操。

四、商务策划师的思维素质

在生理学中，将一个人天生就有的解剖生理特点称作素质，迁徙到人的社会性上，素质则是指主体所存在的内在的相对安定的身心特性同其结构。思维素质是指人的思维机体的资质特点，思维素质也称思维品质，涉及经验结构、知识结构、情感旨趣和理性意识的内化，酿酵。人的思维素质一方面取决于遗传因果关系和重点，另一方面取决于后天的教育、开发和社会实践。正确的人类思维素质包括：

(1) 思维的针对性。是指思维具有目的和目标。

(2) 思维的广阔性。是指超越思维活动范围的局限性，将其扩展到必要的广度。

(3) 思维的深刻性。是指思维反映和把握疑问和问题的深切程度。

(4) 思维的快速性。是指思维活动的速度和效率。

(5) 思维的逻辑性。是指思维活动过程中能够把握主题，准确应用概念，判定和推理符合逻辑关系规律和程序，并且能够辩证地思考分析，判断和判定、论证和综合疑问和问题，使思维具有主题鲜艳、层次清晰、论证充实、条理明了的特点。

(6) 思维的批评性。是指思维拓展时对已有的知识经验、方式方法，能根据新发现的事实情况作出评比，称赞正确，纠正谬误。

(7) 思维的新颖性。是指能从已有知识出发，在较高层次再次构建知识的思维能力，也指发明或发现一种新方式用以处理疑问和问题的思维过程。

作为优秀创新人才的商务策划师，应该具有的思维素质可以概括为“五度”。

(1) 思维的高度。即思考问题起点高、全方位、有战略眼光。所谓“高屋建瓴”，既避免又获取足够势能。

(2) 思维的广度。即思路要广，创意丰富，内外联想。要力求占有足够全面的信息，视野开阔与独立思考相辅相成、良性循环。

(3) 思维的深度。即思考问题细致深刻，分析周到，判断准确。没有“水银泻地”般的严密性思维作前提，便不可能有“闪电行空”般的果断抉择与决策。

(4) 思维的速度。在“快鱼不心苦”的时代，速度是第一优势，思维必须跟上客观形势的变化，思想敏锐。

(5) 思维的力度。所谓成功者必定胆略超群，“胆”在“略”前，敢想才能敢做，即思维有时空穿透力，敢为人先，把握时机。

五、商务策划师的知识结构

概括地说，必须做到：博才>专才。

1. 心理学

心理学是研究人如何思考、学习、知觉、感受、行动，并与对方互动，了解对方的科学；是解释因与果的钥匙，是联系人与动物的基因链条，是接通自我与社会的桥梁。总之，心理学是关于人的学问，关于策划的主体与对象的科学，是关于生活和社会的科学与技巧。我思故我在，人类的基本属性是思维。

2. 社会学

社会学是试图用科学的思维逻辑来讨论人类社会和社会生活的学科。事实上，在人们的日常生活中，就像人们在不断地处理经济学的问题一样，也在不断地处理社会学的问题，从家庭关系到工作关系，从结婚生子到养儿育女，从社会经济活动到政治运动，都有社会学研究的议题。与心理学比较，社会学不关注心理过程，而关注客观的、可测量的社会现象；与政治学比较，社会学不单纯关注国家和政体，而是把两者都当做人类的组织活动，关注组织所具有的共同属性；与经济学比较，社会学不关注所谓的经济现象，譬如价格、竞争、垄断，但却关注经济现象的社会基础及其相互关系；与人类学比较，社会学不关注所谓地方性的文化、象征和意义，而关注具有普遍意义、可解释的文化现象。

3. 经济学

经济学是研究如何配置和使用相对稀缺的资源，来满足最大化需求的社会科学，即研究社会活动中的个人、企业、政府如何进行选择，以及这些选择如何决定社会资源使用方式的一门科学。经济学的构成有两大部分，即微观经济学和宏观经济学。经济学方面的知识极其丰富而又复杂，同时门类繁多，需要钻研学习，更需要与社会实践相结合。在市场经济社会中，人们必须学会“像经济学家一样思考”。

4. 科学技术

科学技术是第一生产力，是企业发展和社会生活的物质根本，而科技的前沿知识更是商务策划最有价值和号召力、影响力的公众资源。紧跟科技步伐，把握时尚脉搏，倡导消费创新，是商务策划师赢得机会、博取增值、抢占先机的重要手段和方法。

5. 业务工具

知识的增值在于贯通、整合和运用。在信息爆炸的21世纪，获取信息、验证信息、判断信息、整合知识的能力显得格外重要。

作为商务创新人才，商务策划师必须熟练掌握运用各类信息工具、检索工具的知识与技巧，例如：

《新华字典》《现代汉语词典》《英汉词典》《成语词典》《汉语大辞典》《辞海》等语言工具书；

《中国大百科全书》《中国企业名录》《世界名人录》《中华人民共和国法典》《电话黄页》等实用型工具书；

主要的《行业报告》《行业年鉴》《统计年鉴》《论文汇编》《市场调查报告》等专业性专题性工具书；

作为市场调研最常用的二手信息工具，要熟练运用Google、Baidu、3721、中国搜索等专业网络搜索引擎；

要掌握基本的美术知识、视觉艺术和相关美学知识，熟悉形状、透视、色彩、图形、空间等概念；

要熟练掌握各种中文、英文字体知识，熟悉各类线条、版式、标准色、印刷色及其组合等排版知识；

要熟练掌握各类商务、生活标识、图案知识，对世界各国各大行业的著名商标、LOGO、符号等极其熟悉；

要熟练使用Word、Excel、Powerpoint等文件编排软件；熟悉和基本掌握Photoshop、Coreldraw、Freehand、3DMax等设计类电脑软件；

要熟悉平面及凹凸印刷、喷绘、写真的基本知识和基本工艺流程，了解印刷、出版和平面传媒等的市场现状；

要熟悉当前主要的广告传媒形式，如报刊、电视、广播、路牌、车身、移动媒介等的特点、材料、行情等；

要掌握基本的音乐知识、影视知识、娱乐知识，熟悉音像类、网络类、互动类广告的制作流程和行情；

要熟悉国内外经典与时尚文化的代表作品、代表人物，深刻了解当代音像艺术作品和娱乐产品，及其与商业结合的典型案例；

要熟练掌握基本的体育知识，了解并熟悉近期的国内外热点体育新闻、体育明星，商业体育的经典案例；

要熟悉和掌握企业形象识别系统CIS的知识和导入要点，执行的基本流程；进一步完善到PIS和TIS。

第二节　基本能力与潜能开发

兼具创新与管理两大技能的精英人才商务策划师，经常以出色的创新思维影响着商务和管理活动的决策与实施，因而必须具有深厚的商务管理功力。

一、观察能力

观察能力是创新策划等一切竞争思维的基础，是产生动机的诱因。观察是一种有目的、有计划、有意识的感知活动。观察是思维的触角。

善于深入、全面、正确地察看各种客观事物和现象的能力，称为观察力。敏锐的观察能力表现在如下3个方面：

(1) 观察迅速，能在较短的时间内捕捉到事物的主要特征。

(2) 观察准确，善于辨别事物之间的微小差别。

(3) 观察全面，能全面仔细地进行观察，善于发现不易看到的事物的特征和形态上的一些细小变化。商务策划师的观察能力，不仅是衡量其综合智力强弱的重要标志，而且对正确地作出判断乃至创新和验证有着至关重要的作用。

要在纷繁复杂的现象中及时准确地抓住事物本质和要领，最重要的是要有敏锐的观察能力。首先要求商务策划师要养成观察细致入微的良好习惯，善于从事物表象的蛛丝马迹的变化中发现事情的真相和趋势。其次是能抓住本质要领，不为竞争对手所制造的各种假象所迷惑。再次是能抓住时机，通过各种迹象的分析，能及时正确地作出判断，准确捕获商机。

二、表达能力

表达能力分口头表达能力和书面表达能力两种，对于绝大多数人，必不可少的是口头表达能力，而对于谋求更大发展的人才而言，书面表达能力则更为重要。

良好的表达能力一般取决于两大核心要素：

第一，脑中有宝——“腹有读书自华”；可是仅仅脑袋里有知识是不够的，一定还要有好的口才。

第二，勤于练习——“梅花香自苦寒来”；如何用精彩的方式表达精彩的内容。

影响人的口头表达能力的原因主要有3点：

(1) 口头表达能力的高低首先取决于思维的敏捷和思路的清晰与否。

讲话和写文章不同，不能停下来多作思考，必须一句接一句地说，这就要求思维敏捷，前后连贯，不能结结巴巴；要求思路清晰，语句具有条理性。

怎样才能做到这一点呢？首先，思维敏捷，来自于人的丰富的知识结构。掌握的知识越多，讲话的时候思维就会越活跃、越敏捷，因为各种知识会使你有触类旁通、左右逢源、毫无思维阻塞的感觉。思路清晰，来自于对所要讲的事物的熟悉。

(2) 口头表达能力的高低与讲话者掌握的词汇量有关。很简单，话是由词组成的，掌握的词汇量大，讲起话来就可以选择最准确、最鲜明、最生动的词语，也不会出现由于选不到适当的词语而语塞结巴。

(3) 口头表达能力的高低也受讲话者讲话时的心情稳定与否影响。一般人在公众的场合、大场面的情况下，容易由于担心讲不好而产生心慌，镇定不下来。这是由于讲得次数少的原因，只要多练习就可以慢慢克服。

对应这3个方面的症结，我们可以找到3招“解决之道”：

(1) 努力学习和掌握相关的知识。仅论口才是远远不够的。那些伶牙俐齿的“巧舌媳妇”尽管能说会道，但却登不了“大雅之堂”。出色的口头表达能力，其实是由多种内在素质综合决定的，需要冷静的头脑、敏捷的思维、超人的智慧、渊博的知识及一定的文化修养，需要努力学习有关理论及知识、经验。如学好演讲学、逻辑学、论辩学、哲学、社会学、心理学等。

(2) 努力学习和掌握相应的技能、技巧。在口头表达时要做到：

① 准备充分，写出讲稿，又不照本宣科；

② 以情感人，充满信心和激情；

③ 以理服人，条理清楚，观点鲜明，内容充实，论据充分；

④ 注意概括，力求用言简意赅的语言传达最大的信息量；

⑤ 协调自然，恰到好处地以手势、动作，目光、表情帮助说话；

⑥ 表达准确，吐字清楚，音量适中，声调有高有低，节奏分明，有轻重缓急，抑扬顿挫；

⑦ 幽默生动，恰当地运用设问、比喻、排比等修辞方法及谚语、歇后语、典故等；

⑧ 尊重他人，了解听者的需要，尊重听者的人格，设身处地为听者着想，以礼待人，不带教训人的口吻，注意听众反应，及时调整讲话内容或语气等。

(3) 积极参加各种能增强口头表达能力的活动，如演讲会、辩论会、班会、讨论会、文艺晚会、街头宣传、信息咨询等活动。要多讲多练，对听到的或在学到的知识都尽可能地用自己的语言表达出来，也有助于提高自己的口头表达能力。

文字表达能力与口头表达能力一样，是人们交流思想、表达思想的工具，是成就事业的利器。作为商务策划师，必须要熟悉主要的商务文书、文件格式，熟练掌握可行性分析报告、项目建议书、市场分析报告、上报策划方案等典型、常用的与策划工作相关的文本和文件格式。把握基本写作技巧，做到能够快速进入写作状态，并且达到“完整”“明确”“规范”的基本标准。

如何提高自己的文字表达能力？对这个问题，郭沫若有一段话：“多体验，多读书，多请教，多练习，集中注意，活用感官，尊重口语，常写日记，除此之外，别无善法。”这一段话确实是学写作的经验之谈，将从以下两方面重点阐述：

1. 多读，多写，多改

(1) 多读，多读名家著作，多读规范的作品。找来极好的文章“依样画葫芦”。

(2) 多写，初写时写不好，不足为怪，不要爱面子，任何会写的人也都是从这里开始的。

(3) 多改，多写之所以重要，是因为每次写过之后都要进行修改。写而不改，写得再多，等于没写。要不怕丑，敢于把自己写的文章给别人看，让人家挑毛病；要敢于删改，哪怕全部推翻都可以。

当然，修改也有方法。不要一边写一边改，写完之后再改；不要刚写完就改，放上三五天之后再改；改的时候，要先从全局着眼，从整个文章的主题、材料、结构上看，要核对引文，然后再在语言文字上斟酌。

2. “信、达、雅”

写文章要用自己的话，不光文章的观点是自己思索而得，文章的表达形式也应该是自己的风格。

(1) 多用具体事例，少用概括性的句子，用具体的内容让读者感觉到你所要表达的情感和所要说明的问题。

(2) 多用短句子，长短句各有用处，用外文和中文进行比较，会发现汉语的特点就是短句子多。短句子简明有力，清晰易懂。每个段落不要太长。

(3) 写作前要掌握丰富的材料。这样写作时就有一种强烈的要求发表的欲望，不会是无病呻吟了。无病呻吟，就会言不由衷，不得不去找一些不必要的空洞的词来充数。如果缺乏材料，写不好，就不要硬写。再搜集材料，待材料充足后再写。

概括表达能力，可以浓缩为3个字“信、达、雅”：“信”言而由衷，就是要表达自己的真实观点，目标是要保证表达的思想正确；“达”就是要使对方理解自己的真实想法，目标是保证对方明白；“雅”就是要使自己的思想表达方式完美，目标是使对方产生兴趣和认同。

三、沟通能力

当各种能力都达到较高水平时，往往最制约自我发展的因素就是沟通能力了。现实生活中，如果说有一种事半功倍、最至高无上的能力，那就是沟通能力。

管理就是沟通。很多时候，我们抱怨别人工作不利，问题往往不是出在水平上，而是出在沟通上。能够最有效地进行沟通的人就是最有力量的人。但有效的沟通技能并不是与生俱来的，没有经过认真的学习和有意识的训练之人是难以具备的。

提高沟通能力要从两方面入手：一是提高理解别人的能力，二是增加别人理解自己的可能性。

怎样才能切实提高自己的沟通能力呢？心理学家提出的一般程序是：

1. 一般步骤

(1) 开列沟通情境和沟通对象清单。

即对需要进行的沟通进行定位：目的、状态、对象、环境。

(2) 评价自己当前的沟通状况。在这一步里，问自己如下问题：

- 对哪些情境的沟通感到愉快？
- 对哪些情境的沟通感到有心理压力？
- 最愿意与谁保持沟通？
- 最不喜欢与谁沟通？
- 是否经常与多数人保持愉快的沟通？
- 是否常感到自己的意思没有说清楚？
- 是否常误解别人，事后才发觉自己错了？
- 是否与朋友保持经常性联系？
- 是否经常懒得给人写信或打电话？

客观、认真地回答上述问题，有助于了解自己在哪些情境中、与哪些人的沟通状况较为理想；在哪些情境中、与哪些人的沟通需要着力改善。

(3) 评价自己的沟通方式。

在这一步中，主要问自己如下3个问题：

- 通常情况下，自己是主动与别人沟通还是被动沟通？
- 在与别人沟通时，自己的注意力是否集中？
- 在表达自己的意图时，信息是否充分？

主动沟通者与被动沟通者的沟通状况往往有明显差异，主动沟通者更容易与别人建立并维持广泛的人际关系，更可能在人际交往中获得成功。

沟通时保持高度的注意力，有助于了解对方的心理状态，并能够较好地根据反馈来调节自己的沟通过程。没有人喜欢自己的谈话对象总是左顾右盼、心不在焉。

在表达自己的意图时，一定要注意使自己被人充分理解。沟通时的言语、动作等信息如果不充分，则不能明确地表达自己的意思；如果信息过多，出现冗余，也会引起信息接受方的不舒服。

最常见的例子就是，你一不小心踩了别人的脚，那么你说声“对不起”就足以表达你的歉意，如果你还继续解释：“我实在不是有意的，别人挤了我一下，我又不知怎的就站不稳了……”反倒令人反感。因此，信息充分而又无冗余是最佳的沟通方式。

(4) 制订、执行沟通计划。

通过前几个步骤，发现了自己在哪些方面存在不足，从而确定在哪些方面重点改进。比如，沟通范围狭窄，则需要扩大沟通范围；忽略了与友人的联系，则需写信、打电话；沟通主动性不够，则需要积极主动地与人沟通等。把这些制成一个循序渐进的沟通计划，然后把自己的计划付诸行动，体现在具体的生活小事中。

比如，觉得自己的沟通范围狭窄，主动性不够，你可以规定自己每周与两个素不相识的人打招呼，具体如问路，聊天气等。不必害羞，没有人会取笑你的主动，相反，对方可能还会欣赏你的勇气呢！

在制订和执行计划时，要注意小步子的原则，即不要对自己提出太高的要求，以免实现不了，反而挫伤自己的积极性。小要求实现并巩固之后，再对自己提出更高的要求。

(5) 对计划进行监督。

这一步至关重要。一旦监督不力，可能就会功亏一篑。最好是自己对自己进行监督，比如用日记、图表记载自己的发展状况，并评价与分析自己的感受。

计划的执行需要信心，要坚信自己能够成功。记住：一个人能够做的，比他已经做的和相信自己能够做的要多得多。

2. 身体语言沟通的改善

我们已经了解身体语言在人际交往中的作用，这需要我们做两件事情：一是理解别人的身体语言；二是恰当使用自己的身体语言。

(1) 理解别人的身体语言。

身体语言比口头语言能够表达更多的信息，因此，理解别人的身体语言是理解别人的一个重要途径。从他人的目光、表情、身体运动与姿势，以及彼此之间的空间距离中，我们都能够感知到对方的心理状态。了解了对方的喜怒哀乐，我们就能够有的放矢地调整我们的交往行为。但是，理解别人的身体语言必须注意以下几个问题：

- 同样的身体语言在不同性格的人身上意义可能不同；
- 同样的身体语言在不同情境中意义也可能不同；
- 要站在别人的角度来考虑；
- 要培养自己的观察能力；
- 不要简单地下结论。

同样的身体语言在不同性格的人身上意义可能不同。相类似地，解释别人的身体语言还要考虑情境因素。同样是笑，有时候是表示好感，有时候是表示尴尬，而有的时候又表示嘲讽，这都需要我们加以区别。

理解别人的身体语言，最重要的是要从别人的角度上来考虑问题。要用心去体验别人的情感状态，也就是心理学上常讲的要注意“移情”。当别人对你表情淡漠，很可能是由于对方遇到了不顺心的事，因此不要看到别人淡漠就觉得对方不重视你。事实上，这样的误解，在年轻人中最容易出现，也最容易导致朋友、恋人之间的隔阂。站在别人的角度，替别人着想，才能使交往更富有人情味，使交往更深刻。

要培养自己敏锐的观察力，善于从对方不自觉的姿势、目光中发现对方内心的真实状态。不要简单地下结论。比如，中国人喜欢客套，当来做客的人起身要走时，往往极力挽留，然而很多时候，这些挽留都并非出自诚意，我们从主人的姿势上是可以看出来的，如口头上说慢走，却早已摆出了送客的架势。

(2) 恰当使用自己的身体语言。

- 经常自省自己的身体语言；
- 有意识地运用身体语言；

- 注意身体语言的使用情境；
- 注意自己的角色与身体语言相称；
- 注意言神一致，言行一致；
- 改掉不良的身体语言习惯。

自省的目的是我们检验自己以往使用身体语言是否有效，是否自然，是否使人产生过误解。了解了这些，有助于我们随时对自己的身体语言进行调节，使它有效地为我们的交往服务。不善于自省的人，经常会产生问题。有的性格开朗的女孩，她们在和异性交往中总是表现得很亲近，总是令人想入非非。一位男士就遇到过一个这样的女孩，结果害得他陷入单相思，烦恼不堪。而实际上，女孩根本就没有什么特别的意思。他应该增强对别人的身体语言的理解能力，避免产生误解；而那个女孩则应该自省，自己是否总是使人产生误解，如果是，则应注意检点自己的行为。如果不注意自省，可能很危险。

比较著名的演说家、政治家都很善于运用富有个人特色的身体语言。这些有特色的身体语言并不是与生俱来的，而是有意识地运用的结果。

身体语言的使用一定要与自己的角色以及生活情境相适应。北京某名牌大学的一个毕业生到一家公司去求职。在面试时，这位自我感觉良好的大学生一进门就坐在沙发上，翘起二郎腿，还不时地摇动。如果在家里，这是个再平常不过的姿势，而在面试的情境中则很不合适。结果，负责面试的人连半个问题也没有问，只是客气地说："回去等消息吧。"最终的结果可想而知，他失去了一个很好的工作机会。

改变不良的身体语言的意义，是消除无助于沟通反而使沟通效率下降的不良的身体语言习惯。有人在与人谈话时，常有梳理头发、打响指等习惯，有的人还有掏耳朵、挖鼻孔的小动作，这些都会给人家留下不好的印象，有时会让人觉得很不礼貌。同时，这些无意义的身体语言会分散对方的注意力，影响沟通的效果。

真诚是一种美德，而言行一致则是真诚的体现。口头语言与身体语言不一致，会使人觉得虚伪，就如口说留客，身体语言已经送客一样。必须记住，什么都掩藏不了，人的眼睛早已说明了一切。

四、"商能"

当前在各种舆论传媒上流传着人才"十商"的观点，大家普遍认为要成为一个成功的商务人士就应该具备十种"商能"，其中的德商(MQ，指一个人的道德人格品质)、心商(MQ，维持心理健康、缓解心理压力、保持良好心理状况和活力的能力)、志商(WQ，意志品质水平，包括坚韧性、目的性、果断性、自制力等方面)、灵商(SQ，是对事物本质的顿悟能力和直觉思维能力)和健商(HQ，指个人所具有的健康意识、健康知识和健康能力的反映)，这5种商能是创新人才成功的不可缺少的要素，而另外的5种商能则显得格外重要。

1. 智商(IQ)

智商是一种表示人智力高低的数量指标，也可以表现为一个人对知识的掌握程度，反映人的观察力、记忆力、思维力、想象力、创造力以及分析问题和解决问题的能力。

2. 情商(EQ)

情商指管理自己的情绪和处理人际关系的能力。人们都喜欢同EQ高的人交往，这样的人总是能得到众多人的拥护和支持。人际关系是人生的重要资源，良好的人际关系往往能使人获得更多成功的机会。

3. 逆商(AQ)

逆商指面对逆境承受压力的能力，或承受失败和挫折的能力。苦难是人生最好的教育。伟大的人格只有经历磨难，潜力才会激发，视野才会开阔，灵魂才会升华。

4. 胆商(DQ)

胆商是一个人胆量、胆识、胆略的度量，体现了一种冒险精神。胆商高的人能够把握机会，凡是成功的商人、政客，都具有非凡胆略和魄力。

5. 财商(FQ)

财商指个人的理财能力，特别是投资收益能力。财商是一个人最需要的能力，但往往会被人们忽略。

五、潜能开发

策划的生命力在于创新，要提高商务策划师的创新能力，除了加强理论学习之外，还必须加强创新实践，在实践中不断增长才干。

要培养属于态度的创新性和属于能力的创造性。综合中外学者的研究成果，具有高度创新能力的人具有以下特征：

(1) 精力旺盛，刻苦勤勉，有强烈的工作欲望；

(2) 百折不挠，有一种精神上的耐久力；

(3) 既有自知之明，也能自我肯定；

(4) 反对过分强调传统，不落陈规，有相当的独立性；

(5) 善于观察，除了看到别人看到的，还看到别人看不到的；

(6) 能够很快地把握新思想，但并不盲从；

(7) 对现状不满足，总想超越；

(8) 具有足够的灵活性，善于从失败和错误中学习。

从创新人才的性格特征可以看出，创新更多的时候是一种态度。要成为创新型人才，还要随时克服创新的心理障碍。创新的作用不言而喻，但对其重要性并不是人人都有同样的认识，这主要是人的心理障碍造成的。这种障碍有许多方面，主要有以下10种典型表现：

(1) 习惯于以固定的方式分析问题，忽视事物间的有机联系和相互作用；

(2) 喜欢罗列现象，不善于动态地、变化地看问题；

(3) 喜欢将问题简单化或复杂化，主观地给自己加上限制；

(4) 不客观地看待事物，只看到自己想看到的东西；

(5) 墨守成规，动辄批判他人；

(6) 喜欢引经据典，对书本、古人、外国人、某些权威人士的说法深信不疑；

(7) 对事物喜欢作出是与非、对与错、一是一、二是二的判断；

(8) 怕出差错、失败而丢脸，死要面子；

(9) 害怕困难，觉得创造很费劲，不如干熟悉的事来得省心；

(10) 一旦遇到挫折，就灰心丧气，或怨天尤人。

在了解了以上正反两种类型的心理因素之后，我们就要善于控制情绪，控制意识的方向与导向，激励开发自己的创新潜能，可以从以下几个方面入手：

(1) 勤学多思，绝对消灭思维惰性；

(2) 突破习惯思维，寻求更多解答；

(3) 养成收集整理资料的良好习惯；

(4) 有意识地训练，以提高记忆力；

(5) 训练敏锐的观察力，发现细节、发现差异；

(6) 提高抽象思维能力和理性逻辑能力；

(7) 培养直觉力；

(8) 强化操作能力。

第三节　职业生涯发展与提升

商务策划师的策划始于自我。只有对自我的策划定位正确，才能拥有一个坚实的基础和开阔的平台。商务策划师的发展和提升，既不能脱离自身所处的位置，也不能脱离时代与社会的大环境。

一、商务策划师的3种类型

同样是策划工作，由于策划者所处的地位、身份、目的的不同，策划行为的性质、过程、形式也就大不一样，因而商务策划所起的作用也不相同。

1. 职务策划

职务策划，即在商务活动、经营管理工作中自我主动发起的策划。策划者的职务角色决定了其必须进行创新决策，特点是思维、决策、实施一体化，策划是自己的权力。

2. 专业策划

专业策划，即在商务组织的岗位工作中专门负责所在组织的创新策划。策划者的业务职能决定了其必须完成岗位任务，特点是思维间接影响经营管理的决策和实施，策划是自己的职责，也是饭碗。

3. 职业策划

职业策划，即面对各类“思想采购”对象，以各种商务策划成果的销售为生。策划者的产品属性决定了其必须进行“创意生产”，特点是思维影响商务决策，但一般与实施无关，策划是自己的产业、事业，甚至是自己的全部。

上述3种类型策划人才的关系：

一般策划性人才技术化后可转变为专业策划人才；专业策划人才高度提升知识资本的价值后可转变为职业策划人才；职业策划人才拥有资本和资源后可转变为职务策划人才。

从职场的上述现象，我们可以发现一个规律：策划型人才最容易向管理高阶层跃升，成为知本和资本高度复合的现代财商。

二、商务策划师资质认证

世纪之交的中国，由于市场经济的发展和竞争的加剧，企业对创新人才的需求量呈逐年上升趋势。从20世纪末开始，以企业和社会上的策划创新人才为主要对象的商务策划培训开始出现。

1999年，以史宪文教授为轮值主席、总部设立于香港特区的WBSA(世界商务策划师联合会)，在大连第一次举办正规的WBSA认证培训班，共有42名学员。

2000年末，以余明阳博士任院长、总部同样设立于香港特区的中国策划研究院，举行了首批商务策划师评审认证，并在哈尔滨召开世纪策划大会进行颁证仪式。

2001年7月28日，第一次WBSA全国策考正式开始，北京、大连、深圳、成都、沈阳、鞍山6考区同时开考。

这以后，国内又陆续出现了许多“商务策划”培训和认证机构。经过对商务策划国际认证规范体系长达6年的本土化改造，形成了完整的具有中国特色的商务策划知识体系和评价标准——CBSA，为大批量培养和复制国内创新人才创造了条件。2002年6月，国家人事部全国人才流动中心决定与CBSA商务策划师培训总部共同在全国范围内开展商务策划师认证培训工作，从此，真正拉开了中国策划行业人才建设的序幕。

自2002年起，CBSA全国商务策划师培训总部与国家人事部全国人才流动中心合作，前后推出了高级商务策划师直接申报资料认证，中、初级商务策划师经过系统培训参加全国考试认证，截止2007年9月，全国有1 500余人通过高级商务策划师认证，7 000余人通过中级商务策划师认证，6 000余人通过初级商务策划师认证，为批量培养商务创新人才、缓解企业对策划人才的需求探索出一条成功之路。

2004年10月26日，由国家人事部全国人才流动中心与CBSA全国商务策划师培训总部共同开发的国内首部经营创新人才评价标准——《商务策划师资质评价标准》在北京通过专家论证，同年12月开始在全国试行。

《商务策划师资质评价标准》对商务策划师的定义为：具有良好的职业道德，能够熟练运用经济管理、商务策划理论和各种实战方法为经济组织提供创新服务并取得明显绩效的专业化人员。

为了引导商务创新人才的有序成长，促进策划咨询行业的规范发展，2004年12月，商务策划师成为劳动和社会保障部颁布的第二批十种新职业之一，并且位列第一。商务策划正式成为一种职业，这在我国历史上尚属首次。

职业概况：根据保守的估计，我国现有各类专业策划公司超过10万家，从业人员50万人，加上企业中各类企划从业人员，总数约300万人。策划已经成为一个新兴行业，具有良好的发展前景。

2006年4月初，教育部公布了2006年高考招生的25个新专业。其中首次设立的全新专业有女性学、商务策划管理和部分小语种，如挪威语、丹麦语和冰岛语。

由于受到师资和教材等的限制，目前，全国已经有重庆大学、三江学院等30多所高校开设了“商务策划”的本科、专科专业，更多的高校尤其是以就业为导向的高职高专院校，开设了商务策划专业或选修课程。

三、创新潜能自测

美国普林斯顿创新才能研究所对于富有创新能力的男女科学家、工程师、企业经营管理人员的个性和品质，进行了多年的研究，并设计了一套简单的测试方法。测试者只要花10分钟左右的时间，就可以测出自己是否具有创新才能。你只要在每句话的后面表示同意或不同意，同意的圈A，不同意的圈C，吃不准或不知道的圈B。但是，回答必须忠实、准确，不得猜测、推理。以下是测试题：

1. 我不做盲目的事，也就是我总是有的放矢，用正确的步骤来解决每个具体问题。(A B C)
2. 我认为，只提出问题而不想获得答案，无疑是浪费时间。(A B C)
3. 无论什么事情，要我发生兴趣，总比别人困难。(A B C)
4. 我认为，合乎逻辑、循序渐进的方法，是解决问题的最好方法。(A B C)
5. 有时，我在小组里发表的意见，似乎使一些人感到厌烦。(A B C)
6. 我花费大量时间来考虑别人是怎样看待我的。(A B C)
7. 做自己认为正确的事，比力求博得别人的赞同要重要得多。(A B C)
8. 我不尊重那些做事似乎没有把握的人。(A B C)
9. 我需要的刺激和兴趣比别人多。(A B C)
10. 我知道如何在考验面前保持自己的内心镇静。(A B C)
11. 我能坚持很长一段时间解决问题。(A B C)
12. 有时我对事情过于热情。(A B C)
13. 在特别无事可做时，我倒常常想出好主意。(A B C)
14. 在解决问题时，我常常凭直觉来判断“正确”和“错误”。(A B C)

15. 在解决问题时，我分析问题较快，而综合所收集的资料较慢。(A B C)

16. 有时我打破常规去做我原来并未想到要做的事。(A B C)

17. 我有收集东西的癖好。(A B C)

18. 幻想促进了我许多重要计划的提出。(A B C)

19. 我喜欢客观而又有理性的人。(A B C)

20. 如果要我在本职工作之外的两种职业中选择一种，我宁愿当一个实际工作者，而不当探索者。(A B C)

21. 我能与自己的同事或同行很好地相处。(A B C)

22. 我有较高的审美感。(A B C)

23. 在我的一生中，我一直在追求着名利和地位。(A B C)

24. 我喜欢坚信自己结论的人。(A B C)

25. 灵感与获得成功无关。(A B C)

26. 争论时，使我感到高兴的是，原来与我观点不一样的人变成了我的朋友，即使牺牲我原来的观点也在所不惜。(A B C)

27. 我更大的兴趣在于提出新的建议，而不在于设法说服别人接受这些建议。(A B C)

28. 乐意独自一人整天“深思熟虑”。(A B C)

29. 我往往避免做那些使我感到低下的工作。(A B C)

30. 在评价资料时，我觉得资料的来源比其内容更重要。(A B C)

31. 我不满意那些不确定和不可预言的事。(A B C)

32. 我喜欢一门心思苦干的人。(A B C)

33. 一个人的自尊比得到他人敬慕更为重要。(A B C)

34. 我觉得那些力求完满的人是不明智的。(A B C)

35. 我宁愿与大家一起努力工作，而不愿意单独工作。(A B C)

36. 我喜欢那种对别人产生影响的工作。(A B C)

37. 在生活中，我经常碰到不能用“正确”或“错误”来加以判断的问题。(A B C)

38. 对我来说，“各得其所”“各在其位”是很重要的。(A B C)

39. 那些使用古怪和不常用的词语的作家，纯粹是为了炫耀自己。(A B C)

40. 许多人之所以感到苦闷，是因为他们把事情看得太认真了。(A B C)

41. 即使遭到不幸、挫折和反对，我仍能对我的工作保持原来的精神状态和热情。(A B C)

42. 想入非非的人是不切实际的。(A B C)

43. 我对“我不知道的事”比“我知道的事”印象更深刻。(A B C)

44. 我对“这可能是什么”比“这是什么”更感兴趣。(A B C)

45. 我经常为自己在无意之中说话伤人而闷闷不乐。(A B C)

46. 即使没有报答，我也乐意为新颖的想法而花费大量的时间。(A B C)

47. 我认为，“出主意没什么了不起”的说法是中肯的。(A B C)

48. 我不喜欢提出这种显得无知的问题。　　(A B C)

49. 一旦任务确定后，即使受到挫折，我也要坚持完成。(A B C)

50. 从下面描述人物性格的形容词中，挑选出10个最能说明你性格的词：

精神饱满的　　有说服力的　　实事求是的
虚心的　　观察力敏锐的　　谨慎的
束手束脚的　　足智多谋的　　自高自大的
有主见的　　有献身精神的　　有独创性的
性急的　　高效的　　乐意助人的
坚强的　　老练的　　有克制力的
热情的　　时髦的　　自信的
不屈不挠的　　有远见的　　机灵的
好奇的　　有组织力的　　铁石心肠的
思路清晰的　　脾气温顺的　　可预言的
拘泥于形式的　　不拘礼节的　　有理解力的
有朝气的　　严于律己的　　精干的
讲实惠的　　感觉灵敏的　　无畏的
严格的　　一丝不苟的　　谦逊的
复杂的　　漫不经心的　　柔顺的
创新的　　泰然自若的　　渴求知识的
实干的　　好交际的　　善良的
孤独的　　不满足的　　易动感情的

	A	B	C		A	B	C		A	B	C
1	0	1	2	18	3	0	-1	35	0	1	2
2	0	1	2	19	0	1	2	36	1	2	3
3	4	1	0	20	0	1	2	37	2	1	0
4	-2	0	3	21	0	1	2	38	0	1	2
5	2	1	0	22	3	0	-1	39	-1	0	2
6	-1	0	3	23	0	1	2	40	2	1	0
7	3	0	-1	24	-1	0	2	41	3	1	0
8	0	1	2	25	0	1	3	42	-1	0	2
9	3	0	-1	26	-1	0	2	43	2	1	0
10	1	0	3	27	2	1	0	44	2	1	0
11	4	1	0	28	2	0	-1	45	-1	0	2
12	3	0	-1	29	0	1	2	46	3	2	0
13	2	1	0	30	-2	0	3	47	0	1	2
14	4	0	-2	31	0	1	2	48	0	1	3
15	-1	0	2	32	0	1	2	49	3	1	0
16	2	1	0	33	3	0	-1				
17	0	1	2	34	-1	0	2				

下列每个形容词得2分：

精神饱满的	柔顺的	有献身精神的	无畏的	有朝气的
观察力敏锐的	足智多谋的	有独创性的	创新的	热情的
不屈不挠的	有主见的	感觉灵敏的	严于律己的	

下列每个形容词得1分：

自信的	有远见的	不拘礼节的	不满足的
一丝不苟的	虚心的	机灵的	坚强的

其余的得0分。

将总得分加起来，分数：

大于110	创新性非凡
85～109	创新性很强
56～84	创新性强
30～55	创新性一般
15～29	创新性弱
-21～14	无创新性

四、必读书

1.《孙子兵法》，春秋·孙武著。明末兵学家茅元仪概括为：“前孙子者孙子不能遗；后孙子者不能遗孙子。”

2.《东周列国志》，明·冯梦龙著。竞争之书，故事之书，成长之书。

3.《三国演义》，明·罗贯中著。人生训、处世方、成功法、组织学、领导术、战略论、经营教科书。

4.《毛泽东选集》，毛泽东著。明中国事，做中国人。指导我们思考和行动的指南。

5.《企画力》，日本坂田弘毅著。作为日本著名的广告人，作者凭自己从业广告、咨询的经验写成，在日本和中国港台地区十分流行，多次再版。虽然日本的“企画”概念和我国的“策划”并不完全相同，但其中论述的企画的原则，如“企画是活用他人的智慧与金钱”；“企画要当机立断”“应放弃固定模式”“必须考虑他人利益”“要根据人类的行为来规划”；企画的观念如“企画应贯彻第一主义”“超脱经验之外”，应“膨胀扩充、大胆假设”“追求完美”“满足欲望、领先攻击”等；引导企画走向成功的步骤、品质，效用、舒适、完美是企画的哲学；企画失败的原因等值得我们借鉴参考。

6.《创新和企业家精神》，美国彼得·德鲁克著。这位现代管理学之父，论述创新机会的七个来源，极富时代的洞察力；所分析的4种开拓进取的战略，有着谋略的眼光，且充满丰富的实例和具体的经验。

7.《我是最懂创造力的人物》，美国阿里克斯·奥斯本著。这位美国最权威的创造力开发研究专家，在书中介绍了创造力的障碍，发展创造力的办法，开发创意的原则，使创意更为活泼的手段，创意产生的加、减、乘、除、替代、相反、结合方式等。

第四节　商务策划师资质标准

一、《商务策划师资质评价标准》(2005版)

本标准结合我国商务环境和企业经营创新的实际需要研究制定，是一部旨在规范和引导国内商务创新人才成长和发展的评价标准。

1. 职业体系

1.1 职业定义

1.1.1 商务策划：更加获益的经营创新决策方式，是整合企业有效资源，实现最小投入最大产出，把虚构变成现实的商务过程。

1.1.2 商务策划师：具有良好的职业道德，能够熟练运用经济管理、商务策划理论和各种实战方法为经济组织提供创新服务并取得明显绩效的专业化人员。

1.2 职业等级

按照在企业创新组织中制定或实施商务策划案中所起的作用和担负的责任，商务策划师分为三个等级，即：高级商务策划师、中级商务策划师、初级商务策划师。

1.3 职业要求

1.3.1 高级商务策划师：能够独立完成商务策划案的制定或实施，解决企业某一重要经营领域(战略、生态、融资、管理、营销等)的创新问题。

1.3.2 中级商务策划师：能够深度参与商务策划案的制定或实施，解决企业某一经营领域中(战略、生态、融资、管理、营销等)某些环节或某个经营项目的创新问题。

1.3.3 初级商务策划师：能够局部参与商务策划案的制定或实施，完成企业创新经营的某些基础性或技术性工作。

2. 申报条件

2.1 高级商务策划师：商务策划师资质评价的高等级别。

(1) 具有大专及以上学历，从事商务工作(企业管理、营销、咨询、企划、公关、广告等)满5年；有相当的商务工作经历，主持1个以上商务策划案，并有策划业绩者，可不参加培训直接申报1个成功实施的策划案例，参加全国统考通过者。

(2) 取得中级商务策划师资质满2年，至少参与2个以上策划案的策划和实施工作者，可不参加培训直接申报1个参与策划和实施的策划案例，参加全国统考通过者。

(3) 具有大专及以上学历，从事商务工作5年以上，经培训参加全国统考并经过专家组综合考评通过者。

2.2 中级商务策划师：商务策划师资质评价的中等级别。

(1) 具有大专及以上学历，从事商务工作(企业管理、营销、咨询、企划、公关、广告等)满3年；有相当的商务工作经历和策划业绩者，可不参加培训直接参加全国统考通过者。

(2) 取得初级商务策划师资质满2年，至少参与1个以上策划案的策划工作，可不参加培训直接参加全国统考通过者。

(3) 具有大专学历满2年、本科学历满1年，从事商务工作(企业管理、营销、咨询、企划、公关、广告等)，经培训参加全国统考通过者。

2.3 初级商务策划师：商务策划师资质评价的初等级别。

具有大专及以上学历，从事商务工作1年以上或大学本科在读的商科类学生，经培训并参加全国统考通过者。

2.4 策划业绩

(1) 策划业绩作为申报高级商务策划师的必备条件、申报中级商务策划师不参加培训直接参加全国统考的附加条件；申报初级商务策划师无策划业绩要求。

(2) 申报高级商务策划师，要求申报人提交5年内已经实施的商务策划案，且该策划案取得显著的创新成效；申报中级商务策划师，要求申报人提交3年内已经实施的为解决企业某一经营环节或某个经营项目的商务策划案，且该策划案取得良好的业绩效果。

3. 基本素质

3.1 职业道德

(1) 遵守国家法律、法规和各项政策，不违法违规从事。

(2) 始终把客户利益放在第一位，不借策划之便谋求个人私利。

(3) 实事求是，量力而行，不接受力不能及的委托项目。

(4) 为客户保守商业秘密，未经许可，不得泄露客户信息。

(5) 严格按照和约、规定收取费用，不得索取约定之外的其他报酬。

(6) 团结业内人士，不诋毁同行。

3.2 基本知识

3.2.1 信息整理类

(高级、中级、初级商务策划师具备)

(1) 信息工具应用。了解国家经济社会信息统计政策；了解获取有关信息的渠道；了解和掌握互联网查询方法；了解电话等信息工具的使用方法；了解全国各种主要媒体的内容特点。

(2) 市场(商情)调查。能够设计市场调查用表；了解市场调查机构的运行特点，掌握与市场调查机构合作的要领；学会临时组建信息调查小组；掌握各种获取调查数据的方式方法。

(3) 信息数据分析。掌握基本的统计学知识，对获取的信息数据能够作出各种指标分析。

(4) 文案格式。熟悉主要的商务文本、文件格式，熟练掌握可行性分析报告、项目建议书、市场分析报告、上报策划方案等典型或常用的与策划工作相关的文本和文件格式。

3.2.2 分析判断类

(高级、中级商务策划师具备，初级策划师一般了解)

(1) 财务管理。熟悉资产负债表和损益表上各个要素的含义，掌握主要的财务分析指标。

(2) 企业诊断。能够通过财务等案头数据初步估测企业的现状和未来走势；能够根据企业的现状和发展趋势判断其管理难点、发展的瓶颈，能够对企业的矛盾进行主次排序。

(3) 技术经济学。基本掌握项目分析的基本思想，熟悉项目可行性分析中各主要指标的含义，可以凭借有关书籍计算实际项目的有关指标，掌握项目可行性分析报告的格式。

(4) 经济学。学会分析主要经济现象和市场动态的背后本质，能够掌握主要经济与市场中的因果关系，形成理性预测经济与市场走势的思维和方法。

(5) 管理学。了解和掌握企业管理主要概念、主要技术和方法、流行的管理理念等。

(6) 公共关系学。掌握公共关系资源的评价、沟通、开发、管理、利用等方面的基本原理，了解社会主要公共关系资源的基本形态。

(7) 市场营销学。了解和掌握市场营销的基本概念、基本方法、基本原理、基本模式、最新理念等。

(8) 政策法规。了解国家产业政策、经济法规，特别是熟悉和运用《公司法》和现代企业制度。

3.2.3 策划创新类

(高级商务策划师具备，中级商务策划师一般了解，初级商务策划师有所了解)

(1) 哲学。学习马克思主义哲学思想和中外其他哲学家思想，提高总体把握事物的能力，提高对社会各种现象的洞察力，依照一般规律增强想象力。

(2) 心理学。了解人(特别是消费者)的心理活动规律，利用这些规律，设计对外商务活动方案。

(3) 商务策划理论。掌握现代商务策划基本知识框架，努力跟踪最新经济理论和策划理论的发展，不断丰富自己的商务知识。

(4) 经典智慧著作。学习中外智慧名著，了解主要篇章，研究主要观点，结合经营实际，不断加深对自己所从事的策划领域的认识。

3.3 基本能力

3.3.1 高级商务策划师

(1) 具有全面的信息收集能力

具有良好的广泛收集信息的习惯，收集信息达到全面、准确、及时。

(2) 具有敏锐的分析判断能力

能够敏锐、快捷地分析和辨别各种商务问题的本质属性和相互之间的内在联系。

(3) 具有较强的创新能力

具有较高的商务设想能力，创造性地提出新办法，善于把握机会，敢于寻求实施途径，并能刷新经营业绩。

(4) 具有出色的组织能力

具有领导素质和指挥艺术，在商务策划工作中，能够合理配置人力、财力、物力和各种情报资料。

(5) 具有较高的应变能力

具有锐利的职业敏感性，能够随机应变，灵活处理各种矛盾，减少商务策划的不确定性和风险。

(6) 具有准确的口头表达能力

善于用不同的语言风格、形式表达自己的观点。发散思维能力强，表达简明扼要，主题鲜明。

(7) 具有较高的文字写作能力

对于不同类别的商务文本都有自己所熟练掌握的格式，能够做到快速进入写作状态。

(8) 具有较强的心理承受能力

情绪稳定，不为外部环境的变化而动摇；工作进展顺利时，不过分乐观、冒进，工作进展不顺利或被动时，不埋怨、不气馁。

3.3.2 中级商务策划师

(1) 具有较全面的信息收集能力

具有良好的广泛收集信息的习惯，收集信息达到全面、准确。

(2) 具有较强的分析判断能力

能够分析和辨别各种商务问题的本质属性和相互之间的内在联系。

(3) 具有较强的创新能力

具有较高的商务设想能力，创造性地提出新办法，善于把握机会。

(4) 具有一定的组织能力

具有基本的领导素质和指挥艺术，在商务策划工作中，能够合理配置人力、财力、物力和各种情报资料。

(5) 具有良好的口头表达能力

善于用不同的语言风格、形式表达自己的观点。发散思维能力较强，表达简明扼要，主题鲜明。

(6) 具有较强的文字写作能力

对于不同类别的商务文本有自己熟练掌握的一般性格式，能够做到快速进入写作状态。

3.3.3 初级商务策划师

(1) 具有一定的信息收集能力

具有良好的收集信息的习惯，收集信息达到较为准确。

(2) 具有初步的分析判断能力

能够分析和辨别一般商务问题相互之间的内在联系。

(3) 具有良好的口头表达能力

能够用较为准确的语言和恰当的方式表达自己的观点。

(4) 具有基本的文字写作能力

掌握商务文本的基本写作格式，能够做到较快地进入写作状态。

二、商务策划师资质认证业绩评价办法

1. 依据《商务策划师资质认证标准》的要求，制定本业绩评价办法，适用于中高级商务策划师申报相应资质，供认证机构进行评价时使用。

2. 商务策划师资质认证业绩评价，由“创意水平”和“策划绩效”两部分构成。

3. “创意水平”从“预见力”和“创造性”两个方面进行评价。

(1) 预见力：评价申请认证人员在策划工作中对策划对象或市场发展的预见能力。预见力指标分3种：5年以上、3年以上和1年以上。

(2) 创造性：评价申请认证人员在策划工作中对策划对象或市场发展的创新贡献。创造性指标分3种：独创领先、显著领先和相对领先。

4. “策划绩效”从“社会影响”和“经济效益”两方面进行评价。

(1) 社会影响：评价申请认证人员策划方案的实施所产生的社会或业界反响。社会影响指标分3种：轰动效用、反响较大和较有反响。

(2) 经济效益：评价申请认证人员策划方案的实施为策划对象所产生的经济收益。经济效益指标分3种：效益突出(投入产出1∶5以上)、效益理想(投入产出1∶3以上)和效益较好(投入产出1∶2以上)。

5. 创意水平和策划绩效的评价计算方法。

业绩评价总分为100分。其中，创意水平40分，策划绩效60分。

创意水平共40分，其中“预见力”和“创造性”每项各20分。“预见力”具体分值为：预见5年以上20分、预见3年以上16分、预见1年以上12分。“创造性”具体分值为：独创领先20分、显著领先16分、相对领先12分。

策划绩效共60分，其中“社会影响”和“经济效益”每项各30分。“社会影响”具体分值为：轰动效应30分、反响较大24分、较有反响18分。“经济效益”具体分值为：效益突出30分、效益理想24分、效益较好18分。

申报中级商务策划师60分及以上合格，申报高级商务策划师70分及以上合格。

6. 本办法由国家人事部全国人才流动中心商务策划师资质评价管理办公室负责解释。

思考与训练

1. 商务策划师为什么要有自己的立场，它与创新人才的基本素养有何关系？

2. 举例说明创新人才的商务能力如何培养？

3. 自测一下你的“商能”，对照创新者的人格特征，对自己进行评价。

4. 职务策划、专业策划和职业策划三者有何关系？

5. 对自我进行一次创新潜能测试，并按创新潜能的开发途径进行为期一个月的训练。

6. 组织一场报告会，题目是：心态大于技巧、习惯强于知识。

要求：每人限时5分钟，不许看讲稿。由3位同学组成评委会，每位同学发言后，由评委会进行不超过1分钟的点评，最后由授课老师分别对发言同学和评委会进行评价。

参考文献

[1] 钱学森. 关于思维科学[M]. 上海：上海人民出版社，1986.

[2] 中国人民大学哲学系逻辑教研室. 逻辑学[M]. 北京：中国人民大学出版社，2002.

[3] 董纯才. 中国大百科全书・教育学[M]. 北京：中国大百科全书出版社，1993.

[4] 刘悦安. 创造学实用教程[M]. 北京：清华大学出版社，2005.

[5] 万钧. 快鱼不心苦[M]. 北京：中国经济出版社，2006.

[6] 托尼・博赞. 思维导图・大脑使用说明书[M]. 北京：外语教学与研究出版社，2005.

[7] 彼得・杜拉克. 创新与企业家精神[M]. 海口：海南出版社，2000.

[8] 叶奕乾，何存道，梁宁建. 普通心理学[M]. 第2版. 上海：华东师范大学出版社，1997.

[9] 万钧. 价值——反说・正说・戏说[M]. 上海：上海人民出版社，2009.

[10] 贺壮. 走向思维新大陆：立体思维训练[M]. 北京：中央编译出版社，2005.

[11] 张文泉，沈剑飞. 管理咨询与企业诊断[M]. 北京：中国电力出版社，2002.

[12] 史宪文. OK策划决策模式[M]. 长春：长春出版社，2001.

[13] 周培玉. 现代商务策划教程[M]. 北京：中国经济出版社，2005.

[14] 韩宏宇. 全脑教育研究与实验[R]. 教科规办函[2002]16号/FBBO11050，2002.

[15] 哈佛管理技能培训教程[Z]. 北京：豆丁网电子书.

[16] 钟山学院新闻传播系. 商务策划与职场生涯[Z]. 南京：高校就业指导课程实战教材，2006.